PRINCIPIO DE NO DISCRIMINACIÓN Y CONTRATO

Este libro ha sido publicado con la contribución del Departamento D.E.A.P. de la Universidad de Roma «La Sapienza»

PRINCIPIO DE NO DISCRIMINACIÓN Y CONTRATO

Vincenzo Barba

PRÓLOGO
María Paz García Rubio

COLEX 2023

Calle Costa Rica, número 5, 3.º B (local comercial)
A Coruña, C.P. 15004
info@colex.es
www.colex.es

I.S.B.N.: 978-84-1359-772-0
Depósito legal: C 117-2023

Sumario

III. Derecho contractual, discriminación y remedios

IV. Contrato y principio de igualdad

PRÓLOGO

Desde hace ya algunos años las normas destinadas a impedir la discriminación entre las personas, en un primer momento alojadas en los textos constitucionales o internacionales de derechos humanos, no solo han sido recogidas y desarrolladas en otros de rango legal, sino que, sobremanera, su número y densidad se han incrementado de modo exponencial, hasta el punto de configurar lo que se ya viene considerando como un grupo normativo con entidad propia, el Derecho antidiscriminatorio. En un primer acercamiento, el libro que tengo el placer de presentar a los lectores pertenece a aquellos destinados a profundizar en el estudio de este relativamente nuevo y pujante sector. Lo hace, además, para tratar una cuestión particularmente espinosa que ya ha sido abordada por la literatura jurídica de diferentes procedencias y cuyo análisis, a la vez que resulta apasionante, provoca en el estudioso un cierto regusto de insatisfacción porque siempre parece inacabada. La cuestión no es otra que la de las recíprocas interferencias y límites del principio de interdicción de la discriminación entre las personas, por un lado, y la libertad de autodeterminación de esas mismas personas, por otro.

Entre la abundante literatura sobre el tema citado esta obra sobresale, al menos, por dos motivos: el primero, por su autor, Vincenzo Barba; el segundo, por su enfoque particularmente original y atrevido.

Vincenzo Barba es Profesor Ordinario de Derecho Civil en la Facultad de Economía de la Universidad degli Studi di Roma, «La Sapienza»; cuenta con un dilatado curriculum docente e investigador en el ámbito del Derecho civil italiano, en cuyo seno me permito resaltar sus excelentes contribuciones en materia sucesoria. Pero Vicenzo Barba es, además, un perfecto conocedor de la sociedad y la cultura españolas, de la lengua castellana, como atestigua este libro que él ha escrito directamente en nuestro idioma y, por supuesto, del Derecho civil español, sobre el que ha trabajado y trabaja con la misma ilusión e interés con la que aborda el de su propio país. Son ya muchas las publicaciones del Profesor Barba en revistas españolas y numerosas sus colaboraciones en proyectos de investigación, congresos, seminarios u otros actos universitarios, en las que su nombre aparece junto con el de investigadores de distintas universidades españolas y latinoamericanas; entre estas, me satisface incluir la de Santiago de Compostela, lugar que bien conoce y me consta que aprecia, como me enorgullece, si cabe aún más, dar cuenta de la estrecha cooperación que desde hace ya años mantiene el autor de este libro con el grupo de investigación De Conflictu Legum, al que pertenezco.

Sin duda, la intensa colaboración y el recíproco afecto tienen bastante que ver con la afinidad de nuestros mutuos intereses académicos. De manera singular, el autor del libro y la autora del prólogo han coincidido más de una vez en los temas objeto de los respectivos trabajos de investigación: la libertad de testar, las legítimas, las personas con discapacidad, entre otros varios; y también el que ahora nos ocupa, el de las complejas relaciones que mantienen los principios de igualdad y no discriminación, de una parte, y el de libertad negocial, de otra; principios a veces contrapuestos, a veces complementarios y siempre problemáticos cuando se trata de ver sus implicaciones en el caso concreto.

En este libro el Profesor Barba deja fuera el negocio testamentario, que en su relación con la prohibición de discriminación plantea interesantísimas cuestiones a las que tampoco haré mención en esta presentación; en realidad, se centra en el contrato, donde, a diferencia de lo que sucede en el testamento, las dos partes implicadas son potencialmente titulares de ambas libertades fundamentales.

Tengo que advertir, antes de entrar mínimamente en su contenido, que este libro no cobija un trabajo de derecho comparado; no hace una comparación corta entre el derecho italiano y el derecho español, sino que utiliza y trabaja con las normas, la jurisprudencia y la literatura jurídica de ambos ordenamientos, y lo hace con una soltura y una profundidad verdaderamente admirables.

La obra parte de la idea, no por todos compartida, de que el principio-valor de no discriminación resulta ser una regla directamente aplicable tanto en las relaciones verticales, esto es las que ligan al Estado en cualquiera de sus manifestaciones con los particulares, como en las horizontales, que enlazan a los particulares entre sí; lógicamente, estas segundas son las que más interesan aquí. De hecho, tanto la metodología empleada en la obra, como su propio contenido y estructura ponen de manifiesto la excelsa formación privatista del autor, mostrando además como el Derecho civil y los civilistas están en continua renovación y son absolutamente permeables a las preocupaciones valorativas de los ordenamientos modernos.

En el ámbito del contrato celebrado por dos sujetos privados, Vincenzo Barba pone el énfasis en que el principio-valor de no discriminación se proyecta sobre toda la vida del negocio, de suerte que afecta tanto a la formación del contrato, como a su contenido y a su ejecución, sin dejar de reconocer que los remedios procedentes ante su eventual violación ilegítima tendrán que ser diferenciados, al tomar en cuenta los intereses concretamente implicados. En cada uno de esos tres momentos del iter contractual se detiene el autor, analizando con pormenor quirúrgico las implicaciones del principio de no discriminación, entre otras situaciones posibles, en los tratos preliminares, en la oferta a público —situación ex ante especialmente idónea para discriminar—, en el supuesto de condiciones generales de la contratación, en lo que atañe al contenido del negocio, en la fase de ejecución de las obligaciones nacidas del contrato, abordando, incluso, la más reciente y espinosa contratación algorítmica, en la que la posibilidad de discriminación es, a la vez, evidente y, si se me permite y al menos por lo que atañe a quien esto escribe, con el toque de misterio que tienen las cosas que no terminamos de comprender del todo. Sobra recordar que, en los aludidos escenarios, la libertad de contratar es un principio de cardinal importancia, lo que no impide que tenga también sus límites y que entre ellos esté la prohibición de discriminar con los contornos que en cada caso correspondan. No puedo sino concordar con el autor cuando, poniendo de manifiesto la irrelevancia de la intención del contratante que pretende discriminar, señala que la norma que establece la prohibición de hacerlo no solo se dirige a proteger a la persona que la sufre y a su dignidad inherente, sino que también pretende regular el mercado, excluyendo de él este tipo de conductas.

Probablemente las páginas más densas de la obra son aquellas en las que se abordan las consecuencias de la violación del principio de no discriminación en el contrato, entrando a analizar lo que en la terminología más extendida en el moderno Derecho de contratos se conoce, por traducción más o menos directa del correlativo término anglosajón, como remedios frente al incumplimiento; en este caso, no como incumplimiento del contrato en sí mismo considerado, o al menos no siempre, sino ante el incumplimiento del deber de respetar el aludido principio valor de no discriminación, cuando este deba prevalecer frente a la libertad de contratar. Es en este punto donde se abre una panoplia de respuestas que proporciona el derecho contractual ante las conductas discriminatorias y donde se originan algunos de los problemas más controvertidos en torno a las implicaciones que para la suerte del contrato puede tener la violación del reiterado principio. Un asunto discutido y que el autor analiza con detalle es el de la posibilidad de que la autoridad judicial proceda a la modificación del contenido discriminatorio del contrato por otro que no lo sea, razonando su viabilidad en supuestos concretos, aunque no con carácter general. Por ser el punto donde se manifiesta más claramente la tensión entre los principios de libertad contractual y no discriminación destacan también las páginas dedicadas a la cuestión de si puede o no llegar a imponerse la obligación de contratar a quien ha perpetrado dicha violación o si, por el contrario, dicha consecuencia supone una injerencia intolerable en la libertad del otro contratante que nunca puede tildarse de procedente. En este punto es muy interesante la delimitación que hace el autor entre un contrato que ya está celebrado y no se quiere cumplir por razones discriminatorias (oferta al público aceptada por la persona discriminada) y la genuina negativa a contratar cuando el contrato no ha sido todavía celebrado; el primer caso es, simple y llanamente, un supuesto de incumplimiento que cuenta con sus propios remedios; en el segundo pueden llegar a admitirse supuesto de celebración forzosa del contrato cuyo contenido está previamente determinado.

El remedio por excelencia ante situaciones de contratación discriminatoria es el indemnizatorio, que además puede actuar como única respuesta jurídica o concurrir con el resto de los posibles remedios. Se trata de la indemnización por los daños sufridos como consecuencia inmediata y directa de la discriminación, que además pude concurrir con otro tipo de daños, como los derivados del incumplimiento. Estamos, pues, ante un tipo de daño que, aunque puede ser también patrimonial, tendrá un componente ineludible de carácter no patrimonial o moral. En este marco tiene mucho interés el análisis de los calificativos que en las fuentes europeas suelen acompañar a la indemnización por discriminación, al pedir que sea proporcionada, adecuada y disuasoria. Sin duda, este último es el que suele preocupar más a la doctrina civil, en la medida en que lleva a que nos preguntemos si por esta vía se está admitiendo en los ordenamientos continentales la posibilidad de daños punitivos; aunque el tema daría para mucho más de lo que compete en esta sede, mi opinión al respecto es que el término apela, más que a la idea de castigo al causante de la discriminación, al de reparación íntegra del daño sufrido por la víctima, tratando de evitar que se produzca la infracompensación de los daños en los que podrían desembocar las reglas generales en materia de responsabilidad civil contractual y extracontractual.

De especial interés son las reflexiones que se agrupan en la parte final del libro. En ellas se piensa y escribe sobre cuestiones de alcance general en la moderna teoría del contrato, aunque las cavilaciones se hagan, como no puede ser de otra manera, al hilo de los límites que le impone el principio de no discriminación. Tales reflexiones atienden a la necesidad de repensar el concepto y función de la autonomía privada, la funcionalización del contrato a los principios y valores que sustentan el ordenamiento y al lugar que ocupa, en esta nueva era, la seguridad jurídica; temas todos ellos de suficiente enjundia e interés como para que esta obra de Vincenzo Barba nos deje con ganas de las que, indudablemente, están por venir.

Concluyo ya estas líneas invitando a la lectura pausada de la obra y a repensar las muchas ideas con las que su autor nos convida, no sin dejar de manifestar la satisfacción que me produce y el sentimiento de gratitud que me conmueve por haber tenido la oportunidad de poner mi nombre en un libro escrito por un excelente jurista que es, además, un gran amigo.

Brión, octubre 2022

María Paz García Rubio
Catedrática de Derecho Civil de
la Universidade de Santiago de Compostela

I. EFICACIA Y ALCANCE DEL PRINCIPIO DE NO DISCRIMINACIÓN

1. Introducción

Principio de no discriminación y protección de las partes contratantes es un binomio que, por un lado, permite comprender de inmediato la problemática práctica subyacente y sus numerosas aplicaciones extraordinarias y, por otro lado, plantea problemas teóricos difíciles y complejos, que van desde la eficacia horizontal de un principio fundamental, hasta el cuestionamiento del ámbito de aplicación de la libertad contractual, cruzándose inevitablemente con la teoría de los remedios negociales. Todo ello sin dejar de considerar que una valoración que se centrara exclusivamente en las denominadas fuentes de derecho nacional sería sin duda inadecuada, ya que el citado principio se encuentra ampliamente recogido, tanto en las fuentes del derecho supranacional, como en los textos de *soft law*. Hasta tal punto la regulación está extendida que, a estas alturas, se discute a nivel transnacional un derecho antidiscriminatorio, constituido por un denso entramado de normas y principios construidos en torno a esa idea.

La particularidad del tema propuesto por este binomio no está en el indudable valor del principio de igualdad y de no discriminación, que, como es de sobra sabido, ha cobrado una importancia cada vez mayor en casi todos los ordenamientos jurídicos, sino en su aplicación a la materia del contrato que, históricamente, se considera la máxima expresión de la autonomía y el lugar de la soberanía de la libertad: armonizar la no discriminación con el contrato significa discutir el concepto mismo de autonomía y, por lo tanto, replantear sustancialmente la propia idea normativa de contrato.

La perspectiva de la investigación en este trabajo es mucho menos amplia de lo que la referencia genérica al principio de no discriminación y la referencia a la figura general del contrato podrían hacer pensar, ya que me propongo investigar solamente las interferencias del principio de no discriminación con el contrato de derecho civil.

Esta aclaración sirve para acotar significativamente la investigación, ya que, por un lado, deja al margen todos los problemas, más complejos y de mayor alcance, que plantea en general el llamado derecho antidiscriminatorio, es decir, el conjunto de normas y principios en virtud de los cuales el Estado se compromete a garantizar la misma dignidad social a todas las personas, tratando de remover todos los obstáculos de carácter económico o social[1] que impidan la realización de la igualdad sustancial[2] y, por otro lado, excluye la referencia tanto al contrato de trabajo como a las relaciones entre el Estado y los particulares[3],

1 Comparto la posición de MAFFEIS, Daniele, «Il contraente e la disparità di trattamento delle controparti», *Rivista di diritto privato*, 2006, p. 288, cuando afirma que no se trata de un problema de igualdad sustantiva, sino de no discriminación en el sentido de «obbligo da parte del contraente di adottare uguali comportamenti nei confronti di piú controparti». Maffeis, Daniele, «Discriminazione (diritto privato)», *Enciclopedia giuridica*, *Annali*, IV, Milano, p. 493 s.

2 En este sentido, además de las normas recogidas en las Constituciones de cada estado, se consideren: el art. 2 de la Declaración Universal de los Derechos Humanos; el art. 14 del Convenio Europeo de Derechos Humanos; la Convención sobre la eliminación de todas las Formas de Discriminación Racial de 1965; la Convención de las Naciones Unidas sobre la Eliminación de todas las Formas de Discriminación Racial de 7 de marzo de 1966; la Convención de las Naciones Unidas sobre Derechos Civiles y Políticos de 16 de diciembre de 1966; la Convención de las Naciones Unidas sobre la eliminación de todas las Formas de Discriminación contra la Mujer de 18 de diciembre de 1979; la Convención de las Naciones Unidas sobre los Derechos de las Personas con Discapacidad de 2006; el Protocolo 12 de 2000; el art. 21 de la Carta de Niza de 2000; el artículo 10 del TFUE.

3 Es en este ámbito donde, según MAFFEIS, Daniele, «Il diritto contrattuale antidiscriminatorio nelle indagini dottrinali recenti», *Le nuove leggi civili commentate*, 2012, p. 161 s., el fenómeno discriminatorio es más evidente.

aunque no se puede excluir que algunas reflexiones puedan extenderse también a estos ámbitos[4]. La exclusión del primero se justifica por las peculiaridades de la regulación del contrato de trabajo[5], que ha representado y sigue representando un caso de importante manifestación del principio[6], mientras que la exclusión del segundo se justifica por el hecho de que una parte es el Estado, entendido en sentido amplio[7].

---

4 También queda al margen el análisis de la prohibición de discriminación en los contratos asociativos, en los que el problema se plantea de forma evidente, especialmente cuando se trata de la relación entre los socios/asociados. A este respecto, véase Maffeis, Daniele, «Discriminazione (diritto privato)», cit., p. 496 s.

5 Así, Rescigno, Pietro, «Il principio di uguaglianza nel diritto privato», Rescigno, Pietro, *Persona e comunità. Saggi di diritto privato*, Bologna, 1966, p. 343 s.

6 Entre otros, se encuentran: el Convenio de la OIT sobre los trabajadores migrantes, de 1 de julio de 1949, el Convenio de la OIT sobre la igualdad de remuneración entre la mano de obra masculina y la mano de obra femenina por un trabajo de igual valor, de 29 de junio de 1951, el Convenio de la OIT sobre la discriminación en el empleo y la ocupación, de 28 de junio de 1958, el Convenio de la OIT sobre la igualdad de trato (seguridad social), de 28 de junio de 1962, la Directiva 2000/43/CE relativa a la igualdad de trato de las personas independientemente de su origen racial o étnico, aplicada en Italia mediante el Decreto Legislativo n.° 215 de 9 de julio de 2003, la Directiva 2000/78/CE relativa a la igualdad de trato en el empleo y la ocupación, aplicada en Italia mediante el Decreto Legislativo n.° 216 de 9 de julio de 2003. L.vo 9 de julio de 2003, n. 215, Directiva 2000/78/CE para la igualdad de trato en el empleo y la ocupación, aplicada en Italia por el D.L.vo 9 de julio de 2003, n. 216.

7 Comparto la idea de Maffeis, Daniele, «Il contraente e la disparità di trattamento delle controparti», cit., p. 289 ss., al distinguir entre contratos con la Administración Pública, también en consideración a la existencia del art. 97 Cost. Italiana que impone actuar con imparcialidad. Distinguir, pues, entre contratos entre empresas, contratos entre empresas y consumidores y contratos entre consumidores, aunque puede ser de utilidad para aclarar la existencia de normas especiales que pueden aplicarse a una u otra hipótesis, no me parece decisivo, al menos en la perspectiva, llevada a cabo en el texto, según la cual el principio de no discriminación tiene carácter general. Por otro lado, según el autor las limitaciones a la autonomía privada existen solo si hay una norma específica que la establezca. Por ejemplo: art. 2591 Código Civil italiano, art. 1697 Código Civil italiano, art. 9 L. 192/1998, art. 140 Código del Consumidor italiano; art. 21 TUF.

Se trata, pues, simplemente de comprobar cómo hoy en día es necesario combinar la autonomía negocial y el principio de no discriminación[8]. Es bien sabido que la autonomía nunca ha significado pura arbitrariedad, por lo que la existencia de limitaciones a su ejercicio es intrínseca al propio concepto de autonomía[9], que, por su propia definición, implica un ordenamiento no originario[10]. Pero también es innegable que un rasgo esencial de la autonomía es la libertad, que se expresa no solo en la libertad de elección del contratante o en la libertad de celebrar el contrato, sino también en la libertad de determinar su contenido.

Es necesario ponderar el principio de autonomía privada y, por tanto, el principio de libertad de negociación, por un lado, y el principio de no discriminación, por otro, con la clara conciencia de que no es posible ni anular la libertad de negociación ni pretender que pueda elegir y discriminar libremente. Por ello, se hace fundamental entender exactamente cuándo es posible afirmar que existe un hecho causante de discriminación que requiere una intervención normativa y, por tanto, cuándo en la ponderación

8 RESCIGNO, Pietro, «Ancora sul principio di uguaglianza nel diritto privato», RESCIGNO, Pietro, *Persona e comunità. Saggi di diritto privato*, Bologna, 1966, p. 369 s., dice que cabe considerar «la parità, espressione della giustizia distributiva, è di regola il risultato dell'appartenenza di piú persone a una comunità». Así también, CARUSI, Donato, «Principio di uguaglianza, immunità e privilegio: il punto di vista del privatista», *Studi in onore di Pietro Rescigno*, Giuffré, Milano, 1988, p. 227 ss. En sentido crítico, CIARONI, Lorenzo, «Autonomia privata e principio di non discriminazione», *Giurisprudenza italiana*, 2006, p. 1821, que señala que la idea de que la discriminación implica a una comunidad ya no es coherente con el marco jurídico actual. «La discriminazione è un fenomeno [anche] microeconomico che può contrapporre anche solo due individui. Il metro di valutazione non è dato dal comportamento generalmente tenuto da chi commette l'illecito, bensí da uno standard comportamentale imposto dalla opinione pubblica».

9 SCHELESINGER, Piero, «L'autonomia privata e i suoi limiti», *Giurisprudenza italiana*, 1999, pp. p. 230, «non va accettato il recente sforzo di accreditare, quale fondamento dell'efficacia vincolante che gli accordi interprivati di regola conseguono già su un piano sociale, al di fuori di qualsiasi prospettiva di tutela giudiziaria, il brocardo, di formazione giusnaturalistica, *pacta sund servanda*».

10 ROMANO, Santi, «Autonomia», ROMANO, Santi, *Frammenti di un dizionario giuridico*, Giuffré, Milano, 1983, p. 16 s.

del principio de libertad de negociación y el principio de no discriminación, debe sacrificarse el primero. Hay que señalar que, en materia contractual en la que las partes pueden volver a expresar su voluntad, la ponderación de los dos principios puede realizarse de forma más incisiva que en materia testamentaria, donde la no repetibilidad del acto de última voluntad impone una mayor prudencia y cautela[11], también en atención al principio de conservación.

Si todo esto es cierto, el jurista tiene un nuevo reto, ya que debe conjugar libertad e igualdad, es decir, limitar la autonomía[12] en aras de la realización de la dignidad social[13]. Por lo tanto, es necesario un replanteamiento general de la categoría del contrato[14], entendiendo que no solo surgen cuestiones y problemas relacionados con su función social,

---

11 Torres García, Teodora F.; García Rubio, María Paz, *La libertad de testar: el principio de igualdad, la dignidad de la persona y el libre desarrollo de la personalidad en el derecho de sucesiones*, Fundación Coloquio Jurídico Europeo, Madrid, 2014, p. 41 ss.

12 Maffeis, Daniele, «Libertà contrattuale e divieto di discriminazione», *Rivista trimestrale di diritto e procedura civile*, 2008, p. 412, «l'autonomia contrattuale è strumento di libertà e di manifestazione della personalità del contraente (29) e non esprime affatto un'antinomia rispetto al divieto di discriminazione. Semplicemente, la libertà del contraente, che offre o che cerca sul mercato un bene o un servizio, non può essere strumento di distruzione o di limitazione della libertà e di lesione della personalità delle potenziali controparti contrattuali; ed è così che si spiega il limite alla libertà di scelta della controparte contrattuale consistente nel divieto di discriminazione».

13 Malomo, Anna, *Principio di eguaglianza e rapporti civili. Aspetti problematici e attuativi*, Edizioni scientifiche italiane, Napoli, 2022, p. 11 ss., spec. p. 60 s., «la libertà economica, la concorrenza, la competitività sono no "un fine, ma un mezzo, una regola, per realizzare l'utilità sociale", per consentire "l'effettiva partecipazione" di ogni persona "all'organizzazione economica e sociale del paese" nonché il (suo) pieno sviluppo" ex artt. 3, comma 2, e 41, comma 2, cost. Nelle pagine seguenti ...si intende dimostrare la necessità di rivedere correttamente il rapporto tra mercato e diritti fondamentali, tra competitività e concorrenzialità e solidarietà, s^ da coniugare al meglio la (supposta) libertà contrattuale e (l'attuazione del)l'eguaglianza nell'accesso al mercato onde prevenire, elidere e, ove necessario, sanzionare possibili *discrimina*».

14 Carapezza Figlia, Gabriele, *Divieto di discriminazione e autonomia contrattuale*, Edizioni scientifiche italiane, Napoli, 2013, p. 55 ss.

sino también la necesidad de pensar en nuevas estrategias correctoras para la protección de los intereses implicados[15].

2. El principio de no discriminación y su eficacia horizontal

Sería titánico, por no decir imposible, intentar recoger todas las disposiciones normativas que en cualquier ordenamiento jurídico relacionan, directa o indirectamente, el principio de no discriminación con el contrato[16].

No cabe duda de que una norma clave es la que en la Constitución recoge el principio de igualdad (arts. 3, 29.2, 37.1 Constitución italiana y arts. 9, 2; y 14 Constitución española[17]), así como son fundamentales a nivel global la Convención Internacional sobre la Eliminación de todas las Formas de Discriminación Racial, hecha en Nueva York el 21 de diciembre de 1965[18] los arts. 26 y 3 del Pacto Internacional

---

15 Aclara, de forma convincente, AGUILERA RULL, Ariadna, *«Prohibición de discriminación y libertad de contratación»*, *Indret*, febrero, 2007, p. 17, que la resistencia a la extensión del principio de no discriminación a los particulares «tiene su origen en una tradición que parte de dos cosas: una clara división entre el Estado y la sociedad y la concepción de los individuos como dotados de una libertad prejurídica, que debe ser protegida frente a la actuación de los poderes públicos. Del juego de estas dos ideas nace la concepción clásica de los derechos fundamentales como una figura que regula las relaciones entre el Estado y la sociedad civil, garantizando ámbitos de libertad individual frente a la intervención estatal. Los poderes públicos deben actuar de conformidad con ciertos principios para no poner en peligro la autonomía de los ciudadanos, que el ordenamiento jurídico trata de preservar».

16 GENTILI, Aurelio, «Il principio di non discriminazione nei rapporti civili», *Rivista critica del diritto privato*, 2009, p. 207, afirma: «Il principio di non discriminazione è tra i fondamenti del diritto europeo. Ma solo in parte vi è motivo di rallegrarsene: la presenza di questi anticorpi nel tessuto giuridico testimonia l'esistenza della malattia nel corpo sociale. E la difesa che essi oppongono sembra capace di contrastare, ma non di sradicare il male».

17 BILBAO UBILLOS, Juan María, «Prohibición de discriminación y relaciones entre particulares», *Teoría y Realidad constitucional*, 2006, p. 147 s.

18 La Convención Internacional sobre la Eliminación de todas las Formas de Discriminación Racial de 21 de diciembre de 1966, abierta a la firma en Nueva York el 7 de marzo de 1966 ha sido ratificada por

de Derechos Civiles y Políticos hecho en Nueva York el 19 de diciembre de 1966[19], el art. 15 de la Convención sobre la eliminación de todas las formas de discriminación contra la mujer, hecha en Nueva York el 18 de diciembre de 1979[20],

España por instrumento de 23 de abril de 1969 y ha entrado en vigor el 4 de enero de 1969 y por Italia ha sido ratificada el 5 de enero de 1976 (autorizada por Ley 13 de octubre 1975, n. 654) y ha entrado en vigor el 4 de febrero de 1976.

19 El Pacto internacional ha sido ratificado por Italia el 16 de diciembre de 1966 (autorizado con Ley n. 881/1977 de 25 de octubre) y ha entrado en vigor el 23 de marzo de 1976 y por España por instrumento de 30 de abril de 1977 y ha entrado en vigor el 27 de julio de 1977. Además, el tema de la no discriminación ha sido objeto de la Observación general n. 18 del Comité de Derechos Humanos de Naciones Unidas (37° período de sesiones 1989). Entre otras cosas, en el punto 7 se dice: «Si bien esas convenciones se refieren solo a un tipo puntual de discriminación, el Comité considera que el término "discriminación", tal como se emplea en el Pacto, debe entenderse referido a toda distinción, exclusión, restricción o preferencia que se basen en determinados motivos, como la raza, el color, el sexo, el idioma, la religión, la opinión política o de otra índole, el origen nacional o social, la posición económica, el nacimiento o cualquier otra condición social, y que tengan por objeto o por resultado anular o menoscabar el reconocimiento, goce o ejercicio, en condiciones de igualdad, de los derechos humanos y libertades fundamentales de todas las personas». Además, con particular referencia a la igualdad entre hombres y mujeres, consagrada explícitamente en el artículo 3, cabe considerar la Observación general n. 28 del Comité de Derechos Humanos de Naciones Unidas (68° período de sesiones 2000). Entre otras cosas, se afirma en el punto n. 5: «Los Estados Partes deben cerciorarse de que no se utilicen las actitudes tradicionales, históricas, religiosas o culturales como pretexto para justificar la vulneración del derecho de la mujer a la igualdad ante la ley y al disfrute en condiciones de igualdad de todos los derechos previstos en el Pacto». En el punto 19 se dice: «El derecho que enuncia el artículo 16 en el sentido de que todo ser humano tiene derecho en todas partes al reconocimiento de su personalidad jurídica es particularmente pertinente en el caso de la mujer, que suele verlo vulnerado en razón de su sexo o su estado civil. Este derecho supone que no se puede restringir en razón del estado civil o por otra causa discriminatoria la capacidad de la mujer para ejercer el derecho de propiedad, concertar un contrato o ejercer otros derechos civiles».

20 La Convención sobre la eliminación de todas las formas de discriminación contra la mujer ha sido ratificada por Italia el 10 de junio 1986 (autorizada con Ley 132/1985, de 14 de marzo) y ha entrado en vigor el 10 de julio de 1985. Por España ha sido ratificada por Instrumento

el art. 5 de la Convención sobre los derechos de las persona con discapacidad hecha en Nueva York el 13 de diciembre de 2006[21], y a nivel europeo el art. 14 del Convenio Europeo de Derechos Humanos, que formula un principio de prohibición

de 16 de diciembre de 1983 y ha entrado en vigor el 4 de febrero de 1984. Además, el tema de la no discriminación ha sido objeto de la Observación general n. 21 del Comité para la Eliminación de la Discriminación contra la Mujer de Naciones Unidas (13° período de sesiones 1994). Entre otras cosas, con referencia al artículo 15, en el punto n. 7 se dice: «Cuando la mujer no puede celebrar un contrato en absoluto, ni pedir créditos, o solo puede hacerlo con el consentimiento o el aval del marido o un pariente varón, se le niega su autonomía jurídica. Toda restricción de este género le impide poseer bienes como propietaria exclusiva y le imposibilita la administración legal de sus propios negocios o la celebración de cualquier otro tipo de contrato. Las restricciones de esta índole limitan seriamente su capacidad de proveer a sus necesidades o las de sus familiares a cargo».

21 La Convención sobre los Derechos de las Personas con Discapacidad ha sido ratificada por Italia con Ley 18/2009 de 3 de marzo y ha entrado en vigor el 15 de marzo de 2009. Por España ha sido ratificada por Instrumento de 21 de abril de 2008 depositado en Naciones Unidas el 3 de diciembre de 2007 y publicado en el BOE de 21 de abril de 2008 y ha entrado en vigor el 3 de mayo de 2008. No huelga decir que España ha adecuado su ordenamiento jurídico a esa Convención con la muy importante Ley 8/2021 de 2 de junio, por la que se reforma la legislación civil y procesal para el apoyo a las personas con discapacidad en el ejercicio de su capacidad jurídica. En cambio, en Italia todavía no se ha empezado el trabajo de adecuación del ordenamiento jurídico a la Convención y el debate mismo sobre la adecuación está aún, tristemente, en una situación embrionaria. Cabe recordar que en la Observación general n. 1 (2014) del Comité sobre los Derechos de las Personas con Discapacidad, en el punto 6 se lee: «El derecho a la igualdad ante la ley se refleja también en otros tratados internacionales y regionales fundamentales de derechos humanos. El artículo 15 de la Convención sobre la eliminación de todas las formas de discriminación contra la mujer garantiza la igualdad de la mujer ante la ley y exige que se reconozca a la mujer una capacidad jurídica idéntica a la del hombre, en particular para firmar contratos, administrar bienes y ejercer sus derechos en el sistema de justicia. El artículo 3 de la Carta Africana de Derechos Humanos y de los Pueblos establece el derecho de toda persona a la igualdad ante la ley y a gozar de igual protección de la ley. El artículo 3 de la Convención Americana sobre Derechos Humanos consagra el derecho a la personalidad jurídica y el derecho de toda persona a ser reconocida como tal ante la ley».

de carácter general, y, en la misma línea, el art. 2 del TUE[22], el art. 19 del TFUE[23] y el art. 21 de la Carta de Niza[24].

Además de estas normas con valor de principios, hay que considerar la regulación[25] de la Directiva Europea 2000/43/CE[26]

22 García Rubio, María Paz, «Contratación privada en la propuesta de Directiva del Consejo por la que se aplica el principio de igualdad de trato entre las personas independientemente de su religión o convicciones, discapacidad, edad u orientación sexual», Navas Navarro, Susana (dir.), *Iguales y diferentes en el Derecho privado*, Tirant lo Blanch, Valencia, 2012, p. 734 s., propone un breve análisis de las principales normas sobre el tema en la legislación europea, hasta la propuesta de directiva, objeto de su trabajo.

23 Carapezza Figlia, Gabriele, «El principio de no discriminación en el derecho contractual ítalo-europeo», *Actualidad jurídica iberoamericana*, 2019, n. 10, p. 287.

24 Ferrajoli, Luigi, «Uguaglianza e non discriminazione nella Costituzione europea», Galasso, A. (coord.), *Il principio di eguaglianza nella Costituzione europea. Diritti fondamentali e rispetto della diversità*, Franco Angeli, Milano, 2007, p. 20 s., «rovesciando la concezione corrente tra Costituzione e popolo, si può insomma affermare che è il patto costituzionale di convivenza basato sulla stipulazione della pari eguaglianza nei diritti fondamentali, della loro pari dignità sociale, che genera l'unità di un popolo e la sfera pubblica e non viceversa».

25 Afirma Carapezza Figlia, Gabriele, «El principio de no discriminación en el derecho contractual ítalo-europeo», cit., p. 288, «En el nuevo derecho ítalo-europeo, en una visión dinámica, la prohibición de discriminar por motivos de raza, origen étnico y sexo, se extiende, más allá de la relación laboral, a todos los intercambios de mercado, y va acompañada de una disciplina procesal para la resolución de los conflictos».

26 Cabe destacar que, al definir su ámbito de aplicación, el texto de la directiva en su artículo 3, apartado 1, letra h) es diferente en su versión italiana y castellana. En el texto italiano se lee: «all'accesso a beni e servizi e alla loro fornitura, incluso l'alloggio», mientras que en el texto castellano se lee: «el acceso a bienes y servicios *disponibles para el público* y la oferta de los mismos, incluida la vivienda». Comparando el mismo texto de la directiva en las dos lenguas diferentes (es difícil establecer cómo ha podido ocurrir esto), es fácil ver que en el texto italiano faltan las palabras «disponibles para el público». Aunque pueda parecer una diferencia menor, tiene importantes consecuencias en cuanto a su aplicación, ya que la misma directiva, en el texto castellano parece referirse únicamente a los contratos de acceso a bienes y servicios ofrecidos al público, en el texto italiano, en cambio, parece referirse a todos los contratos de acceso a bienes y servicios, independientemente de que se negocien mediante una

de 29 de junio, relativa a la aplicación del principio de igualdad de trato de las personas independientemente de su origen racial o étnico (en adelante Directiva 2000/43/CE), transpuesta en Italia mediante el Decreto Legislativo 215/2003[27] de 9 de julio (en adelante Decreto Legislativo 215/2003) y en España mediante Ley 62/2003[28], de 30 de diciembre[29], de medidas fiscales, administrativas y del orden social (en adelante Ley 62/2003), así como la de la Directiva 2004/113/CE[30], de 13 de diciembre, por la que se aplica el principio de igualdad de trato entre hombres y mujeres al acceso a bienes y servicios y su suministro (en adelante Directiva 2004/113/CE), transpuesta en Italia por el Decreto Legislativo 196/2007[31], de 6 de noviembre (en adelante Decreto Legislativo 196/2007)[32] y

oferta al público o una invitación al público a presentar ofertas. Esta diferencia entre las traducciones italiana y española de la directiva no parece haber tenido repercusión en la legislación interna, ya que el decreto legislativo italiano que transpone esta directiva (art. 3, párrafo 1, letra i) del Decreto Legislativo 215/2003) no hace referencia a «disponibles para el público», y la ley española que transpone esta directiva ha optado por no darle relevancia al establecer (art. 29, pfo 1, Ley 62/2003) que: «Esta sección tiene por objeto establecer medidas para que el principio de igualdad de trato y no discriminación por razón del origen racial o étnico de las personas sea real y efectivo en la educación, la sanidad, las prestaciones y los servicios sociales, la vivienda y, en general, *la oferta y el acceso a cualesquiera bienes y servicios*».

27 CHECCHINI, Bianca, *Discriminazione contrattuale e dignità della persona*, Giappichelli, Torino, 2019, p. 73 ss.

28 AGUILERA RULL, Ariadna, *Contratación y diferencia. La prohibición de discriminación por sexo y origen étnico en el acceso a bienes y servicios*, Tirant Lo Blanch, Valencia, 2013, p. 238 ss.

29 En particular, la ley traspone la Directiva 2000/43/CE en sus artículos 27-43, CAPÍTULO III Medidas para la aplicación del principio de igualdad de trato.

30 Por todos, sobre las dos directivas, AGUILERA RULL, Ariadna, *Contratación y diferencia. La prohibición de discriminación por sexo y origen étnico en el acceso a bienes y servicios*, cit., p. 109 ss.

31 CHECCHINI, Bianca, *Discriminazione contrattuale e dignità della persona*, cit., p. 90 ss.

32 Cabe señalar que el Decreto Legislativo 196/2007 traspone la Directiva 2004/113/CE no introduciendo una ley nueva e independiente, sino modificando y completando el Decreto Legislativo 198/2006, de 11 de abril de 2006, Código de Igualdad de Oportunidades entre Hombres y Mujeres (en adelante: Decreto Legislativo 198/2006 o Código de Igualdad entre Hombres y Mujeres). En particular, el Decreto Legislativo

en España por la Ley Orgánica 3/2007[33], de 22 de marzo, que desarrolla el principio de igualdad de trato entre hombres y mujeres en lo que se refiere al acceso a bienes y servicios y a su suministro (en adelante LOIHM) y en fechas recientes Ley 15/2022, de 12 de julio, Integral para la igualdad de trato y no discriminación[34] (en adelante, LIIT)[35].

Por último, aunque se trate de una regulación de *soft law*, no podemos pasar por alto el capítulo 3 de los Principios Aquis, los artículos de 2:201 a 2:205 del DCFR[36], así como el artículo 1:207 de los Principios PECL[37].

Si bien, el análisis de cada una de estas normas, especialmente las que tienen un valor de principio, requeriría una amplia y profunda reflexión capaz de captar sus matices y potencialidades aplicativas[38], en este trabajo me propongo

196/2007 introduce en el Código de Igualdad entre hombres y mujeres el Título II 2-bis, titulado «Igualdad de trato entre hombres y mujeres en el acceso y suministro de los bienes y servicios» (artículos de 55-*bis* a 55-*decies*). Por este motivo, aunque, desde un punto de vista formal, la disposición legislativa que transpone la Directiva 2004/113/CE es el Decreto Legislativo 196/2007, desde un punto de vista sustantivo la regulación está contenida en el Decreto Legislativo 198/2006 o Código de igualdad de oportunidades entre hombres y mujeres.

33 AGUILERA RULL, Ariadna, *Contratación y diferencia. La prohibición de discriminación por sexo y origen étnico en el acceso a bienes y servicios*, cit., p. 238 ss.

34 Sobre esta Ley v. capítulo «III. Derecho contractual, discriminación y remedios», párrafo «7. La Ley 15/2022, de 12 de julio, integral para la igualdad de trato y la no discriminación».

35 En el momento de escribir estas líneas se está tramitando el 121/000113 Proyecto de Ley para la igualdad real y efectiva de las personas trans y para la garantía de los derechos de las personas LGTB (BOCG. Congreso de los Diputados, XIV Legislatura, Serie A, 12 septiembre 2022).

36 Por todos, GIMÉNEZ COSTA, Ana, «La no discriminación», VAQUER ALOY, Antoni; BOSCH CAPDEVILA, Esteve; SÁNCHEZ GONZÁLEZ, María Paz (COORDS.) , *Derecho europeo de los contratos. Libros II y IV del marco común de referencia*, tomo 1, Atelier, Barcelona, 2012, p. 137 ss.

37 Los Principios de Derecho Contractual Europeo (Comisión Lando), el proyecto de Código Europeo de Contratos (el llamado Proyecto Gandolfi) y los Principios Unidroit no se refieren expresamente a este principio, sino a los principios de buena fe, equidad y razonabilidad.

38 CHECCHINI, Bianca, *Discriminazione contrattuale e dignità della persona*, cit., p. 157 s., señala que en el Derecho italiano, mientras que la pro-

realizar una reflexión de carácter más general[39], que pueda servir de marco y que contribuya a comprobar si, en qué medida y en qué ámbito sería necesaria una neo-funcionalización de la libertad de contratación, replanteando incluso la propia idea de contrato.

Si es incuestionable que cada una de las normas individuales que acabamos de mencionar identifica interesantes puntos de intersección entre el deber de no discriminación y el contrato[40], es igualmente incuestionable que todas ellas, en su conjunto, demuestran inequívocamente que este deber de no discriminación es un principio-valor de todos los ordenamientos jurídicos contemporáneos[41]; que es, además, relevante no solo en las relaciones verticales, es decir, en las

hibición de discriminación por razón de origen racial y étnico se aplica a todos los contratos de suministro de bienes y servicios, incluida la vivienda, aunque se celebren mediante negociación individual o aislada entre particulares, la discriminación por razón de sexo, en cambio, solo se aplica a los contratos de suministro de bienes y servicios que se celebren mediante una declaración dirigida al público. Añade en la p. 165: «anche ammesso, dunque, che la normativa italiana contenuta nella attuazione della direttiva "Razza" sia frutto di un errore di traduzione, ci si deve comunque rallegrare per questa oggettiva, inconsapevole lungimiranza, poiché non si può negare, da un lato, che essa interpreti una tendenza europea già in atto, volta ad ampliare la tutela discriminatoria, dall'altro che anticipi l'effettività di siffatta tutela nel nostro ordinamento, dato che risulta validamente introdotta e tutt'ora vigente». Comparto la idea de la autora y, de hecho, en la convicción expresada en el texto de que existe un valor-principio de no discriminación, en mi opinión, debe superarse cualquier posible problema de limitar la prohibición a determinadas relaciones y solo a determinados factores de riesgo. Además, no sería razonable un ordenamiento jurídico que sancionara la discriminación por razón de sexo o raza, pero no la discriminación por orientación sexual o afiliación política o religión, etc.

39 Ricoy Casas, Rosa María, *¿Qué igualdad? El principio de igualdad formal y no discriminación por razón de sexo en el ordenamiento español*, Dykinson, Madrid, s.d. (2010), p. 67 ss., desarrolla la idea de la igualdad como valor, como principio y como derecho fundamental.

40 Para un análisis, La Rocca, Delia, *«Le discriminazioni nei contratti di scambio di beni e servizi»*, cit., p. 312 ss.

41 Sobre la relevancia de los derechos fundamentales en las relaciones entre particulares, v. García Torres, Jesús, y Jiménes-Blanco y Carrillo de Albornoz, Antonio, *Derechos fundamentales y relaciones entre particulares*, Madrid, 1986.

relaciones entre el Estado y el ciudadano, sino también, y por lo que aquí interesa, sobre todo, en las relaciones horizontales[42], es decir, en las relaciones entre particulares, con la aclaración de que incluso sería inadecuado utilizar la palabra «ciudadanos», ya que este principio pretende despojar también a este último aspecto de su relevancia[43].

Todo lo dicho es de gran importancia en términos de teoría general, porque, por un lado, demuestra que el principio de no discriminación, con independencia de las normas específicas que lo relacionen con el contrato, constituye un principio de valor de todo ordenamiento jurídico y, por otro, aclara el papel clave de los principios como realización máxima de un valor, confirmando su aplicación directa, incluso sin la mediación de una norma reguladora preexistente[44].

No obstante, estas observaciones merecen alguna aclaración.

42 Digna de mención es la sentencia del Tribunal Supremo, 20 de abril de 2011 (RJ 2011, 3596) que resuelve un caso de arrendamiento y aplica la LOIMH, aunque no fuera aplicable en el momento de los hechos. Informa sobre la sentencia INFANTE RUIZ, Francisco J., «El desarrollo de la prohibición de no discriminación en el derecho de contratos y su consideración en la jurisprudencia», *Revista Aranzadi de Derecho patrimonial*, n. 30, 2013, p. 188 ss.

43 *Vid.* la decisión de la Corte de Apelación de Turín, 16 de enero de 2017, según la cual «costituisce discriminazione l'esclusione dall'iscrizione nel registro dei giornali e periodici di una testata giornalistica a causa della mancata titolarità, da parte del direttore responsabile, della cittadinanza italiana o UE poiché la ratio dell'art. 3 L. n.47/48, che prevede appunto il requisito della cittadinanza, deve essere interpretato conformemente al dettato costituzionale».

44 Asì, GARCÍA RUBIO, María Paz, «La eficacia *inter privatos* (Drittwirkung) de los derechos fundamentales», *Libro Homenaje a Ildefonso Sánchez Mera,* vol. I, Consejo General del Notariado, Madrid, 2002, p. 304, «la aplicación de los derechos constitucionales en las relaciones estrictamente privadas se ha de hacer, como regla general, acudiendo a los instrumentos propios del Derecho civil ... Sin embargo, consideramos que el criterio resulta inadecuado en ciertas circunstancias en las que, so pena de volver a un concepto no normativo de Constitución, no hay más remedio que afirmar la eficacia inmediata horizontal de los derechos fundamentales desde la propia norma fundamental y sin intervención del legislador».

El deber de no discriminación, que constituye la idea clave en torno a la cual se desarrollan todas las normas recordadas sumariamente, es susceptible de una aplicación que trasciende las normas específicas, porque impone la máxima realización del valor que expresa, que puede tender a sintetizarse en la igualdad formal y sustancial. Cabe decir que las consideraciones que se llevarán a cabo pueden dejar de lado las regulaciones especiales y se refieren a la aplicación de un principio que no solo es propio de uno u otro ordenamiento jurídico, sino que resulta común a casi todos los países europeos que comparten el valor jurídico de protección de la persona humana y de su dignidad inherente, en el respeto de la igualdad sustancial[45].

El deber de no discriminación es un principio normativo, es decir, un principio que encuentra su fuente en el ordenamiento jurídico en su conjunto[46], independientemente de que pueda pertenecer también a otros sistemas, como el moral o el social, e independientemente de que no esté expresa y explícitamente regulado. Ello implica que la concreción de este principio no es un supuesto de aplicación de un valor meta-normativo a través de las cláusulas generales de la buena fe, de la moral o del orden público[47], sino

45 Afirma La Rocca, Delia, *«Le discriminazioni nei contratti di scambio di beni e servizi»*, M. Barbera, (coord.), *Il nuovo diritto antidiscriminatorio. Il quadro comunitario e nazionale*, Milano, 2007, p. 307 que «se si vogliono "prendere sul serio" le nuove pretese riconosciute dall'ordinamento europeo, non sarà sufficiente limitarsi a evidenziare la innovazione in quanto tale. Occorre capire l'esatta natura di tale innovazione».

46 García Rubio, María Paz, «La discriminación por razón de sexo en la contratación privada», García Rubio, María Paz; Valpuesta Fernández, Rosario (dirs.); López de la Cruz, Laura; Otero Crespo, Marta (coords.), *El levantamiento del velo: las mujeres en el Derecho privado,* Tirant lo Blanch, Valencia, 2011, p. 1082.

47 En este sentido, por ejemplo, la experiencia del Tribunal Supremo, en sus sentencias de 1980 a 1990, en el análisis realizado por Bercovitz Rodriguez-Cano, Rodrigo, «Principio de igualdad y Derecho privado», *Anuario de Derecho Civil*, 1990, pp. 369-428. «Nuestros Tribunales no pueden prestar auxilio alguno a las actuaciones de los particulares que incidan en una violación del orden público constitucional (arts. 6.2 y 1255 del Código civil) ni de los derechos fundamentales (arts. 5.1 y 7.1 e 2 de la Ley Orgánica del Poder Judicial). Por ello, cuando los Tribunales no cumplan con ese deber de protección, los sujetos lesio-

la aplicación de un valor normativo en sí mismo, que tiene relevancia jurídica por estar recogido en una norma jurídica, que, además, tiene carácter imperativo[48]. Es decir existe una norma, explícita o implícita, de relieve constitucional y de carácter imperativo, que expresa este principio-valor. Esto también es relevante a efectos de su aplicación, ya que la norma imperativa es en sí misma un parámetro de evaluación del contrato, independientemente de las evaluaciones basada en otras cláusulas generales. Todo acto jurídico tiene que ser conforme a las normas imperativas y prohibitivas.

La normatividad del principio implica, en sí, la normatividad del valor que expresa, y no puede cuestionarse su valor normativo por falta de un supuesto de hecho.

El principio, como máxima realización de un valor, no se aplica siempre con la misma intensidad ni con una única solución, ya que está abierto a una multiplicidad de soluciones[49]. Esto no significa que exista o pueda darse una aplicación abstracta del principio-valor, sino que se aplica a los casos individuales en función de las características de estos y, por tanto, que la construcción del supuesto de hecho en el caso individual, indispensable en toda aplicación concreta, se confía esencialmente a la responsabilidad del intérprete[50]. No se trata, pues, de una norma que se aplica

nados en su derecho a la igualdad por un particular podrán hacer uso de recurso de amparo frente al Tribunal Constitucional, de acuerdo con el artículo 44 de la Ley Orgánica del Tribunal Constitucional».

48 Así también, Vivas Tesón, Inmaculada, «El derecho contractual antidiscriminatorio: drittwirkung y libertad negocial», *Cuadernos de Derecho Transnacional*, (marzo 2021), Vol. 13, n. 1, p. 680, «En nuestra opinión, la superioridad normativa de la Constitución y su potente efecto de irradiación en todo el Ordenamiento jurídico, así como los valores superiores de libertad, justicia e igualdad (formal y material) del Estado social y democrático de Derecho hacen inevitable admitir una cierta operatividad u horizontalidad de los derechos fundamentales en las relaciones *inter privatos*, y, por cuanto ahora nos ocupa, en el ejercicio de la autonomía de los particulares a través del contrato, que no es, desde luego, el mismo a la manifestada en el testamento».

49 Alexy, Robert, *Teoría de los derechos fundamentales,* Traducción y estudio introductorio de C. Bernard Pullido, 2.ª ed., Madrid, 2008, p. 67 ss.

50 Por todos, Perlingieri, Pietro, *Il diritto civile nella legalità costituzionale secondo il sistema italo-europeo delle fonti*, Vol. II, *Fonti e*

sin un supuesto de hecho, sino, más precisamente, de una norma cuyo supuesto de hecho es determinado a posteriori por el intérprete. Tampoco podría ser de otra manera, pues en la regulación de cada caso siempre se da la concurrencia de varios principios, que obviamente deben ser condicionados y ponderados en coherencia con los intereses en juego[51]. Y esto es lo que, técnicamente, ocurre con respecto al tema investigado, en el que el principio de no discriminación compite, entre otros, con el principio de la libertad contractual.

Por último, la importancia normativa del principio excluye que sea una meta-norma, es decir, una norma con valor heurístico o, peor aún, una norma programática aplicable solo en las relaciones verticales entre el Estado y el individuo[52]. Esta representación, propia de los sistemas jurídicos de principios del siglo XX, inspirada en un formalismo legalista que recha-

---

interpretazione, 4.ª Edizioni scientifiche italiane, Napoli, p. 207 ss.

51 La tarea del jurista se vuelve, por tanto, enormemente compleja, porque ya no se trata de aplicar simples normas, superando un posible conflicto entre ellas, sino de ponderar los principios e identificar una regulación para el caso concreto que sea capaz de superar el control de compatibilidad, adecuación y congruencia. La interpretación no es una mera actividad de subsunción, sino una cualificación compleja, en la que la función de la norma es siempre esencial, su justificación sobre la base de un principio es necesaria, y este debe ponderarse con todos los demás con los que concurre. Ya no se trata de encontrar la norma que se debe aplicar al caso concreto, sino de identificar la regulación del caso concreto. No hablamos de una norma, sino del *ordenamiento del caso concreto* para decir que nunca se aplica una única norma al caso, sino una o varias normas y un conjunto de principios que, en conjunto, permiten identificar la respuesta adecuada del ordenamiento jurídico al problema de vida que se plantea. Este es un concepto clave de la teoría hermenéutica actual: la interpretación no es una simple actividad de subsunción destinada a aplicar una única regla al hecho, sino una compleja actividad cultural destinada a identificar el ordenamiento del caso concreto.

52 ALFARO AGUILA-REAL, Jesús, «Autonomía privada y derechos fundamentales», *Anuario de Derecho Civil*, 1993, p. 66 s., «del cumplimiento equilibrado de estas dos funciones [prohibición de intervención y exigencias de protección] resulta la garantía de la *vigencia social* de los derechos fundamentales: "es decir, la garantía de los derechos fundamentales frente a los particulares *a través y de por medio del Estado*". Consiguientemente, la vinculación de los poderes públicos a la Constitución permite hablar de la existencia de un "*derecho fundamental a la tutela (no solo judicial) efectiva*"».

zaba la propia normatividad de los principios, ya no tiene reflejo en los sistemas jurídicos basados en la legalidad constitucional y convencional contemporánea, hasta el punto de que incluso el antiguo debate sobre la llamada *Drittwirkung*, que sigue siendo fascinante desde el punto de vista teórico[53], ha perdido gran parte de su interés práctico-aplicativo.

Además, basta con considerar que, si imagináramos la sola aplicabilidad vertical de los principios, llegaríamos a un resultado paradójico, ya que tendríamos que aceptar que el legislador no podría dictar ninguna ley que discriminara por razón de orientación sexual[54] o raza y, en cambio, los particulares sí podrían realizar conductas o celebrar negocios jurídicos en los que se produjera dicha discriminación.

---

53 *Cfr.* FEMIA, Pasquale, (coord.), Drittwirkung: *princípi costituzionali e rapporti privati. Un percorso nella dottrina tedesca*, Edizioni scientifiche italiane, Napoli, 2018, p. 3 ss.; GARCÍA RUBIO, María Paz, «La eficacia *inter privatos* (Drittwirkung) de los derechos fundamentales», cit., pp. 297-314; AGUILERA RULL, Ariadna, *Contratación y diferencia. La prohibición de discriminación por sexo y origen étnico en el acceso a bienes y servicios*, cit., pp. 32-65.

54 Aunque pueda parecer imposible que un legislador discrimine y, por tanto, que la fuente de la discriminación sea una ley estatal en sí misma, lamentablemente hay que señalar que esto puede ser así. En este sentido, solo por poner un ejemplo, considérese la STJUE de 3 de septiembre de 2014, asunto C-318/13, que considera contraria a la Directiva 79/7/CEE, una norma nacional finlandesa que establece, para el cálculo de una prestación social legal abonada en razón de un accidente de trabajo, la aplicación, como factor actuarial, de la diferencia de esperanza de vida entre hombres y mujeres, cuando la aplicación de este factor conduce a que la reparación abonada en un pago único en concepto de dicha prestación sea inferior, cuando se concede a un hombre, a la que percibiría una mujer de la misma edad que se hallara en una situación similar. El cálculo de una prestación de seguridad social, periódica o de pago único a tanto alzado, no puede efectuarse sobre la base de una generalización relativa a la esperanza de vida media de hombres y de mujeres. Tal generalización puede conducir a un trato discriminatorio de los asegurados respecto de las aseguradas. Además, la toma en consideración de datos estadísticos generales según el sexo choca con la inexistencia de certeza acerca de que una asegurada tenga siempre una esperanza de vida superior a la de un asegurado de la misma edad que se halla en una situación comparable. Sobre el caso, el comentario de CASTRO ARGÜELLES, María Antonia, «El principio de igualdad de trato en materia de Seguridad Social y el cálculo de prestaciones en función del sexo», en *La Ley Unión Europea*, n. 21, diciembre 2014, p. 1 ss.

A esto, cabe añadir que todas las regulaciones mencionadas, en la medida en que logran una aplicación limitada a un aspecto discriminatorio específico, sea la igualdad entre hombres y mujeres, sea la igualdad entre personas de distinto origen étnico, o a un único aspecto de la relación jurídica, como el acceso a bienes o servicios[55] o el contrato de compraventa o el de trabajo son, en cualquier caso, aplicaciones del principio general de prohibición de discriminación[56].

El valor de estas regulaciones no reside en las normas puntuales en sí, sino en su capacidad de aplicación del principio. De manera tal que atestiguan que el valor-principio de no discriminación encuentra una aplicación general, independientemente de las circunstancias personales que actúan como factor de riesgo y de la relación jurídica en cuestión.

En otras palabras, podría decirse que todas estas regulaciones permiten afirmar, a nivel más general, la existencia de un principio-valor de no discriminación, que se aplica a cualquier factor de riesgo y a cualquier relación jurídica[57]. De ello se desprende que este principio afecta también al contrato y podría resumirse afirmando, de forma no diferente a lo que leemos en las disposiciones de *soft law* antes mencionadas, que toda discriminación está prohibida. Con la aclaración de que la referencia al pronombre indefinido «toda» es indispensable para recordar la idea de que los factores de riesgo constituyen una categoría abierta y continuamente cambiante, de tal manera que una lista de estos, aunque se establezca por normas de principio, debe entenderse siempre en un sentido ejemplificador y nunca de forma exhaustiva, y que la prohibición de discriminación se extiende a todo acto jurídico.

---

55 Sobre el concepto de bienes y servicios en el contexto de las Directivas, v. NAVAS NAVARRO, Susana, «No discriminación por razón de sexo y Derecho europeo de contratos», *Revista critica de derecho privado*, 2015, 2, p. 343 ss.

56 Esto parece ser negado por GENTILI, Aurelio, «Il principio di non discriminazione nei rapporti civili», cit., p. 219, según el cual las normas europeas solo se aplican al comercio abierto al público y no hay posibilidad de ampliar el ámbito de aplicación.

57 En este sentido tienen mucha importancia la sentencia del Tribunal Constitucional español 200/2001, 4 de octubre de 2001, y la sentencia 27/2004, 4 de marzo de 2004.

Se trata entonces de comprobar cómo afecta este principio de no discriminación a la materia contractual[58] y, por tanto, de ver cómo se limita realmente el concepto tradicional de libertad de contratación o el de autonomía contractual, identificando el punto de equilibrio entre ellos[59].

3. El hecho de discriminación

Comprobar el alcance del principio de no discriminación[60] requiere, en primer lugar, comprender qué es la discriminación y cuál es su fundamento, para establecer si puede, y en qué medida, surgir un problema de este tipo en materia contractual.

En tal sentido, la regulación, especialmente la de derivación europea, me parece sumamente útil, sobre todo porque ha conseguido recoger sugerencias y reflexiones que se han llevado a cabo durante mucho tiempo.

58 Según BILBAO UBILLOS, Juan María, «Prohibición de discriminación y relaciones entre particulares», cit., p. 155 ss., «la expresa prohibición del art. 14 funcionaría como un límite externo de la libertad negocial que puede determinar la invalidez de las normas, actos o negocios jurídicos (contratos, estatutos de asociaciones, testamentos...) que infrinjan dicha prohibición». En esta perspectiva, el autor afirma que la autoridad judicial, al realizar la ponderación, debe tomar en consideración tres factores: «la repercusión social de la discriminación», «la posición dominante o monopolística de la entidad discriminadora en el mercado o la sociedad» y «la posible afectación del núcleo esencial de la dignidad o integridad moral de la persona discriminada».

59 GARCÍA RUBIO, María Paz, «La eficacia *inter privatos* (Drittwirkung) de los derechos fundamentales», cit., p. 313 s., «la pluralidad es el germen de la libertad directamente entroncada con la dignidad de la persona reconocida en nuestra Constitución como "fundamento del orden político y de la paz social" (art. 10.1. CE); la garantía y el respecto de ambas (libertad y dignidad de la persona) son, sin lugar a dudas, el núcleo y la razón de ser del Derecho civil».

60 GARCÍA RUBIO, María Paz, «La discriminación por razón de sexo en la contratación privada», cit., p. 1074 s., «el alcance de este principio hace ya tiempo que ha dejado de estar circunscrito al contexto laboral para afectar al ordenamiento jurídico en su conjunto, incluyendo por supuesto su dimensión constitucional, pero sin que de ningún modo los sectores del Derecho privado puedan quedar al margen».

En primer lugar, cabe señalar que la discriminación es, por definición, un concepto de relación[61], que requiere una comparación entre dos situaciones distintas, respecto de las cuales es posible afirmar que existe una diferencia de trato. Además, para poder hablar de discriminación no basta con que exista cualquier tipo de diferencia de trato, sino que ella debe ser injustificada[62] o, más exactamente, debe basarse en el llamado *factor de riesgo*, es decir, en aquellas características, reales o presuntas, que definen la identidad o rasgos de una persona o de un grupo y que les exponen, precisamente, al riesgo de ser tratados de forma menos favorable. Por último, para postular una lesión de la prohibición de discriminación no es indispensable que dos situaciones se hayan producido realmente, ya que la comparación también puede realizarse, aunque con cierta cautela, entre una situación realmente ocurrida y una situación hipotética equivalente[63]. En cual-

---

61 TROISI, Bruno, «Profili civilistici del divieto di discriminazione», *Il diritto civile oggi. Compiti scientifici e didattici del civilista*, Edizioni scientifiche italiane, Napoli, 2005, p. 297.

62 Según CARUSI, Donato, «Principio di uguaglianza, immunità e privilegio: il punto di vista del privatista», cit., p. 235 s., cuyo pensamiento debe ser contextualizado a su momento histórico, la función del principio de igualdad (que solo encuentra aplicación en las relaciones privadas si existe una comunidad) es imponer una justificación en el trato. «Ove vige l'opposto principio di autonomia le discriminazioni non debbono essere giustificate e non si prestano a sindacato».

63 AGUILERA RULL, Ariadna, «Discriminación directa e indirecta. Comparación y crítica del concepto de discriminación en el Allgemeines Gleichbehandlungsgesetz y en el Proyecto español de Ley Orgánica para la igualdad efectiva de hombres y mujeres», *Indret*, n. 396, enero, 2007, p. 5, «debe bastar que en algún momento, otra persona en una situación comparable, haya sido tratada de forma distinta. De otro modo estaríamos haciendo depender la concurrencia o no de discriminación de una mera casualidad». GARCÍA RUBIO, María Paz, «Discriminación por razón de sexo y derecho contractual en la Ley Orgánica 3/2007, de 22 de marzo, para la igualdad efectiva de mujeres y hombres», *Derecho privado y Constitución*, núm. 21, 2007, p. 139 s. GENTILI, Aurelio, «Il principio di non discriminazione nei rapporti civili», cit., p. 228 s., «non è dunque da credere, solo perché si disattende l'identificazione della discriminazione con la disparità di trattamento, che nei casi singoli mancando la comparazione sia impossibile che ci sia discriminazione; può senz'altro esservi ma come lesione dell'altrui dignità e libertà, non come disparità di trattamento». CARAPEZZA FIGLIA, Gabriele, *Divieto di discriminazione e autonomia contrattuale*,

quier caso, debe excluirse la discriminación cuando la diferencia de trato esté objetivamente justificada y se adopte por medios adecuados, necesarios y proporcionados en relación con los intereses en juego[64].

En cuanto a los factores de riesgo, está claro que, aunque es muy fácil identificar los más comunes y también agruparlos en categorías más o menos generales, es esencial evitar enumerarlos exhaustivamente, porque constituyen una realidad líquida que evoluciona constantemente. No cabe duda de que estos factores incluyen todos los rasgos que caracterizan a la

cit., p. 204, «sebbene manchi un termine di comparazione reale, la struttura del giudizio è sempre ternaria, poiché il trattamento della controparte viene confrontato, alla luce del parametro, con un *tertium comparationis* che è uno *standard* astratto, cioè l'ipotetico trattamento che sarebbe praticato in assenza del fattore di rischio». CARAPEZZA FIGLIA, Gabriele, «El principio de no discriminación en el derecho contractual ítalo-europeo», cit., p. 300 s., por ultimo afirma que: «por lo tanto, se demuestra que la violación de la prohibición de discriminación contractual no deriva de la creación de una desigualdad, en comparación con una situación (real o hipotética) que tiene características similares, sino de una valoración negativa hacia un acto o comportamiento que, sin una justificación objetiva y razonable, impide o limita el acceso del otro contratante a bienes o servicios, debido a una cualidad personal que consiste en un factor de riesgo. Desde un punto de vista práctico (y no solo teórico), las diferencias producidas por las diferentes concepciones del juicio de discriminación son considerables. Es muy claro el ejemplo de los bancos éticos que, de acuerdo con las disposiciones estatutarias, excluyen "relaciones financieras con aquellas actividades económicas que, incluso de manera indirecta, obstaculizan el desarrollo humano y contribuyen a violar los derechos fundamentales de la persona"».

64 Estoy de acuerdo con la reconstrucción, basada en los DCFR, de GIMÉNEZ COSTA, Ana, «La no discriminación», cit., p. 58, «la valoración de la justificación de la conducta desigual debe hacerse teniendo en cuenta, primero, si el fin alegado como legitimo constituye un valor social cuya protección debe primarse y, segundo, aplicando a la medida adoptada el principio de proporcionalidad, para determinar si el posible trato desigual es o no invalido por ser contrario al principio de no discriminación. Se trata de dos exigencias cumulativas, esto es, si a pesar de existir un propósito legítimo, las medidas que se adoptan no son adecuadas y necesarias, no habrá diferenciación sino discriminación». La importancia del principio de proporcionalidad también es subrayada por AGUILERA RULL, Ariadna, *Contratación y diferencia. La prohibición de discriminación por sexo y origen étnico en el acceso a bienes y servicios*, cit., p. 151 ss., 165 ss., 252 ss., 352 s.

persona y, por lo tanto, la etnia, el sexo biológico, la identidad de género, la expresión de género, la orientación sexual, la discapacidad, las enfermedades, la edad, pero también todas las expresiones de las libertades fundamentales, como la fe religiosa, la orientación política y, en general, otra condición o circunstancia personal o social.

Los factores de riesgo están en constante evolución, por lo que es posible incluir otros nuevos en relación con el progreso de la conciencia social y la forma en que una determinada comunidad reacciona en determinadas circunstancias. Por ello, es evidente que el principio de no discriminación debe tener necesariamente un contenido amplio, entendiendo que las aplicaciones normativas referidas a determinados factores de riesgo, como, por ejemplo, la raza y el origen étnico (Directiva europea 2000/43/CE) o el sexo o género (Directiva 2004/113/CE) solo deben considerarse emblemáticas o útiles en la medida en que ofrecen simplificaciones de regulación o medios para probar la discriminación.

Esto significa que la normativa limitada a uno o más factores de riesgo nunca puede constituir una limitación o restricción al reconocimiento de otros hipotéticos factores de riesgo[65] o a la extensión a otros ámbitos[66]. Por eso creo que, más importante que centrarse en regulaciones específicas, es detenerse a pensar en el principio de no discriminación en su formulación amplia, tal y como se recoge en el art. 14 del Convenio Europeo de Derechos Humanos, en el art. 21 de la

---

65 Se muestra crítico con este aspecto concreto LEHMANN, Matthias, «La prohibición de la discriminación en los ordenamientos nacionales», FERRER VANRELL, M. P., MARTÍNEZ CAÑELLAS, A. (coords.), *Principios de derecho contractual europeo y principios de unidroit sobre contratos comerciales internacionales*, Dykinson, Madrid, 2009, p. 206, que afirma: «una prohibición general de la discriminación se tendría que dotar con tantas posibilidades de justificación que quedaría vacío de contenido».

66 En sentido contrario parece expresarse MAFFEIS, Daniele, «Il contraente e la disparità di trattamento delle controparti», cit., p. 281, «In via di principio: insindacabilità della scelta se e a quali condizioni contrattare. Secondo la disciplina dei "contratti in generale" il contraente —*salvo il divieto di discriminazione a causa della razza etnia, nazionalità o religione*— è libero di riservare alle sue controparti una *disparità di trattamento*». MAFFEIS, Daniele, «Libertà contrattuale e divieto di discriminazione», cit., p. 415.

Carta de Niza o, incluso en el ámbito legislativo interno, en el art. 2.1 de la LIIT[67].

Aunque son cosas sabidas por consolidadas en lo que se llama Derecho antidiscriminatorio, conviene recordar que para que exista una vulneración del principio de no discriminación, no es necesario que se produzca un acto de discriminación directa, es decir, que se trate a una persona de forma menos favorable de lo que se ha tratado o se habría tratado a otra en una situación similar[68], ya que también pueden darse casos de discriminación indirecta[69], cuando se establecen

67 El artículo 2,1 establece: «Se reconoce el derecho de toda persona a la igualdad de trato y no discriminación. Nadie podrá ser discriminado por razón de nacimiento, origen racial o étnico, sexo, religión, convicción u opinión, edad, discapacidad, orientación o identidad sexual, expresión de género, enfermedad, situación socioeconómica o cualquier otra condición o circunstancia personal o social».

68 AGUILERA RULL, Ariadna, «Discriminación directa e indirecta. Comparación y crítica del concepto de discriminación en el Allgemeines Gleichbehandlungsgesetz y en el Proyecto español de Ley Orgánica para la igualdad efectiva de hombres y mujeres», cit., p. 3 ss., «el primer elemento del supuesto de hecho de la discriminación directa es el trato menos favorable de que es objeto la víctima. [...] Para que la comparación que se lleva a cabo sea realmente significativa y pueda servir de prueba de un trato desfavorable hay que considerar a personas que se hallan en situaciones comparables». Más ampliamente, Aguilera Rull, Ariadna, *Contratación y diferencia. La prohibición de discriminación por sexo y origen étnico en el acceso a bienes y servicios*, cit., p. 112.

69 Como aclara AGUILERA RULL, Ariadna, «Discriminación directa e indirecta. Comparación y crítica del concepto de discriminación en el Allgemeines Gleichbehandlungsgesetz y en el Proyecto español de Ley Orgánica para la igualdad efectiva de hombres y mujeres», cit., p. 10 s., el concepto de discriminación indirecta tiene su origen en dos importantes sentencias del Tribunal de Justicia: *Jenkins c. Kingsgate* (TJCE, Sentencia de 31 de Marzo de 1981, As. 96/80, Rec. 1981, p. I 911) y *Bilka Kaufhaus GmbH c. Weber von Hartz* (TJCE, Sentencia de 13 de Mayo de 1986, As. C-170/84, Rec. 1986 p. I 1607). La autora explica: «la discriminación indirecta se configura, a partir de ahí, como un supuesto de hecho constituido por un elemento positivo, la discriminación fáctica, y un elemento negativo de falta de justificación». Añade: «no basta con que la medida persiga una finalidad legítima sino que, además, los medios escogidos para la realización de dicha finalidad deben ser necesarios y adecuado». Véase su trabajo para un amplio análisis de la jurisprudencia europea. Más información, AGUILERA RULL, Ariadna, *Contratación y diferencia. La prohibición de discri-*

disposiciones o criterios aparentemente neutros, que dan lugar a que una persona o grupo de personas se encuentren en desventaja debido a uno o varios factores de riesgo específicos[70]. Por último, también debe considerarse discriminatorio cualquier comportamiento o acto indeseable[71], verbal o de otro tipo, que atente contra la dignidad de una persona y que cree o pretenda crear un clima intimidatorio, hostil, degradante, humillante u ofensivo. Por lo tanto, se distingue entre discriminación directa, indirecta y acoso discriminatorio.

No obstante, también es posible hablar de otros tipos de discriminación, los más importantes de los cuales son los siguientes: (a) discriminación por asociación, cuando depende del hecho que una persona está integrada en un cierto grupo; (b) discriminación por error, cuando se funda en una apreciación incorrecta acerca de las características

minación por sexo y origen étnico en el acceso a bienes y servicios, cit., p. 154 ss., «su naturaleza híbrida integra aspectos formales y materiales. No es un ejemplo de justicia correctiva, pero tampoco lo es de justicia distributiva estrictamente. Pretende proteger al colectivo discriminado y, al mismo tiempo, al individuo miembro de dicho colectivo» (p. 177). GIMÉNEZ COSTA, Ana, «La no discriminación», cit., p. 152 s, precisa que «se trata de un concepto de origen americano, que se utilizó por primera vez por el TJUE en el caso Defrenne II, siendo su construcción de carácter jurisprudencial [...] pasando después a la normativa de la Ue. Así se incluyó por primera vez una definición legal de discriminación indirecta en la Directiva 97/80 15.12.1997, relativa a la inversión de la carga de la prueba en los casos de discriminación por razón de sexo».

70 Contra la admisibilidad de una discriminación indirecta MAFFEIS, Daniele, «Il diritto contrattuale antidiscriminatorio nelle indagini dottrinali recenti», cit., p. 161 ss. En realidad, las consideraciones realizadas por el autor se refieren más a la «finalidad legítima», que puede justificar un criterio aparentemente neutro, pero discriminatorio que a la misma configurabilidad de la discriminación indirecta. *Contra*, AGUILERA RULL, Ariadna, *Contratación y diferencia. La prohibición de discriminación por sexo y origen étnico en el acceso a bienes y servicios*, cit., p. 154, que ofrece una reconstrucción precisa, dando una serie de ejemplos muy importantes.

71 Según GENTILI, Aurelio, «Il principio di non discriminazione nei rapporti civili», cit., p. 207, «la molestia l'offesa è in ogni caso rilevante, tanto ai sensi della normativa di derivazione europea quanto ai sensi dell'interna, tanto nei rapporti e scambi che sollecitano il pubblico quanto in quelli individuali. E può essere in ogni caso repressa, certamente con rimedi risarcitori, e forse anche altrimenti».

de la persona o personas discriminadas; (c) discriminación múltiple, cuando la persona es discriminada de manera simultánea o consecutiva por dos o más factores de riesgo; (d) discriminación interseccional, cuando concurren o interactúan diversos factores de riesgo, generando una forma específica de discriminación agravada; (e) inducción, orden o instrucción de discriminar, cuando sea concreta directa y eficaz para hacer surgir una actuación discriminatoria.

Precisamente por la variedad de acentos con los que puede producirse la lesión del principio de no discriminación y la dificultad de tipificar el comportamiento dentro de esquemas *a priori*, a partir de ahora, con la intención de resumir todas estas hipótesis, prefiero hablar genéricamente de «hecho» discriminatorio; quiero con ello indicar tanto los supuestos de discriminación directa, como los de discriminación indirecta, tanto los realizados a través de un acto declarativo, como los realizados a través de un comportamiento no declarativo; pues todo comportamiento capaz de generar una discriminación de una persona en razón de nacimiento, origen racial o étnico, sexo, religión, convicción u opinión, edad, discapacidad, orientación o identidad sexual, expresión de género, enfermedad, situación socioeconómica o cualquier otra condición o circunstancia personal o social.

No cabe duda de que el hecho discriminatorio es muy amplio, tanto porque no es posible determinar a priori el factor de riesgo, como porque el «hecho» discriminatorio en sí puede adquirir connotaciones cambiantes, y el problema de la calificación se plantea más en los casos de la llamada discriminación indirecta que en los de la directa. No es casualidad, pues, que las codificaciones más modernas en materia contractual, que han incorporado el principio de no discriminación, hayan evitado referirse a supuestos de hechos concretos y hayan preferido poner el acento en el principio-valor. En este sentido, las experiencias del Derecho contractual europeo de *soft-law* son extraordinariamente elocuentes. En estos textos normativos —capítulo 3 de los Principios Aquis, artículos de 2:201 a 2:205 del DCFR, artículo 1:207 de los Principios PECL, por ejemplo— tras establecer la norma que prohíbe la discriminación y definir lo que se entiende por discriminación, se establece que la persona discriminada tiene derecho a la reparación de los daños y prejuicios y, en todo caso, a todos los remedios que sean adecuados para eliminar las consecuencias del acto de discriminación, o para impedir que se produzcan nuevas discriminaciones.

4. Discriminación y contrato

La idea de que, en los ordenamientos jurídicos actuales, con independencia de que haya o no una disposición explícita, existe una norma imperativa que prohíbe toda discriminación lleva a afirmar, sin lugar a duda, que tal principio afecta también al contrato.

Precisamente por ser un principio-valor, la prohibición impregna toda la materia contractual[72] y su aplicación no pasa, como se podría pensar, razonando según esquemas legalistas y rechazando la teoría de la aplicación directa de los principios para acudir a las cláusulas generales de buena fe o de orden público[73]. Más sencillamente se aplica inmediata y directamente, ya que se trata de un principio establecido por una norma imperativa, que impide tanto que el contenido del contrato sea discriminatorio, ya que se trataría de un contenido contractual contrario a una norma imperativa, como que el contenido de cualquier acto prenegocial, es decir, de cualquier acto perteneciente a las técnicas de negociación, pueda ser en sí mismo o tener un contenido discriminatorio; finalmente, impide también que la ejecución del contrato se realice de forma discriminatoria.

Por consiguiente, el principio-valor de no discriminación atañe bien la formación del contrato, bien a su contenido[74],

---

72 Carapezza Figlia, Gabriele, «Il divieto di discriminazione quale limite all'autonomia contrattuale», *Rivista di diritto civile*, 2015, p. 1388, «la sensibilità dei contraenti alle qualità personali della controparte —e, in particolare, al sesso, all'origine nazionale ed etnica, alla religione— può influenzare l'esercizio dei poteri di autonomia privata, sì da produrre un doppio ordine di effetti discriminatori: impedire ai membri del gruppo svantaggiato l'accesso al bene o al servizio scambiato oppure imporre loro condizioni contrattuali diverse o peggiori».

73 Carapezza Figlia, Gabriele, *Divieto di discriminazione e autonomia contrattuale*, cit., p. 147 ss.

74 Vivas Tesón, Inmaculada, «El derecho contractual antidiscriminatorio: drittwirkung y libertad negocial», cit., p. 673, «las situaciones discriminatorias se dan, principalmente, bien en la fase precontractual mediante el rechazo rotundo a concluir el contrato o bien a la hora de determinar el clausulado del mismo, brindando un peor tratamiento

bien su ejecución, aunque es cierto que los remedios necesarios tendrán que ser diferentes, teniendo en cuenta los intereses concretamente implicados.

Los actos encaminados a la formación de un contrato en los supuestos más comunes, empezando por el más sencillo, consistente en la invitación a ofrecer y terminando con el más complejo, consistente en la confirmación escrita[75],

respecto de otro sujeto sin una adecuada justificación». No aborda la discriminación en la fase de ejecución del contrato.

75 En materia de formación del contrato cabe destacar el procedimiento en el que interviene la llamada *confirmación escrita*. Se trata del caso, recogido por ejemplo en el art. 2.1.12 de los principios Unidroit 2016 o en el art. 2:210 de los Principios de derecho europeos de contratos. Es el caso en el que las partes han celebrado el contrato, pero no existe un documento escrito final, por lo que una de ellas envía a la otra un escrito confirmando el contenido del contrato celebrado. Ante este particular procedimiento se plantean dos tipos de problemas: uno teórico, si la confirmación escrita forma parte o no del procedimiento de formación del contrato, y otro práctico-aplicativo, qué ocurre si la confirmación escrita contiene algunos términos adicionales o diferentes respecto al contenido del contrato celebrado. Con respecto a este último problema se suele decir, también sobre la base de las soluciones adoptadas en *soft law*, que las cláusulas adicionales o diferentes pasan a formar parte del contenido del contrato si: a) no modifican sustancialmente el contrato; b) el destinatario no se opone sin demora. Con respecto al primer problema, se dice que la confirmación por escrito está fuera del procedimiento de formación del contrato en sentido estricto, ya que presupone que el contrato ya se ha celebrado. Sin embargo, tampoco puede decirse que esté totalmente al margen, ya que, como acabo de decir, es muy posible que la confirmación por escrito implique alguna modificación del contenido del contrato. Por ello, se dice que no forma parte del procedimiento de formación en sentido estricto, ya que presupone que el contrato ya se ha celebrado, pero sí en sentido amplio, en la medida en que puede implicar una modificación del contenido del contrato. La cuestión no es muy diferente a la de la aceptación de una oferta con modificaciones, es decir, determinar con precisión cuándo las modificaciones no son esenciales y el acto puede considerarse una aceptación o cuándo son esenciales y el acto pierde la consideración de aceptación y asume la de contraoferta. Además, la cuestión de la confirmación por escrito se combina, inevitablemente, con el silencio, para evaluar su relevancia en la formación del contrato. Según lo dicho anteriormente, si la confirmación escrita contiene modificaciones respecto al contenido del contrato y la otra parte no se opone (es decir, guarda silencio), esas condiciones deben considerarse parte integrante del contenido

están sujetos a un control de legalidad y, por tanto, no pueden ser contrarios a las normas imperativas. Esto corrobora que el principio de no discriminación no afecta al contrato solo cuando ya se ha celebrado, sino que también desempeña un papel importante en la fase preparatoria.

En caso de oferta al público, la posibilidad de imaginar una lesión del principio de no discriminación es mucho más sencilla que pensando en una técnica de negociación basada en el intercambio de una oferta y una aceptación entre dos sujetos o, más precisamente, en un procedimiento de formación del contrato individual[76].

Si, como es sabido, la oferta contractual se caracteriza por su emisión en contemplación de un sujeto determinado, es difícil imaginar una vulneración del principio de no discriminación, precisamente porque la oferta contractual identifica a priori al destinatario concreto y determinado, excluyendo por definición a todos los demás. Esto, como me propongo precisar, no permite, sin embargo, excluir siempre y sin lugar a duda que pueda producirse

---

del contrato. Por lo tanto, es importante determinar si esta «modificación» depende del silencio de la otra parte o del hecho de que sea una modificación no esencial. Sobre la relevancia de la confirmación escrita y su papel dentro del procedimiento de formación del contrato, véase: Addis, Fabio, *Lettera di conferma e silenzio*, Giuffré, Milano, 1999, p. 1 ss.

76 En sentido contrario, Maffeis, Daniele, «Libertà contrattuale e divieto di discriminazione», cit., p. 415, «il limite alla libertà di scelta della controparte contrattuale opera soltanto i) quando il contraente fa ricorso ad una dichiarazione non individualizzata, ma rivolta al pubblico e ii) quando ricorre un fattore di discriminazione rilevante ai sensi delle leggi antidiscriminatorie, e così una discriminazione per razza, etnia, religione, nazionalità, provenienza geografica, disabilità». *Contra*, Carapezza Figlia, Gabriele, *Divieto di discriminazione e autonomia contrattuale*, cit., p. 110 ss. Así, también, Checchini, Bianca, «Divieto di discriminazione e libertà contrattuale», Salvi, Cesare (coord.), *Diritto civile e princípi costituzionali europei e italiani*, Giappichelli, Torino, 2012, p. 268; Checchini, Bianca, «Eguaglianza, non discriminazione e limiti dell'autonomia privata: spunti per una riflessione», *Nuova giurisprudenza civile commentato*, 2012, II, p. 198, «se poi è in gioco la lesione della dignità della persona in questo rinnovato significato, non v'è ragione per cui tali divieti di discriminazione non possano applicarsi anche ai rapporti contrattuali c.d. individualizzati e in ragione di altri e non previsti fattori di rischio».

una vulneración del principio; sin dejar de reconocer que la configuración del hecho discriminatorio será diferente respecto al caso de una oferta al público y que las cautelas interpretativas serán indudablemente mayores, aunque solo sea porque la negociación individual es el ámbito de la libertad de elección del contratante y de la libre determinación del contenido contractual.

Una lesión del principio de discriminación también puede producirse en caso de condiciones generales de contratación, si bien hay que señalar que este supuesto, por el doble cariz de las propias condiciones generales como modo de contratar y como contenido del contrato, se puede llevar tanto al caso de un contrato con contenido discriminatorio, como al de discriminación realizada durante la fase de negociación[77].

Por último, la infracción del principio de no discriminación puede realizarse en la fase de ejecución, es decir, en todos aquellos casos en los que una parte ejecuta el contrato de forma que perjudica a una persona concreta en la que concurre un factor de riesgo[78]. Y las hipótesis pueden ir desde el caso en el que una parte se niega incluso a ejecutar el contrato voluntariamente, prefiriendo incumplirlo, hasta los casos en los que es precisamente el método de ejecución el que lleva a la discriminación. Basta con pensar en

77 La regulación italiana sobre el acuerdo contractual, que se extiende desde el art. 1326 del Código Civil hasta el art. 1342 del Código Civil, puede idealmente dividirse en tres áreas: una primera, que incluye las normas contenidas en los artículos de 1326 a 1336 del Código Civil, dedicada al procedimiento de formación del contrato y, por tanto, a explicar cómo, cuándo y dónde se celebra el contrato; una segunda, contenida en los artículos de 1337 a 1338 del Código Civil, dedicada a la responsabilidad precontractual, es decir, al comportamiento que las partes deben mantener durante la negociación del contrato; una tercera, contenida en los artículos de 1339 a 1342 del Código Civil, que indica cuál es el contenido del acuerdo, entendiendo que no siempre ni únicamente se compone de las palabras dichas o escritas en la oferta y la aceptación, ya que también puede consistir en palabras no dichas y no escritas por las partes (como en el caso de las cláusulas de uso o de las cláusulas impuestas que se incluyen de derecho, incluso en contra de la voluntad de las partes) o que no han sido objeto de negociación (como en el caso de las condiciones generales de contratación).

78 Maffeis, Daniele, «Il contraente e la disparità di trattamento delle controparti», cit., p. 303.

el supuesto del contrato de trabajo, cuando el empresario discrimina al trabajador tratándolo menos favorablemente que a los demás. El supuesto, como he dicho, puede obviamente extenderse a supuestos más cercanos a contratos de derecho civil; en este sentido piénsese en el caso en el que un determinado vendedor que ha estipulado los mismos contratos con varias contrapartes concede un aplazamiento de pago a todas excepto a una, a la que discriminada por un factor de riesgo; otro ejemplo es el del propietario de un edificio que ha alquilado habitaciones a varios estudiantes y que en la fase de ejecución, discrimina a uno de ellos en función de un factor de riesgo: exige, según lo previsto en el contrato, el pago de forma estricta a una de las partes, cuando con todas las demás se muestra más flexible.

No cabe duda de que existe una diferencia si la discriminación afecta a la negociación, al contenido o a la ejecución del contrato, razón por la que no sería razonable identificar un único remedio legal para responder a la conducta discriminatoria, válido para todos los casos, sino diferenciar en relación con los intereses concretamente en juego. En este sentido, por tanto, es de compartir la elección realizada en los textos europeos, que insisten en la necesidad de la adopción de todas las medidas necesarias, para poner fin a la discriminación de la que se trate y, en particular, las dirigidas al cese inmediato de la discriminación, pudiendo acordar la adopción de medidas cautelares dirigidas a la prevención de violaciones inminentes o ulteriores, la indemnización de los daños y perjuicios causados y el restablecimiento de la persona perjudicada en el pleno ejercicio de su derecho.

Como pretendo demostrar, este aspecto es absolutamente esencial para garantizar la plena aplicación de la prohibición de la discriminación y proporcionar una protección adecuada a la persona discriminada. Solo para adelantar el problema y la posible solución, es palmario que hay una gran diferencia entre un caso en el que las partes han celebrado un contrato cuyo contenido es discriminatorio para una de ellas, y otro en el que una parte hace una oferta al público en la que impone una condición o criterio discriminatorio que impide de hecho que una persona pueda aceptar, o que determina condiciones negociales peores por una persona o un grupo de personas[79]. En el primer caso, aunque el contenido del contrato

79 No es convincente el ejemplo propuesto por MAFFEIS, Daniele, «Il con-

sea innegablemente discriminatorio y, por tanto, contrario a las normas imperativas, es evidente que el remedio no puede ser la nulidad del contrato, sino la modificación de su contenido para reconducirlo a la equidad; en cambio, en la hipótesis de una oferta al público que impida a una o varias personas participar en las negociaciones, el remedio debe ser la nulidad de la cláusula discriminatoria y admitir que estas personas puedan acceder a la negociación. Esta ejemplificación no pretende aplicarse a todos los casos posibles, ya que solo sirve para aclarar la necesidad de que el remedio, sea cual sea el supuesto en el que se produzca la discriminación, sea adecuado en relación con los intereses en juego.

En las siguientes páginas trataré de identificar los diferentes casos individuales en los que puede producirse en la práctica una vulneración del principio de no discriminación en materia contractual, y al final de esta descripción, trataré identificar los posibles remedios para ofrecer una protección adecuada.

traente e la disparità di trattamento delle controparti», cit., p. 300, para excluir la relevancia del principio de no discriminación en los contratos entre empresario y consumidor. El ejemplo es el de un pastelero que dos días antes de la fiesta del patrón del pueblo recibe de un ciudadano adinerado un inusual pedido de pasteles. El panadero sabe que si atiende el pedido del ciudadano rico no podrá atender el pedido que casi seguramente recibirá al día siguiente del párroco del pueblo para la fiesta. «Anche qui il pasticcere è libero di soddisfare la richiesta del milionario [...] e con il ricavato, andare al mare con gli amici suoi, proprio il giorno del santo patrono, mentre all'oratorio si celebra senza torte». En mi opinión, en este caso, no es que no se aplique el principio de no discriminación, sino que simplemente no hay un problema de discriminación, ya que no está claro cuál es o puede ser el acto discriminatorio y, sobre todo, cuál es el factor discriminatorio. Así que el caso no me parece de mucha utilidad. Obviamente sería diferente si aceptara ambas órdenes, pero quisiera hacer pagar al pastor un precio más alto, debido a su convicción religiosa. En ese caso habría, ni más ni menos, que una violación del principio de no discriminación y tendrían que darse todos los remedios necesarios.

II. RELEVANCIA DEL PRINCIPIO DE NO DISCRIMINACIÓN EN MATERIA CONTRACTUAL

1. Principio de no discriminación y oferta al público

Comencemos considerando aquellas situaciones en las que la lesión del principio de no discriminación se refiere a actos prenegociales que tienen una relevancia inmediata y directa respecto al procedimiento de formación del contrato.

El supuesto más fácil de imaginar es, como ya se ha dicho, el de la *oferta al público*, es decir, el caso en el que una parte inicia una negociación mediante una oferta dirigida a destinatarios indeterminados y abierta a la adhesión de todos los posibles interesados[80].

Para que una propuesta tenga la consideración de oferta al público, debe cumplir dos requisitos: ha de ser dirigida a personas o grupo de personas no determinadas y ha de ser completa. Este segundo requisito es fundamental para la identificación de tal acto e implica que la oferta debe

---

80 Bilbao Ubillos, Juan María, «Prohibición de discriminación y relaciones entre particulares», cit., p. 165, «aunque no exista propiamente una obligación de contratar, la apertura del local implica, al menos, la renuncia a seleccionar con criterios individuales su clientela. Otra cosa son las condiciones que se pueden imponer con carácter general y que tienen un fundamento objetivo y razonable, como la advertencia formulada en carteles colocados a la entrada de muchos cines que prohíben el acceso a los espectadores que pretendan consumir dentro de la sala productos (bebidas y alimentos) adquiridos en el exterior».

contener todos los elementos esenciales del contrato[81], de modo que, si uno de los posibles destinatarios se limita a aceptar o a decir «acepto», el contrato queda válidamente celebrado[82].

Si faltara este requisito, la propuesta no podría tener la consideración de oferta al público, y sería una mera *invitación al público a presentar ofertas*[83] o, más simplemente, *invitación a ofrecer*, es decir, un acto prenegocial, que es relevante dentro del procedimiento de formación del contrato, ya que persigue suscitar una respuesta en los destinatarios, si bien, de producirse esta respuesta no se perfecciona el contrato sin más, siendo necesaria la aceptación ulterior del propio oferente[84]. En otras palabras, la invitación a ofrecer

---

81 VALPUESTA FERNÁNDEZ, Rosario, «Art. 1262», en *Código Civil comentado*, CAÑIZARES LASO, Ana; DE PABLO CONTRERAS, Pedro; ORDUÑA MORENO, Javier; VALPUESTA FERNÁNDEZ, Rosario (dirs.), Civitas, Cizur Menor (Navarra), 2011, vol. 3, p. 634, p. 633 s., « Se requiere ... la precisión de su contenido que el art. 1262 cifra en el objeto y la causa, pero hay que entender que se extiende a las cláusulas y condiciones que lo rigen, sin perjuicio de que se pueda formalizar un contrato cuando la oferta contenga los elementos esenciales para que el mismo pueda tener vigencia sin necesidad de una nueva declaración de voluntad, completando los demás aspectos de su régimen jurídico conforme a las técnicas de integración de la disciplina del contrato».

82 Como recuerda DÍEZ-PICAZO, Luis, *Fundamentos del derecho civil patrimonial. I Introducción. Teoría del contrato*, 6.ª ed., Thomas Civitas, Cizur Menor, 2007, p. 333, la exigencia de que la oferta sea completa es la sustentada por la doctrina tradicional, mientras que la más reciente, siguiendo lo establecido en el art. 14 de la Convención de Viena de compraventa internacional de mercancías, le basta con que sea «suficientemente precisa».

83 VALPUESTA FERNÁNDEZ, Rosario, «Art. 1262», cit., p. 634, «También difiere de la oferta lo que se conoce como la *invitatio ad offerendum*, que consiste únicamente en una propuesta para que el destinatario o los destinatarios presenten ofertas de contrato; al respecto hay una dilatada jurisprudencia a propósito del contrato de seguro, STS 12 noviembre 2004 (RJ 2004, 7229)».

84 VÁZQUEZ-PASTOR JIMÉNEZ, Lucía, «La fase de formación del contrato», LÓPEZ Y LÓPEZ, Ángel; VALPUESTA FERNÁNDEZ, Rosario, *Manual de derecho civil patrimonial I*, 2.ª ed., Tirant lo Blach, Valencia, 2016, p. 97, «en suma, la importancia de la distinción radica en que mientras la oferta tiene carácter vinculante para el oferente, obligándolo a contratar si el destinatario acepta, la invitatio ad offerendum no vincula al oferente, que puede desistir de la conclusión del contrato».

tiene la función de provocar una oferta por parte del interesado, dejando a quien la ha hecho el papel de destinatario de la oferta, y, por tanto, el poder de aceptarla o rechazarla.

Esto demuestra la importancia del requisito de exhaustividad o, mejor dicho, de su suficiente precisión, del que depende la consideración de una propuesta dirigida a personas indeterminadas como oferta al público o como invitación a ofrecer[85].

Tanto en el caso de oferta al público como en el de invitación al público a presentar ofertas es muy fácil imaginar una vulneración del principio de no discriminación. Estos dos actos, aunque dispares, hacen que sea fácil, por su destino a personas indeterminadas, figurarse una infracción del principio, tanto directa como indirecta.

En lo que sigue, trataré ambas hipótesis, aunque es importante, especialmente a la hora de identificar posibles remedios, considerar que los dos supuestos requieren valoraciones distintas, siendo muy diferente su función dentro del procedimiento de formación del contrato. Como he dicho, la oferta al público es una oferta y su aceptación significa la celebración del contrato; la invitación a ofrecer, en cambio, provoca una respuesta que nunca puede considerarse una aceptación de suerte que con ella el contrato no queda perfeccionado.

Para que se produzca una discriminación directa es necesario que el oferente proponga un trato injustificado en relación con un determinado factor de riesgo, o que excluya o limite la oferta a determinadas personas, sin una justificación razonable y legítima. Por ejemplo, podría ser el caso de una oferta al público en la que se ofrezca un bien o un servicio a un precio diferente para hombres y mujeres, o en la que

---

85 Díez-Picazo, Luis, *Fundamentos del derecho civil patrimonial. I Introducción. Teoría del contrato*, 6.ª ed., cit., p. 335, «para que una comunicación dirigida al público o a una generalidad o grupo de personas pueda ser considerada como una oferta de contrato hecha al público, no basta que el declarante manifieste su voluntad o su deseo de contractar, sino que es preciso que la comunicación contenga los elementos del contrato proyectado, y que el contrato quede formado para él sin más requisito que la aceptación. Por ello debe distinguirse la genuina oferta al público frente a la comunicación publicitaria, que contiene simplemente meras informaciones o invitaciones o incitaciones para que por parte del público se formulen ofertas de contrato».

se ofrezca un puesto de trabajo de un nivel diferente dependiendo de si la persona es miembro de un determinado sindicato, o una oferta al público que se dirija únicamente a ciudadanos de un determinado país o de una determinada región o de una determinada edad o religión, o que excluya a determinados ciudadanos[86].

Obviamente, es esencial que el trato desigual no esté justificado[87], es decir, que no haya una justificación razonable que explique el tratamiento diferenciado[88]. Así, por ejemplo, si la oferta se dirigiera exclusivamente a los ciudadanos de una determinada región, porque resulta esencial para el buen fin de la relación contractual proyectada que la persona esté familiarizada con ciertas tradiciones o con un concreto idioma, o porque la empresa proponente tiene el objetivo de mejorar el nivel de empleo de los habitantes de la región, el tratamiento diferenciado estaría justificado. Del mismo modo, en el caso de que un determinado bien o servicio se ofrezca en condiciones especialmente ventajosas para los menores de 25 años, por ejemplo, porque se pretende hacer más accesible el bien a los jóvenes que, de otra forma, podrían tener más dificultades para acceder a él, o porque existan reducciones fiscales vinculadas a los contratos estipulados con ese tipo de personas.

---

86 García Rubio, María Paz, «La discriminación por razón de sexo en la contratación privada», cit., p. 1076, «a poco que nos paremos a pensar podemos preguntarnos [...] por la legitimidad de conductas apartemente habituales en nuestra vida cotidiana tales como [...] el cobrar distinta contraprestación en dinero en una peluquería unisex por prestaciones similares (corte del cabello, coloración, rizado, etc.) en función de que el consumidor sea una mujer o un hombre o por idénticas razones cobrar distinta cantidad (o incluso en algún caso no cobrar ninguna a uno de los sexos) para entrar, por ejemplo, en una discoteca».

87 V. nota n. 64.

88 Carapezza Figlia, Gabriele, «El principio de no discriminación en el derecho contractual ítalo-europeo», cit., p. 292, «Por lo tanto, habrá discriminación prohibida, si no hay ninguna justificación del trato desigual o si la supuesta justificación es fútil, y ello va acompañado de una desventaja considerable para el sujeto pasivo de la conducta. Por el contrario, se excluirá la ilicitud, cuando el efecto de desigualdad se equilibre con la búsqueda de una finalidad merecedora de protección, que se persiga por medios que no sean desproporcionados».

Los casos de discriminación directa en este ámbito, aunque puedan parecer trasnochados no son solo de escuela. A este respecto, es conocido el caso resuelto en los tribunales en el que un profesor universitario y abogado italiano que había declarado explícitamente que no contrataría, en ningún caso, a una persona homosexual[89]; también son de sobra conocidas las numerosas ofertas públicas de arrendamiento para estudiantes universitarios, limitadas explícitamente solamente a chicas o a ciudadanos o a familias sin niños[90] o a personas que no tengan mascotas[91].

---

89 *Cfr.* Cass., 15 de diciembre de 2020, n., 28646, *Foro italiano*, 2021, 1, 1, p. 119, en cuyos fundamentos de derecho se lee: «In tema di parità di trattamento in materia di occupazione e di condizioni di lavoro, assumono valenza discriminatoria le dichiarazioni rese da una persona, titolare di uno studio legale e quindi potenziale datore di lavoro, nel corso di una trasmissione audiovisiva secondo le quali tale persona mai assumerebbe o vorrebbe avvalersi, nella propria impresa, della collaborazione di persone di un determinato orientamento sessuale, e ciò sebbene non fosse in corso o programmata una procedura di selezione di personale». Véase con más detalle el capítulo: «III. Derecho contractual, discriminación y remedios» párrafo: «6.3. La sentencia del TJUE y de la Casación italiana sobre una discriminación contra personas con orientación homosexual».

90 Señala AGUILERA RULL, Ariadna, *«Prohibición de discriminación y libertad de contratación»*, cit., p. 9, que se trata de un ámbito en el que «las conductas discriminatorias por parte de los arrendadores están muy extendidas y van en aumento». En este sentido, es significativo «el Informe del European Monitoring Centre on Racism and Xenophobia de diciembre del 2005».

91 En España se considere la reciente Ley 17/2021, de 15 de diciembre, de modificación del Código Civil, la Ley Hipotecaria y la Ley de Enjuiciamiento Civil, sobre el régimen jurídico de los animales. Aunque no existe ninguna norma explícita que prohíba la discriminación, es evidente que el nuevo tratamiento jurídico reservado a los animales, que se hace indispensable tener en cuenta su bienestar a la hora de tomar decisiones que les conciernen, lleva a excluir que cualquier comportamiento que discrimine injustificadamente por el hecho de que la persona tenga un animal de compañía debe considerarse sin duda discriminatorio. V. GARCÍA RUBIO, Maria Paz, «Presentación del número monográfico dedicado a la Ley 17/2021, de 15 de diciembre de 2021, de modificación del Código Civil, la Ley Hipotecaria y la Ley de Enjuiciamiento Civil, sobre el régimen jurídico de los animales», *Revista General de Derecho Animal y Estudios Interdisciplinares de Bienestar Animal*, siendo publicado y leído gracias a la amabilidad de la autora; CERDEIRA BRAVO DE MASILLA, Guillermo; GARCÍA MAYO, Manuel, *Un*

Por su parte, para que haya discriminación indirecta es necesario que el oferente establezca criterios aparentemente neutros que, sin embargo, terminan colocando a una persona o grupo de personas en desventaja, debido a uno o varios factores de riesgo específicos; así, por ejemplo, si se exige que las empleadas lleven el pelo recogido en una cola, lo que excluye a las mujeres que llevan el hiyab, o si se exige una determinada estatura, que esté pensada esencialmente para la media de los hombres y que termina excluyendo a la mayoría de las mujeres[92]. Evidentemente, también en estos

nuevo derecho civil para los animales. Comentario a la ley 17/2021 de 15 de diciembre, Reus, Madrid, 2022. V. Vivas Tesón, Inmaculada, «La incidencia de la reforma del código civil sobre el régimen jurídico de los animales en la contratación privada», *Revista General de Derecho Animal y Estudios Interdisciplinares de Bienestar Animal*, siendo publicado y leído gracias a la amabilidad de la autora, que investiga la legitimidad de una cláusula contractual que limita la tenencia de animales en los edificios. A todas las consideraciones realizadas por la autora, que pueden ser ampliamente compartidas, cabe añadir que una posible propuesta contractual que contenga la prohibición de tener animales de compañía en el hogar también podría considerarse discriminatoria si se convierte en un criterio indirecto para excluir a determinadas personas de la negociación.

92 V. TJUE, 18 de octubre de 2017. La cuestión que se plantea es la siguiente: «el órgano jurisdiccional remitente pregunta en esencia si las disposiciones de las Directivas 76/207 y 2006/54 deben interpretarse en el sentido de que se oponen a una normativa de un Estado miembro, como la controvertida en el asunto principal, que supedita la admisión de los candidatos al concurso para el ingreso en la Escuela de Policía de dicho Estado miembro, independientemente de su sexo, al requisito de tener una estatura mínima de 1,70 m». Argumenta: « al disponer que las personas que midan menos de 1,70 m no pueden ser admitidas al concurso para el ingreso en la Escuela de Policía griega, la normativa controvertida en el litigio principal afecta a las condiciones de contratación de esos trabajadores y, por lo tanto, debe considerarse que establece disposiciones relativas al acceso al empleo público en el sentido del artículo 3, apartado 1, letra a), de la Directiva 76/207 (véanse, por analogía, las sentencias de 13 de noviembre de 2014, Vital Pérez, C-416/13, EU:C:2014:2371, apartado 30, y de 15 de noviembre de 2016, Salaberría Sorondo, C-258/15, EU:C:2016:873, apartado 25)». Concluye: «Las disposiciones de la Directiva 76/207/CEE del Consejo, de 9 de febrero de 1976, relativa a la aplicación del principio de igualdad de trato entre hombres y mujeres en lo que se refiere al acceso al empleo, a la formación y a la promoción profesionales, y a las condiciones de trabajo, en su versión modificada por la

casos es imprescindible para apreciar que se ha producido una conducta discriminatoria que el criterio sea sustancialmente injustificado, es decir, que no exista una justificación razonable para el criterio adoptado[93].

Tanto en el caso de discriminación directa como en el de discriminación indirecta no es necesario ni imprescindible que el oferente haya actuado con intención deliberada, es decir, que haya habido una intención deliberada de llevar a cabo una conducta discriminatoria. Aunque la presencia de dolo, en el sentido de conducta intencional, es sin duda la suposición más frecuente y paradigmática, no creo que, en ausencia de esa intencionalidad deba excluirse la relevancia de la conducta.

El interés protegido por la norma[94] que establece el principio-valor de no discriminación[95] no es, en efecto, el de

Directiva 2002/73/CE del Parlamento Europeo y del Consejo, de 23 de septiembre de 2002, deben interpretarse en el sentido de que se oponen a una normativa de un Estado miembro, como la controvertida en el litigio principal, que supedita la admisión de los candidatos al concurso para el ingreso en la Escuela de Policía de dicho Estado miembro, independientemente de su sexo, a un requisito de estatura física mínima de 1,70 m, toda vez que esa normativa supone una desventaja para un número mucho mayor de personas de sexo femenino que de sexo masculino y que la citada normativa no parece adecuada ni necesaria para alcanzar el objetivo legítimo que persigue, circunstancia que corresponde al órgano jurisdiccional remitente comprobar».

93 V. nota n. 64.

94 Betti, Emilio, «Interesse (teoria gen.)», *Novissimo digesto italiano*, vol. VIII, Torino, 1962, p. 839, «respinta la nozione psicologica che identifica l'interesse con il bisogno o il desiderio e affermata la nozione normativa di esso come esigenza di beni o valori da realizzare o da proteggere nel mondo sociale», la función de la norma es establecer un vínculo de subordinación y coordinación de intereses.

95 Aguilera Rull, Ariadna, *Contratación y diferencia. La prohibición de discriminación por sexo y origen étnico en el acceso a bienes y servicios*, cit., p. 162, «De esta forma se garantiza la sensibilización de los actores sociales por el problema de la discriminación. Ya en este primer paso en el examen de la discriminación indirecta aparece lo definitorio de esta figura: no se trata de evitar comportamientos intencionalmente discriminatorios, se trata de combatir la "neutralidad" respecto de una situación de desigualdad fáctica». García Rubio, María Paz, «Contratación privada en la propuesta de Directiva del Consejo por la que se aplica el principio de igualdad de trato entre

sancionar la persona que realiza la conducta discriminatoria (cuestión que concierne a otras normas, que sancionan la conducta como tal), sino, más generalmente, que no se produzcan hechos discriminatorios, independientemente de su intencionalidad[96].

Además, la prohibición de discriminación es una norma imperativa que, como otras, no prohíbe una conducta, sino un determinado resultado.

No creo que la norma que prohíbe la discriminación en materia contractual deba entenderse de forma diferente a la que prohíbe, por ejemplo, los pactos sucesorios. Si las partes celebran un pacto sucesorio no cabe duda de que el contrato debe considerarse contrario a la norma imperativa con independencia de que tengan o no la intención de infringir la prohibición, por lo que siempre debe producirse la consecuencia jurídica prevista. Incluso si ambas partes están plenamente convencidas de que el contrato celebrado no vulnera la prohibición de los pactos sucesorios, se producirá la reacción del ordenamiento jurídico, con el remedio establecido para dicha lesión, según los intereses en juego.

En resumen, en el caso del quebrantamiento del principio de no discriminación, la posible voluntariedad de la parte no es relevante para la configuración del acto discriminatorio en sí mismo y, por tanto, para la adopción de un remedio adecuado; a lo sumo, podría ser relevante en términos de responsabilidad[97]. Cuando se hace una oferta al público —o

---

las personas independientemente de su religión o convicciones, discapacidad, edad u orientación sexual», cit., p. 742, «para que se produzca tiene que haber una relación de causalidad entre la conducta del agente y la discriminación de la víctima, pero no se exige necesariamente la intención de discriminar». *Contra* con argumentos que no acaban de convencer, MAFFEIS, Daniele, «Il diritto contrattuale antidiscriminatorio nelle indagini dottrinali recenti», cit., p. 161, que afirma la necesidad de la intención y, al mismo tiempo, excluye la discriminación indirecta en materia contractual.

96 CARAPEZZA FIGLIA, Gabriele, «Il divieto di discriminazione quale limite all'autonomia contrattuale», cit., p. 1411.

97 Me parece que debe excluirse la posibilidad de un hecho «involuntario», ya que el hecho discriminatorio siempre implica o debe implicar culpabilidad. Un comportamiento es culpable no solo cuando se realiza con negligencia, imprudencia o inexperiencia, sino también cuando se lleva a cabo infringiendo leyes, reglamentos, órdenes y

una invitación a ofrecer— discriminatoria, es precisa una reacción del ordenamiento jurídico, que tendrá que prever el remedio más adecuado para proteger el interés de la persona discriminada. En este sentido, la intencionalidad de la conducta discriminatoria por parte de su autor es irrelevante, aunque este aspecto pueda ser relevante en materia de responsabilidad, a la hora de determinar el daño indemnizable.

Esta consideración es, en mi opinión, también especialmente significativa desde otra perspectiva que tiene que ver con la función de la norma. Aunque no cabe duda de que el principio de no discriminación tiene una función de protección de la persona y de su dignidad inherente[98], también es cierto que no puede considerarse indiferente al mercado. Como norma de prohibición que opera con independencia de la condición subjetiva del autor, tiene la función de configurar el mercado. Es una norma que no solo pretende proteger a la persona como tal[99], sino que también pretende afectar al mercado y a la propia autonomía negocial, de suerte que no pueden darse hechos objetivamente discriminatorios[100].

Se trata, en resumidas cuentas, de una norma con una evidente función de conformación del mercado y del contrato.

---

disciplinas. Considerado que siempre y por definición existe la violación de una norma de derecho, más aún, de un principio normativo, la conducta debe necesariamente considerarse si no dolosa, al menos culpable. Esto significa que los supuestos pueden oscilar entre la negligencia y el dolo, pasando obviamente por todas las diferentes gradaciones posibles que incluyen tanto los casos de negligencia grave como los de dolo indirecto.

98 Gentili, Aurelio, «Il principio di non discriminazione nei rapporti civili», cit., p. 228 s., aclara que la esencia del principio de no discriminación es la dignidad humana.

99 Ciancimino, Michele, *«La discriminazione contrattuale: profili rilevanti per la tutela della persona. Note a margine di un recente dibattito dottrinale», Diritto della famiglia e delle persone*, 2018, p. 685.

100 Carapezza Figlia, Gabriele, «El principio de no discriminación en el derecho contractual ítalo-europeo», cit., p. 286, «la inclinación de los mecanismos de mercado – que se transforman en un "instrumento de debilitamiento de las relaciones sociales"– a perpetuar y a ampliar los preconceptos generalizados, transfiriéndolos a la dinámica contractual, demuestra el carácter indispensable de una intervención heterónoma para contener el fenómeno discriminatorio».

2. Principio de no discriminación y técnicas de negociación individuales

Mucho más compleja, hasta el punto de que históricamente ha sido negada[101], es la posibilidad de que se produzca una vulneración del principio de no discriminación en el supuesto de técnicas de negociación basadas en el intercambio de oferta y aceptación individuales o, más exactamente, en un procedimiento de formación del contrato en el que el oferente identifica de antemano a un destinatario concreto con el que inicia la negociación[102].

Desde el punto de vista que aquí interesa, es irrelevante si la propuesta es una oferta simple o si es irrevocable, y si va seguida de una aceptación o de una aceptación tardía que el oferente decide considerar efectiva. Además, es irrelevante si la oferta tiene por objeto la celebración de un contrato cuyas obligaciones deben ser asumidas únicamente por el oferente, o si se trata de una propuesta que requiere en lugar de una aceptación expresa un inicio de ejecución, o incluso si el silencio de la otra parte es suficiente[103].

---

101 Para una extensa y apreciable crítica de la doctrina que ha negado esta posibilidad, CARAPEZZA FIGLIA, Gabriele, «El principio de no discriminación en el derecho contractual ítalo-europeo», cit., pp. 293-298. «En conclusión, no excluir *a priori* que pueda configurarse un ilícito discriminatorio, incluso fuera de la oferta al público, no implica, como se ha dicho, la destrucción de la libertad contractual, porque, según el contexto de su aplicación, la prohibición de discriminación cambia su grado de impacto, debido a la diferente calidad e intensidad de protección de los intereses en conflicto. Unas veces, como en el caso de los intercambios llevados a cabo en el "ámbito de la vida privada y familiar", el legislador pondera directamente el justo equilibrio entre los intereses en juego, haciendo prevalecer la libertad contractual; otras veces, como en los ejemplos citados de negociaciones individuales, permite un control sobre la justificación del efecto de desigualdad producido en la elección de la parte contraria».

102 En sentido contrario, GIMÉNEZ COSTA, Ana, «La negativa a contratar por razón de género en el derecho privado», MESA MARRERO, Carolina; GRAU PINEDA, María del Carmen (coords.), *Mujeres, contratos y empresa desde la igualdad de género*, Tirant lo Blanch, Valencia, 2014, p. 132, según la cual debe tratarse de oferta al público.

103 Sobre la pluralidad de los procedimientos de formación de contratos en una perspectiva nacional, cabe referirse a los artículos 1326-1341 del Código Civil italiano. Desde el punto de vista del derecho convencional,

Entre las denominadas técnicas de negociación individuales o aisladas, también hay que considerar la invitación a presentar ofertas, que debe distinguirse del caso de una oferta al público a presentar ofertas, que vimos en el apartado anterior.

La característica que ambas tienen en común es que son actos prenegociales que no tienen la consideración de oferta, ya que carecen del carácter de la exhaustividad, en el sentido anteriormente expresado, y esto, como he dicho, sirve para distinguir la invitación al público a presentar ofertas de la oferta pública, y la invitación a presentar ofertas de la oferta.

La característica que las diferencia atañe a los destinatarios, ya que la invitación al público a presentar ofertas se dirige a personas indeterminadas, con la consecuencia de que «cualquiera» podría presentar una oferta, mientras que la invitación a presentar oferta se dirige a una persona concreta y, por lo tanto, solo a aquella con la que se desea entablar negociaciones. Verbigracia, un cartel con las palabras «se vende» o «se alquila» colocado en el balcón de una casa, que puede considerarse una invitación al público a presentar ofertas, es muy diferente de una propuesta hecha a una persona concreta a la que se le pregunte «¿quieres comprar esta casa?» o «¿quieres alquilar este piso?». Huelga decir que estas dos últimas declaraciones no pueden considerarse una oferta en el verdadero sentido, sino solo una invitación a presentar una oferta, ya que no son completas, ni siquiera son suficientemente precisas, es decir, no contienen los elementos esenciales del contrato (no se menciona el precio de la venta, ni el del arrendamiento).

Aunque es innegable la extraordinaria diversidad de todas estas técnicas de negociación, hasta el punto de que no solo el modo de formación, sino también el lugar y el momento de celebración del contrato varían considerablemente de unas hipótesis a otras, desde el punto de vista que aquí interesa,

es útil remitirse a la Convención de las Naciones Unidas sobre los Contratos de Compraventa Internacional de Mercaderías, que dedica los arts. 14 a 24 a la formación del contrato. Desde el punto de vista del *soft law*, es importante referirse a los Principios Unidroit, los Principios de Derecho Común Uniforme y los Principios de Derecho Comunitario sobre Contratos (los Principios Acquis) y, finalmente, al Proyecto de Marco Común de Referencia (DCFR). En estos actos jurídicos es fácil encontrar una regulación bastante completa de los actos del proceso de formación similar a todas las hipótesis que he resumido en el texto.

esto es, el de la prohibición de discriminación, pueden considerarse como un conjunto unitario[104].

El rasgo característico es que la persona que entabla la negociación precontractual no solo elige específicamente a la persona con la que va a negociar, sino también el tipo y el contenido del contrato[105].

En tales situaciones resulta muy difícil imaginar una vulneración de la prohibición de discriminación, ya sea directa o indirecta, puesto que la elección de la única parte con la que se negocia es, por definición, discriminatoria y excluye a todos los demás. La elección de una persona concreta con la que se desea iniciar la negociación, es decir, a quién se dirige la oferta, hace muy difícil suponer que la no elección de cualquier otra persona sea discriminatoria, pues habría que imaginar que el proponente ha elegido a ese sujeto para discriminar, en función de un factor de riesgo, a uno de los potenciales «otros» con los que, solo en abstracto, podría haberse iniciado la negociación.

El supuesto se hace aún más difícil si tenemos en cuenta que la vulneración del principio exige, por un lado, comparar dos supuestos que en este caso faltarían, con la consecuencia de que la comparación debería hacerse entre el contrato que se

104 Estoy de acuerdo, aunque se refiere al DCFR, con la propuesta interpretativa de GIMÉNEZ COSTA, Ana, «La no discriminación», cit., p. 143, según la cual la expresión «avaible to the public» no descarta su aplicabilidad a la negociación individual; esto «implicaría dejar sin aplicación práctica el principio a no ser discriminado, además de ir en contra de la finalidad teleológica pretendida con su inclusión entre las reglas generales aplicables a los contratos y otros actos jurídicos. Aunque, es cierto que dentro del ámbito privado podemos distinguir dos esferas, aquella en que se ofrecen bienes y servicios socialmente relevante en la que hay que admitir la operatividad plena del principio de no discriminación, y aquella otra en la que se comprenden las actividades propiamente privadas, sin proyección pública, en la que cabría plantearse si también operan la reglas antidiscriminatorias, cosa que afirmamos, aunque reconociendo que deberá tener menos intensidad y incidencia su injerencia».

105 Según ALFARO AGUILA-REAL, Jesús, «Autonomía privada y derechos fundamentales», cit., p. 106 ss., en relación con la libertad de contratación, los derechos fundamentales plantean la cuestión del ejercicio abusivo, es decir, antisocial, de un derecho. «Hay abuso de derecho en una negativa a contratar cuando esta implica un trato vejatorio para el rechazado».

celebra y una hipótesis abstracta y, por otro lado, se ha de tener debidamente en cuenta la existencia de la libertad de elección del contratante, que parece facultar a quien inicia la negociación para elegir libremente la persona con quién contratar.

A pesar de estas precisiones, que, a mi juicio, dificultan la admisibilidad de una discriminación en negociaciones individuales y parecen descartarla por el simple hecho de que una parte haya elegido a su contraparte, no creo que pueda excluirse completamente y a priori la posibilidad de discriminación[106]. Aunque con matices, creo que hay margen para su admisibilidad[107], especialmente cuando se considera no tanto la elección de una parte entre muchas[108], sino la rup-

106 En este sentido, MAFFEIS, Daniele, «Libertà contrattuale e divieto di discriminazione», cit., p. 416, «in presenza di una dichiarazione individualizzata il divieto di discriminazione non è violato anche se il contraente rifiuta di concludere il contratto o riserva alla sua controparte un trattamento peggiore a causa di una sua qualità personale che rileverebbe astrattamente come fattore di discriminazione». No estoy de acuerdo con esta tesis, y los ejemplos expuestos en el texto, con sus aclaraciones, creo que ayudan a explicar las razones de mi desacuerdo.

107 Señala VIVAS TESÓN, Inmaculada, «El derecho contractual antidiscriminatorio: Drittwirkung y libertad negocial», cit., p. 690 s., «Siguiendo dicha lógica, podría eludirse la prohibición de discriminar no realizando una oferta al público y utilizando, en cambio, una declaración individualizada [...] En definitiva, al margen de la concreta técnica de negociación, ha de atenderse al caso concreto y realizar una cuidadosa ponderación de los intereses en juego. Y aunque ya lo apuntamos, insistimos, la dificultad en las prácticas contractuales discriminatorias reside, fundamentalmente, en el plano probatorio, lo que, estamos convencidos, justifica su escasa judicialización».

108 No es en absoluto convincente el ejemplo propuesto por MAFFEIS, Daniele, «Il diritto contrattuale antidiscriminatorio nelle indagini dottrinali recenti», cit., p. 161 ss., para criticar la idea de que la discriminación es posible incluso en la negociación individual. El autor formula este: un milanés propone a otro milanés la venta de un garaje. El autor dice que no puede haber discriminación. Sin embargo, ¿qué pasa si después de haber hecho la oferta la retiro porque me doy cuenta de que el destinatario no es un milanés sino un sureño? O ¿qué decir de la conducta de quien primero rechaza la propuesta de un sureño e inmediatamente después hace una oferta de venta por el mismo precio a un milanés? Puede ser que no haya discriminación si hay una razón justificada para el rechazo de la primera propuesta, pero no hay duda de que la conducta es discriminatoria si la razón subyacente es

tura de las negociaciones con la persona inicialmente elegida[109], o el posible rechazo de la oferta formulada por una parte «indeseable»[110].

A este respecto, piénsese en el caso en que una parte formula una oferta destinada a celebrar un contrato de arrendamiento con una persona determinada y, posteriormente, durante las negociaciones, decide romperlas porque se da cuenta de que la otra parte es homosexual, o simpatiza con un determinado partido político, o pertenece a una determinada religión[111] que al oferente disgusta. O cuando una persona rechaza una oferta o una invitación a ofrecer no porque no le interese, sino porque la iniciativa procede de una persona indeseable por estar identificada con un determinado factor de riesgo[112]. Más aún, si esa persona celebra después

la intención de los «milaneses» de no negociar con los sureños.

109 MAFFEIS, Daniele, «Libertà contrattuale e divieto di discriminazione», cit., p. 421, asume que la responsabilidad durante las negociaciones solo puede darse en el caso de una invitación a ofrecer al público y señala que, en cualquier caso «nella fase della trattativa il contraente non deve discriminare, occorre tenere ben presente che egli non è tenuto ad osservare una parità di trattamento».

110 En sentido contrario, NAVARRETTA, Emanuela, «Principio de igualdad, principio de no discriminación y contrato», *Revista de Derecho Privado*, 2014, n. 27, p. 139, «al no ser posible imponer un deber generalizado de motivación de las elecciones contractuales, la eventual declaración, aunque sea discriminatoria, no es cuestionable respecto al ejercicio de la autonomía contractual, siempre que se siga considerando legítimo el silencio».

111 También parece estar de acuerdo en que se pueda imaginar la infracción del principio de no discriminación durante las negociaciones Maffeis, Daniele, «Discriminazione (diritto privato)», cit., 501, aunque el autor afirma que la prohibición vale solo en la contratación abierta al público.

112 Según MAFFEIS, Daniele, «Il diritto contrattuale antidiscriminatorio nelle indagini dottrinali recenti», cit., p. 161 ss., en este caso ni siquiera habría una ofensa a la dignidad de la persona. Esto valdría si la elección no fuera discriminatoria, pero concluyentemente no si la razón para rechazar la propuesta se basara en un factor de riesgo. En el ejemplo que propone el autor «rifiuto la tua proposta perché sei musulmano», está claro, en mi opinión, que hay una violación de la dignidad de la persona. No es aceptable que «la umiliazione la avverte colui che è stato colui che è escluso ah hoc da un'offerta al pubblico, non colui che non conosce affatto quella dichiarazione o, se la conosce, resta nel dubbio di non essere lui il destinatario sem-

el contrato, en esas mismas condiciones o en condiciones menos ventajosas, con otra persona.

En el caso de que la parte se retire de las negociaciones por este motivo, aunque no lo declare, no cabe duda de que se puede plantear una cuestión de infracción del principio de no discriminación en la fase de negociación[113]. Podríamos incluso decir, desde una perspectiva más tradicional del derecho contractual, que la prohibición de discriminación se traduce en una vulneración de la norma que obliga a las partes a comportarse de buena fe durante las negociaciones[114].

Estaríamos ante un supuesto en el que, con independencia de lo dicho sobre la aplicación inmediata y directa del principio, este último encontraría aquí aplicación sobre la base de la cláusula general de buena fe. No porque esto sea necesario o porque en ausencia de esta cláusula la norma-principio no podría encontrar aplicación, sino más simplemente porque la misma regulación de la llamada responsabilidad precontractual es construida de esta manera, de modo que cualquier conducta

plicemente per un caso (o per l'idiosincrasia del contraente)». Esta conclusión no es en absoluto convincente, ya que la violación de la dignidad puede indubitablemente ocurrir también en la relación individual y ofender la dignidad humana si «rifiuto la tua proposta perché sei musulmano».

113 VIVAS TESÓN, Inmaculada, «El derecho contractual antidiscriminatorio: Drittwirkung y libertad negocial», cit., p. 691, «a nuestro juicio, el error reside en considerar que autonomía privada y prohibición de discriminar son del todo puntos incompatibles, de manera que la libertad contractual prevalece en las negociaciones aisladas en tanto que la prohibición de discriminación en las declaraciones al público. Sin embargo, la prohibición de discriminar no niega la libertad de elección de la otra parte contratante, ni siquiera cuando el oferente dirige su declaración al público. El problema de la discriminación contractual no gira en torno a la concreta técnica de negociación, individual o al público. La persona tiene libertad para elegir a la otra parte contratante, siempre y cuando dicha elección no se funde en un factor de riesgo ... Dicho de otro modo, la prohibición de discriminación también se aplica a los intercambios de bienes y servicios individuales, en los que no puede existir una suerte de absoluta impunidad ante vulneraciones de los principios y valores constitucionales ...En definitiva, al margen de la concreta técnica de negociación, ha de atenderse al caso concreto y realizar una cuidadosa ponderación de los intereses en juego».

114 CHECCHINI, Bianca, *Discriminazione contrattuale e dignità della persona*, cit., p. 184 s.

contraria a una norma imperativa, siempre se puede configurar como un supuesto de vulneración de la buena fe contractual.

El verdadero problema que plantea tal supuesto no es tanto el de la admisibilidad abstracta, que parece fácil de imaginar, sino el de la prueba, ya que no será nada fácil demostrar, incluso admitiendo una inversión de la carga de la prueba, que la retirada de las negociaciones o el rechazo de la oferta son discriminatorios.

En cualquier caso, la indudable dificultad que puede plantearse desde un punto de vista meramente probatorio, no creo que sea suficiente para excluir la admisibilidad de la vulneración de la prohibición de no discriminación, ofreciendo la confirmación de que, aunque con ciertos límites, la infracción puede darse también en el caso de negociaciones individuales. Lo que cambia en estos casos, con respecto al de la oferta al público, es el ángulo de observación.

En el caso de las negociaciones aisladas, la lesión del principio de no discriminación no se produce porque el sujeto haya elegido a una persona en lugar de otras, sino cuando decide no continuar las negociaciones por una razón discriminatoria. Esto significa que, en el caso de técnicas de negociación individuales, aun teniendo en cuenta la multiplicidad y variedad de los procedimientos de formación del contrato que se pueden dar, la vulneración del principio de interdicción de la discriminación se produce en los tratos preliminares y, por tanto, se concreta en una discriminación en la elección de la parte, cuando es posible probar que esa elección es fruto de una discriminación en perjuicio de alguien, o una discriminación en la ruptura discriminatoria de los tratos preliminares.

Aparte de los casos que acabo de mencionar, me inclino por descartar otros de violación del principio de no discriminación en el supuesto de negociación individual. Otros casos que aparentemente pertenecerían a esta categoría me parecen, en cambio, supuestos de violación del principio de no discriminación en la fase de ejecución, es decir, en el cumplimiento o en el contenido del contrato. Un autor señala el caso en que una persona, propietaria de un complejo de pisos, arrienda unidades idénticas aplicando condiciones dispares en función de que el arrendatario tenga o no un factor de riesgo[115]. En este supuesto me parece que la discriminación no atañe tanto a la fase de negociación en sí, como al contenido del contrato, ya que existirá uno o más arrendatarios cuyas condiciones contractuales o económicas son peores que las de los demás, en función de un factor de riesgo. En síntesis, en este caso estamos ante una vulneración del principio de no discriminación que no afecta a la fase de negociación, sino a la del contenido del contrato.

3. Sigue: principio de no discriminación y responsabilidad precontractual

En el caso de las técnicas de negociación individuales o aisladas, la infracción del principio de no discriminación no depende del mero hecho de que una parte elija a una u otra persona, sino del hecho de que se niegue discriminatoriamente a negociar con una determinada persona o de que rompa injustificadamente los tratos preliminares que había iniciado con ella.

Ambos presupuestos dan lugar, como ya hemos dicho, a una responsabilidad precontractual[116], ya que las partes todavía no han celebrado el contrato y, muy probablemente, nunca llegaran a celebrarlo.

Los dos casos son dispares entre sí y requieren algunas aclaraciones.

---

115 Carapezza Figlia, Gabriele, «Il divieto di discriminazione quale limite all'autonomia contrattuale», cit., p. 1405, «oppure all'ipotesi del proprietario di un complesso abitativo che, senza rivolgersi al pubblico, conceda in locazione identiche unità immobiliari, praticando condizioni contrattuali notevolmente più svantaggiose ai conduttori di una determinata origine etnica o credo religioso».

116 Trimarchi, Vincenzo Michele, *Appunti in tema di responsabilità precontrattuale*, Giuffré, Milano, 1958; Benatti, Francesco, *La responsabilita precontrattuale*, Giuffré, Milano, 1961; García Rubio, María Paz, *La responsabilidad precontractual en el Derecho español*, Tecnos, Madrid, 1991; García Rubio, María Paz; Otero Crespo, Marta, «La responsabilidad precontractual en el Derecho Contractual europeo», *InDret*, 2010, 2, pp. 1 ss.; García Rubio, María Paz, «La responsabilidad precontractual», Blanco Martínez, Emilio; Morales Moreno, Antonio Manuel, (dir.), *Estudios de derecho de contratos*, Vol. I, 2022, BOE, Madrid, pp. 359-391; Llobet i Aguado, Josep, *El deber de información en la formación de los contratos*, Marcial Pons, Madrid, 1996, p. 1 ss.

En el primero (negativa a tratar con una determinada persona), para que surja la responsabilidad es necesario demostrar que la parte ha decidido no entrar en tratos con esa persona por razones discriminatorias. Es obvio que es difícil probar este hecho, aunque no es imposible, especialmente sobre una base presuntiva, demostrando que la parte tenía intención de tratar con esa persona y luego trató con otra.

Aunque pueda parecer paradójico, en este caso estamos ante un supuesto de responsabilidad precontractual: si es cierto que la negociación ni siquiera se ha iniciado, precisamente porque la parte se niega a negociar con esa persona, no cabe duda de que el interés del perjudicado es precisamente el de poder participar en la negociación y, por tanto, el de no ser excluido a priori.

El supuesto no tiene por qué ser considerado como un caso de escuela; basta con tener en cuenta ciertos estudios realizados que demuestran que es mucho más difícil para una persona negra o gitana alquilar un piso que para una blanda y paya, simplemente porque hay mayor resistencia a entablar negociaciones[117]. Por no hablar de los casos en los que se produce una verdadera discriminación indirecta, a través de la provisión de criterios aparentemente neutros que acaban discriminando, por ejemplo, a los jóvenes, a los extranjeros[118], a las personas negras o las personas con discapacidad.

---

117 V., entre otros, el artículo de *El País*, 21 de noviembre 2020, «Racismo inmobiliario: este piso no se alquila a extranjeros. La discriminación al arrendar viviendas está normalizada en España, según un estudio encargado por el Gobierno», (consultado el 4 de septiembre 2021 en: https://elpais.com/economia/2020-11-20/racismo-inmobiliario-este-piso-no-se-alquila-a-extranjeros.html). Se lee: «Al extranjero no comunitario se le pide más renta, se le ofrecen peores viviendas o se le exigen más requisitos que a un nacional. Un ejemplo: Mientras que al 34,8 % de los españoles se les solicita contrato indefinido, ese porcentaje es casi el doble (62,2 %) en el colectivo migrante. Las inmobiliarias piden aval al 32,3 % de los extranjeros, frente al 19,9 % de los españoles. [...] Muchas veces la discriminación es indirecta, pero levanta barreras tan altas que es imposible conseguir un alquiler. Un caso típico es solicitar el DNI, dejando fuera de la selección a personas con pasaporte o NIE».

118 Tristemente, también se puede mencionar el caso reciente sobre la dificultad que encuentran los estudiantes españoles Erasmus para encontrar un piso de alquiler en Italia: https://www.lavanguardia.

Este primer supuesto (negativa a entrar en negociaciones) tiene, pues, unos contornos muy sencillos, aunque el hecho a demostrar es muy complejo.

En cambio, el segundo caso (ruptura injustificada de los tratos preliminares), si bien más fácil de demostrar, presenta una mayor complejidad desde el punto de vista técnico-jurídico, ya que es necesario establecer, a la vista de nuestra mejor tradición jurídica[119], en qué condiciones se puede exactamente dar dicha responsabilidad.

Según la interpretación tradicional[120], para que surja la responsabilidad precontractual por ruptura injustificada de las

com/vida/20220921/8538361/decenas-estudiantes-espanoles-quedan-alojamiento-italia.html; https://www.20minutos.es/noticia/5062127/0/decenas-de-estudiantes-de-erasmus-espanoles-se-quedan-en-la-calle-tras-no-encontrar-alojamiento-en-italia/.

119 V. nota n. 115.

120 Así, Díez-Picazo, Luis, *Fundamentos del derecho civil patrimonial. I Introducción. Teoría del contrato*, 6.ª ed., cit., p. 322 s.; González Gonzalo, A., *Tratado de contratos*, t. I, 3.ª ed., Bercovitz R. (dir.), Moralejo Imbernón, N./Quicios Molina, S. (Coords.), Valencia, Tirant lo Blanch, 2020, p. 836; de los Reyes Sánchez Lería, María, «La fase precontractual», López y López, Ángel; Valpuesta Fernández, Rosario, *Manual de derecho civil patrimonial I*, 2.ª ed., Tirant lo Blach, Valencia, 2016, p. 92, los presupuestos necesarios son los siguientes: «Que las negociaciones entre las partes hayan llegado a un punto en el que una de ellas podría legítimamente esperar que el contrato se iba a concluir. Dicha parte se debe basar en hechos que, objetivamente considerados, puedan dar lugar a una legítima expectativa en este sentido. La falta de justificación de la ruptura de los tratos preliminares, esto es, que una de las partes abandone los mismos sin una buena razón. Sin perjuicio de que haya que estar al caso concreto para determinar cuándo existe una razón que justifique la ruptura de las negociaciones, tradicionalmente se ha establecido que la existencia de una oferta mejor o la aparición de nuevas exigencias pueden dar lugar al abandono de los tratos sin que nazca una responsabilidad por ello. No parece admisible, sin embargo, razones o inconvenientes surgidos al margen de las negociaciones o aquellas que no se avisen a tiempo. La existencia de un daño». En la jurisprudencia, v. STS 502/2016, de 11 de febrero de 2016 (ECLI:ES:TS:2016:502), que afirma, en los fundamentos de derecho, segundo, «Por otra parte, también conviene señalar que la valoración que realiza la sentencia recurrida, sobre los elementos conceptuales que delimitan la responsabilidad precontractual, resulta correcta y acertada. En efecto, en la responsabilidad precontractual por ruptura injustificada de las negociaciones, aparte de a

negociaciones[121] deben cumplirse tres requisitos: a) Expectativa legítima, es decir, que las negociaciones hayan llegado a un punto en el que ambas partes puedan confiar legítimamente en la celebración del contrato[122]; b) Falta de justificación, es decir, que la ruptura de las negociaciones se haya producido sin la existencia de una razón válida o, mejor dicho, por violación del deber de actuación dimanante de la buena fe objetiva[123]; c)

la producción del daño y a su relación de causalidad, hay que atender, correlativamente, a la necesaria creación de una razonable confianza en la conclusión del contrato proyectado y al carácter injustificado de la ruptura de las negociaciones». STS 4182/1999 de 14 de junio de 1999 (ECLI:ES:TS:1999:4182), en la que se dice: «en materia de responsabilidad precontractual, para que la ruptura de los tratos preliminares sea calificada como conducta antijurídica, la doctrina científica exige la concurrencia de los siguientes elementos: a) la suposición de una razonable situación de confianza respecto a la plasmación del contrato: b) el carácter injustificado de la ruptura de los tratos; c) la efectividad de un resultado dañoso para una de las partes; y d) la relación de causalidad entre este daño y la confianza suscitada».

121 Cabe destacar que la figura está recogida también en las codificaciones europeas y, a este respecto, véase el art. 2:302 PECL, el art. 2.1.15 Principios Unidroit (2004), el art. II-3:310 DCFR. Para un análisis, v. García Rubio, María Paz; Otero Crespo, Marta, «La responsabilidad precontractual en el Derecho Contractual europeo», cit., pp. 5-16.

122 Una posición parcialmente diferente a la tradicional es la mantenida recientemente por García Rubio, María Paz, «La responsabilidad precontractual», Blanco Martínez, Emilio; Morales Moreno, Antonio Manuel (dir.), *Estudios de derecho de contratos*, Vol. I, 2022, BOE, Madrid, p. 367, quien afirma que los tres requisitos son los siguientes: «(i) que una de las partes negociadoras viole el deber de buena fe y lealtad contractual, mediante lo que suele denominarse ruptura injustificada de los tratos preliminares; (ii) que se haya provocado un daño a la parte interesada en seguir negociando; (iii) que exista una relación de causalidad entre la ruptura injustificada y el daño causado». En particular, la autora señala que el requisito de la confianza razonable no puede considerarse un requisito en sentido estricto, sino una forma de realizar la ruptura injustificada de los tratos preliminares. La conocida como ruptura de tratos preliminares se convierte en injustificada precisamente cuando implica el quiebre de tal relación de confianza. «Pero también se puede quebrar la confianza en la fase de negociaciones preliminares realizando otro tipo de actuaciones distintas de la ruptura de tratos y de las que también cabe derivar la existencia de responsabilidad, cuando esas actuaciones terminan causando daños a la otra parte negociadora».

123 García Rubio, María Paz; Otero Crespo, Marta, «La responsabilidad

Existencia de perjuicio, es decir, que haya un daño para la parte y que exista un nexo de causalidad entre el hecho y el daño[124].

Si se aplicara esta teoría clásica que acabamos de enunciar, al caso de ruptura de las negociaciones por razones discriminatorios, surgirían dos problemas difíciles con respecto al primero y al último requisito.

Si, en efecto, es indudable que el hecho discriminatorio constituye el requisito de la falta de justificación, es difícil establecer si el requisito de la expectativa legítima y el de la existencia de un daño son también concurrentes, al menos en su formulación tradicional.

El principal problema se refiere a la exigencia de una expectativa legítima. La cuestión es si, en el caso de interrupción de las negociaciones por razones discriminatorias es necesario que los tratos preliminares hayan alcanzado un estado de desarrollo que genere una expectativa legítima de que el contrato se vaya a celebrar. No cabe duda de que, si se interpretara estrictamente este requisito, eso equivaldría a

precontractual en el Derecho Contractual europeo», cit., p. 33, «tanto en la mayor parte de los ordenamientos jurídicos internos como en los textos europeos e internacionales de diferente naturaleza y alcance que se han ocupado de la materia en las dos últimas décadas, se considera que la parte que sin motivo justificado rompe las negociaciones contractuales después de haber hecho confiar a la otra en que podía llegarse a un acuerdo, es responsable de las consecuencias patrimoniales negativas que la ruptura le causa a esta otra parte. Así lo reconocen, por ejemplo, el art. 1337 del Código civil italiano, el art. 227 del Código civil portugués, el art. 197 del Código civil griego, el art. 2:301 PECL o el art. 2.1.15 Principios Unidroit».

124 STS, 502/2016, 11 de febrero 2016, Ponente: **Francisco Javier Orduña Moreno**, «en la responsabilidad precontractual por ruptura injustificada de las negociaciones, aparte de a la producción del daño y a su relación de causalidad, hay que atender, correlativamente, a la necesaria creación de una razonable confianza en la conclusión del contrato proyectado y al carácter injustificado de la ruptura de las negociaciones»; STS, 4182/1999, 14 de junio de 1999, Ponente: **Román García Varela**, « para que la ruptura de los tratos preliminares sea calificada como conducta antijurídica, la doctrina científica exige la concurrencia de los siguientes elementos: a) la suposición de una razonable situación de confianza respecto a la plasmación del contrato: b) el carácter injustificado de la ruptura de los tratos; c) la efectividad de un resultado dañoso para una de las partes; y d) la relación de causalidad entre este daño y la confianza suscitada».

negar una relevancia concreta a la ruptura discriminatoria de las negociaciones. En efecto, bastaría con que, una vez iniciadas las negociaciones, la parte interesada en discriminar a una persona, se limitara a romperlas, incluso antes de que se pudiera crear una expectativa legitima en su celebración.

La alternativa es sencilla: o bien asimilar este supuesto al de la negativa a negociar, o bien reinterpretar los supuestos tradicionales teniendo en cuenta los intereses realmente implicados.

La primera de estas soluciones, que me parece abstractamente factible, no merece ser cultivada, sobre todo porque llevaría a una distorsión del fenómeno jurídico, que no ayuda. Por lo tanto, debemos considerar la segunda y comprobar hasta qué punto es posible la responsabilidad precontractual por ruptura discriminatoria de las negociaciones.

En primer lugar, hay que tener en cuenta que, según la interpretación tradicional, la ruptura injustificada de las negociaciones es fuente de responsabilidad precontractual, no por la ruptura en sí, sino por la actuación contraria a buena fe.

La materia se divide entre dos principios fundamentales: por un lado, el principio de libertad contractual, que a menudo tiene también un respaldo constitucional, y por otro, el principio de buena fe, que exige a las partes contratantes que inspiren su conducta en los más altos niveles de equidad, lealtad y probidad (de ahí la identificación de las conocidas obligaciones de información y de protección que una parte debe proporcionar a la otra durante las negociaciones). Se puede decir, por tanto, que la ruptura injustificada de las negociaciones encuentra su fuente prevalente en la lesión del deber de buena fe y que la protección del ordenamiento jurídico interviene cuando este comportamiento altera las relaciones entre los contratantes[125]. Según la elaboración clásica

125 García Rubio, María Paz; Otero Crespo, Marta, «La responsabilidad precontractual en el Derecho Contractual europeo», cit., p. 41, s. «por consiguiente, no es la ruptura sino la confianza generada en la otra parte y que se ha visto frustrada la que ocasiona el deber de indemnizar. Para que surja tal deber no se precisa la intención de dañar, ni una conducta particularmente dolosa o incluso ni siquiera negligente, pero sí se exige una actuación generadora de la confianza, a la postre quebrada, de la otra parte. Para calibrar si se ha producido esa situación ha de valorarse la conducta de ambas partes en la creación de la

la limitación al principio de libertad contractual encuentra su límite en el principio de buena fe y por ello se afirma que los tres requisitos indicados son necesarios para que surja dicha responsabilidad.

Sin embargo, en caso de ruptura discriminatoria de las negociaciones, el principio de libertad contractual no debe contraponerse tan solo al principio general de buena fe, sino también al principio-valor de no discriminación.

A partir de esta evidencia, creo que es necesario replantear la interpretación de la responsabilidad precontractual, con el fin de garantizar que las partes no sean discriminadas, bien identificando una «nueva» hipótesis de responsabilidad precontractual, bien «rediseñando» la existente. Independientemente de si se prefiera la primera o la segunda opción, creo que la primera medida correctora debe referirse a la exigencia de la expectativa legítima.

En el caso de una ruptura discriminatoria de las negociaciones no es necesario en absoluto que las negociaciones hayan alcanzado un grado de desarrollo tal que las partes esperaran legítimamente la celebración del contrato. Este requisito suele ser, de hecho, requerido cuando la ruptura de las negociaciones requiere una ponderación del principio de libertad contractual con el principio general de buena fe[126], mientras que tiene poca o ninguna relevancia cuando se hace referencia al principio de no discriminación. El contenido perceptivo de este último principio permite identificar con mayor precisión la conducta prohibida por la ley, por lo que el requisito de la expectativa legítima, cuya función era principalmente concretar el supuesto de vulneración del principio de buena fe, pierde parte de su relevancia.

A todo ello hay que añadir, que la propia idea de considerar la confianza razonable en la seriedad de la negociación como

mencionada confianza, de suerte que, por ejemplo, no existirá responsabilidad por ruptura de tratos si fue la parte perjudicada la que por precipitación o propia negligencia creyó en la celebración del contrato sin que el otro negociador hubiese hecho nada desleal para inducirla a tal creencia».

126 Si bien existen decisiones judiciales españolas que reconocen la posibilidad de romper lícitamente negociaciones muy avanzadas, como señala García Rubio, María Paz, «La responsabilidad precontractual», cit., p. 368.

requisito esencial de la responsabilidad precontractual es cuestionable. Como ha señalado García Rubio, el verdadero requisito de la responsabilidad precontractual es que exista una ruptura injustificada de las negociaciones, es decir, que una parte haya roto las negociaciones incumpliendo el deber de buena fe[127]. Razonando en estos términos y excluyendo la relevancia de este requisito, no cabe duda de que en el caso de ruptura de los tratos preliminares por motivos discriminatorios se daría, sin duda, el requisito de la responsabilidad, pues no hay nadie que pueda dudar de que la ruptura de las negociaciones, con independencia del estado en que hayan llegado y de la legítima expectativa de celebración del contrato, constituye una clara infracción del deber de buena fe. Esto es necesario y suficiente para una ruptura injustificada de las negociaciones preliminares.

Desde otro punto de vista, el requisito del daño y perjuicio también requiere algunas adaptaciones y aclaraciones, ya que no puede entenderse de la misma manera y en los mismos términos que en el caso de una mera ruptura injustificada de las negociaciones.

---

127 García Rubio, María Paz, «La responsabilidad precontractual», cit., p. 367 ss. El presupuesto de la responsabilidad precontractual es el incumplimiento del deber de buena fe durante las negociaciones, por lo que se trata de una responsabilidad basada en la relación especial de confianza derivada de la relación entre las partes contratantes durante la negociación. La idea básica es que la ruptura de los tratos preliminares, independientemente de la fase en que se encuentren, es siempre licita. En consecuencia, solo puede surgir responsabilidad precontractual cuando la parte incumple su deber de actuación según buena fe, causando un perjuicio a la otra parte y convirtiendo así la ruptura de los tratos en injustificada. A p. 369, se lee: La violación de esos deberes nacidos de la buena fe puede producirse por diferentes razones. Ya hemos visto que entre estas no está que las negociaciones se encuentren muy avanzadas; tampoco que la otra parte haya incurrido en gastos durante el proceso negociador. Por el contrario, se incurrirá en responsabilidad si una de las partes sigue los tratos con conciencia de que no quiere llegar a un acuerdo 38, hipótesis en la que precisamente la buena fe impone la ruptura inmediata y no el seguir con unas negociaciones de cuya infertilidad se está seguro, como antes se apuntó. También existirá responsabilidad cuando se sabe que a consecuencia de las negociaciones se va a causar un daño al otro, por ejemplo, haciéndole incurrir en gastos inútiles o con el solo fin de bloquear sus negociaciones con terceros».

En el supuesto clásico, la exigencia de indemnización por daños y perjuicios requiere, según la regla general en materia de responsabilidad, que la parte perjudicada demuestre que ha sufrido un daño concreto y, por tanto, que pruebe los gastos ocasionados durante la celebración del contrato y, en su caso, las oportunidades perdidas.

En el caso de la ruptura discriminatoria de las negociaciones, si es probable que la parte discriminada puede probar todos los daños que ha concretamente sufrido, no es menos cierto que dicha conducta ofende a la dignidad de la persona. Desde este punto de vista, más allá del daño que la persona pueda probar objetivamente, debe afirmarse que la conducta discriminatoria, como tal y sin necesidad de mayores exigencias probatorias, es una fuente de daño a la persona, por la lesión de su dignidad[128]. Los comportamientos discriminatorios, en la medida en que atentan contra la dignidad humana, deben considerarse como una ofensa a un interés constitucionalmente protegido y, por tanto, como un auténtico daño-evento. Todo ello hace que el requisito del daño y la consiguiente exigencia de la relación de causalidad entre el hecho discriminatorio y el daño, de alguna manera, se atenúen en el caso de ruptura discriminatoria de las negociaciones.

Por último, cabe añadir que, al margen de la conocida cuestión sobre la naturaleza de la responsabilidad precontractual y, por tanto, si se trata de una responsabilidad contractual, o extracontractual, o de un tercer tipo, que tiene una importante relevancia teórica[129], son indubitados los contornos del daño indemnizable.

Aunque con algunos matices, es evidente que en el caso de una responsabilidad precontractual la parte tiene derecho a la indemnización de los daños y perjuicios en la medida de su interés negativo, o sea tanto los gastos efectivamente realizados y que deben ser reembolsados, como la frustración de ganancias o lucros cesantes, que

---

128 Véase más ampliamente capítulo: «III. Derecho contractual, discriminación y remedios», párrafos: «5.1 La discriminación como daño autónomo» y «5.3. La discriminación como daño moral».

129 Sobre el tema, planteando que incluso pueda ser una responsabilidad intermedia, entre la contractual y la extracontractual, García Rubio, María Paz, «La responsabilidad precontractual», cit., p. 373.

se concretan sustancialmente en la pérdida de otras oportunidades de contratar con un tercero.

No se debe considerar el interés que la parte discriminada habría obtenido de la celebración del contrato, sino únicamente el interés de la parte discriminada en no verse involucrada en una negociación innecesaria, en el caso de una ruptura injustificada (refiriéndose tanto a daño emergente como a lucro cesante) o el interés en no verse privada de la posibilidad de negociar con esa parte, en el caso de una negativa a contratar.

En conclusión, tanto si se quiere hablar de un nuevo supuesto de responsabilidad precontractual, como de una redefinición de la responsabilidad contractual, no cabe duda de que en el caso de ruptura discriminatoria de las negociaciones los requisitos fundamentales para su configuración son: a) la falta de justificación, o mejor dicho, el hecho discriminatorio, es decir, la prueba de que la parte ha roto las negociaciones por motivos discriminatorios; b) el daño, señalando que, aparte de lo que la parte haya demostrado efectivamente haber sufrido, el daño a la persona causado por una conducta lesiva de la dignidad debe considerarse presunto, con el resultado de que la autoridad judicial debe determinar su importe según equidad.

4. El supuesto de oferta al público excluye una discriminación en los tratos preliminares

En el supuesto de oferta al público el principio de no discriminación solo se puede vulnerar si su contenido es discriminatorio y, por tanto, se producirá cuando la oferta presupone un peor trato para determinadas personas (por ejemplo, un servicio ofrecido injustificadamente a un precio más elevado a las mujeres o a las personas con discapacidad) o cuando la oferta excluye, directa o indirectamente, a determinadas personas (una oferta de contrato de arrendamiento reservado solo a los ciudadanos o a los heterosexuales o que excluya las personas con discapacidad), mientras que no puede quebrantarse durante la fase de negociación o, más exactamente, no es posible imaginar una ruptura discriminatoria de los tratos preliminares.

Este último supuesto puede plantearse, en cambio, en el caso de invitación al público a ofrecer, la cual, como he dicho, no puede considerarse una oferta en sentido estricto, es decir, un acto que junto con la «respuesta» del posible destinatario conlleva la celebración del contrato, sino un acto que tiene la sola función de provocar en su destinatario una oferta.

Ante una oferta al público la vulneración del principio de no discriminación se refiere, insisto, al propio contenido de la oferta y, en el caso de celebración del contrato, a su contenido. No es, en cambio, posible, una vulneración del principio de no discriminación en la fase de negociación.

Por esta razón es muy importante, aunque sea muy difícil y presuponga una interpretación cuidadosa y ardua, distinguir entre una oferta al público en sentido estricto y una invitación al público a presentar ofertas. No hace falta decir que, con respecto a los remedios, es importante diferenciar el supuesto de ruptura discriminatoria de los tratos preliminares del supuesto de contrato con contenido discriminatorio, tanto más si consideramos que en el primer caso la lesión del principio de no discriminación determina una responsabilidad precontractual (que implica una indemnización dentro de los límites del interés negativo), mientras que en el segundo una responsabilidad contractual (lo cual permite la compensación teniendo en cuenta el interés positivo).

Para explicar y demostrar que en el supuesto de oferta al público no es posible configurar una ruptura discriminatoria de la negociación, es necesario partir de la consideración de que la oferta al público es una oferta en sentido estricto, por lo que la «respuesta» de uno de sus posibles destinatarios determina la celebración del contrato. Una vez que se ha producido la aceptación por parte de uno de los posibles destinatarios, el oferente no puede hacer nada para impedir o evitar la celebración del contrato, cualquier declaración suya es esencialmente inapta a estos efectos y lo único que puede hacer es negarse a cumplir.

Independientemente de cuál haya sido la conducta del oferente y de lo que haya dicho o hecho, no cabe duda de que su «negativa» no puede dar lugar a una ruptura de los tratos preliminares (puesto que el contrato ya se ha perfeccionado), sino simplemente al «incumplimiento» de sus obligaciones contractuales. Por ello la lesión del principio de discriminación no afecta a la fase de negociación, sino a la ejecución del contrato. Si el oferente tiene margen para romper los tratos preliminares o negarse a continuarlas no estamos ante una oferta al público, sino ante una invitación al público a ofrecer[130].

En otro orden de cosas, si la oferta al público tuviera un contenido discriminatorio por excluir a un determinado colectivo de personas debido a un factor de riesgo, no cabe duda de que una eventual aceptación por parte de un excluido no impide o imposibilita la celebración del contrato, pues la cláusula de exclusión debe considerarse nula. Así, en el caso de que una persona formalmente excluida acepte la oferta al público el contrato quedaría, en todo caso, celebrado y la «negativa» de la otra parte a contratar sería, en realidad, una negativa a cumplir el contrato.

Aunque soy consciente de que no siempre es fácil distinguir entre ambos supuestos y de que a menudo se plantean casos límite muy complejos, haré algunas simplificaciones para aclarar esta diferencia, de la que proceden consecuencias jurídicas de gran trascendencia.

Imaginemos que Fulano es un vendedor de zapatos y que expone un determinado modelo en el escaparate, indicando su precio, sin mostrar, sin embargo, qué números están disponibles en la tienda. La falta de indicación del bien concreto, es decir, el zapato de una u otra talla concreta, excluye que la propuesta sea completa y, por lo tanto, la propuesta no tiene la consideración de oferta al público. Si el cliente potencial, Mengano, de raza negra, una vez dentro de la tienda, pide un número determinado, declarando que quiere comprar a ese precio (imaginemos que ni quiere probar los zapatos porque ya sabe o cree que le quedarán perfectos) es evidente que no puede decirse que el contrato se haya celebrado porque las declaraciones del vendedor y de Mengano no valen para que el contrato quede válidamente celebrado. La propuesta del vendedor de zapatos no tiene el carácter de una oferta al público, sino de una invitación a ofrecer, con la consecuencia de

130 Maffeis, Daniele, «Libertà contrattuale e divieto di discriminazione», cit., p. 421, equipara los casos y parte de la base de que estos son los únicos casos en los que puede existir una vulneración del principio de no discriminación. Esto excluye la posibilidad de una violación en el caso de las técnicas de negociación individuales.

que la declaración de Mengano no es una aceptación, sino una mera oferta, que el vendedor puede aceptar o rechazar.

El vendedor bien podría negar la disponibilidad de ese número de zapatos, aunque los tenga, y evitar así la celebración del contrato con esa persona a la que pretende discriminar. En este caso, la conducta discriminatoria no da lugar a ninguna responsabilidad por incumplimiento de contrato y la única forma de «sancionar» la conducta del vendedor es la responsabilidad precontractual.

Si se demuestra que el vendedor no quería celebrar el contrato con esa persona por razones discriminatorias, habrá un supuesto de discriminación durante la fase de negociación, más concretamente, una responsabilidad precontractual por la negativa a contratar con una determinada persona[131].

Distinto sería el caso de que el vendedor hubiera indicado también las tallas disponibles. El cliente, de haber manifestado su simple voluntad de comprar esos zapatos, o sea su aceptación, habría concluido el contrato. Si la declaración del vendedor es una oferta al público, la declaración de Mengano, en la medida en que se ajusta a la oferta y es tempestiva, es una verdadera aceptación, con la consecuencia de que el contrato queda celebrado. Si el vendedor, tras recibir la declaración de Mengano, pone alguna excusa para no «negociar» con Mengano, esta conducta no supondría un obstáculo a la negociación en sentido estricto, sino un auténtico incumplimiento de contrato. Por ejemplo, si dijera que, a pesar de lo que indicaba el cartel, esa talla de zapatos ya no estaba disponible, pero no había actualizado el cartel o porque el último par de ese número acaba de venderse, no obstante, pienso que el contrato debería considerarse celebrado, con lo que seguiría existiendo una responsabilidad por incumplimiento.

La oferta al público vincula a su declarante, por lo que, dentro de los límites del error obstativo[132], es responsable de su propia declaración. Si una persona acepta la oferta al público, el contrato queda celebrado, con la consecuencia

131 V. el anterior párrafo: «2. Principio de no discriminación y técnicas de negociación individuales».

132 Mesa Marrero, Carolina, «El error en el moderno derecho contractual europeo», *Revista de derecho civil*, 2015, 4, p. 43 s.

de que la ausencia de los bienes o cualquier declaración posterior a la aceptación destinada a rediseñar el contenido de la oferta deben considerarse esencialmente irrelevantes con respecto a la celebración del contrato.

Dejando de lado el caso anterior del vendedor de zapatos, que puede parecer trivial y de poca relevancia, sobre todo porque en el caso de las prendas de vestir suele ser necesario probarlas y, por tanto, este factor puede complicar la reconstrucción, no cabe duda de que estas consideraciones pueden extenderse a cualquier venta de bienes y servicios.

En estos casos, además si se trata de bienes y servicios en serie, es muy probable que la propuesta sea una oferta al público y no una simple invitación al público a ofrecer.

Pensemos, por ejemplo, en una oferta telefónica de servicios móvil o internet, o una oferta de televisión de pago. Se trata de auténticas ofertas al público y cuando el cliente declara su intención de «aceptar» la oferta concreta del servicio telefónico X o la oferta del servicio de televisión de pago Y, el contrato debe considerarse válidamente celebrado. Si el vendedor, de hecho, niega discriminatoriamente el bien o el servicio a una persona, no se limita a negarse a negociar con ella, sino que no cumple el contrato celebrado. Suponiendo que para la validez de estos contratos no se requiera la forma escrita (si se requiriera la forma escrita, la aceptación del cliente tendría que hacerse por escrito, para que se pueda considerar válidamente celebrado) la sola declaración verbal del cliente es suficiente para la perfección del contrato. El hecho de que el vendedor no rellene, por ejemplo, el formulario no significa que el contrato no se haya celebrado, sino que el vendedor se niega a cumplirlo.

En última instancia, y resumiendo las ideas expuestas, me parece que, en el caso de las técnicas de negociación individuales puede seguir existiendo una lesión del principio de discriminación, en la fase de negociación. Con la aclaración de que nunca podría darse en el caso de una oferta al público, en la que la vulneración del principio de no discriminación se produce, normalmente, cuando el propio contenido de la oferta es injustificadamente discriminatorio.

5. Principio de no discriminación y contenido del contrato

La vulneración del principio de no discriminación en materia contractual puede referirse, como se viene anticipando, también al contenido del contrato. Se trata de supuestos en los que la regulación contractual debe considerarse normativa o económicamente discriminatoria, en el sentido de que la relación contractual es más desventajosa para una de las partes de lo que lo hubiera sido de no haber discriminación.

Los supuestos son muy fáciles de imaginar y podría decirse que constituyen hipótesis paradigmáticas: piénsese, por poner algunos ejemplos, en los contratos de alquiler que prevén un precio diferente según se trate de un ciudadano o de un extranjero, en los contratos de seguro que prevén diferentes precios para hombres y mujeres, o en los contratos de trabajo que prevén salarios diferentes para hombres y mujeres o, de forma indirecta, el contrato de trabajo que establece que todos los empleados han de almorzar a la misma hora, sin tener en cuenta que una persona con discapacidad deba tomar su medicación a una hora determinada o tomarse descansos periódicos durante el día.

En lo que respecta a los contratos de alquiler, el tema ha sido objeto de atención mediática, aunque se debe notar que esta discriminación se produce directamente a través de las plataformas informáticas que proporcionan automáticamente un precio diferente para los extranjeros, identificados por introducir un número de teléfono u otros datos que revelan inequívocamente su origen.

Estos supuestos, aunque aparentemente sencillos de imaginar, son muy difíciles de demostrar[133] y a este respecto

133 NAVARRETTA, Emanuela, «Principio de igualdad, principio de no discriminación y contrato», cit., p. 141, «de esta premisa deriva un imprescindible y constante control del contenido del contrato, incluso del individual, a la luz del principio de no discriminación [...] la perspectiva de control del contenido del contrato, si la atención se desplaza del contrato en general a las múltiples posibles tipologías negociales, abre dos frentes problemáticos respecto al principio de no discriminación: el ámbito de los contratos asociativos, por una parte, y el de los

pueden esbozarse dos hipótesis distintas, según que existan otros contratos similares al que plantea el problema discriminatorio o que no existan otros contratos efectivamente celebrados, de modo que la comparación será solo hipotética. No cabe duda de que en el primer caso es más fácil probar la discriminación debido a la existencia de un *tertium comparationis*, mientras que en el segundo es más complejo y requiere mayores precauciones.

Volviendo al ejemplo ya citado, es diferente que una parte sea propietaria de tres inmuebles de idénticas características que se alquilan a tres personas diferentes y que uno de los tres contratos prevea condiciones peores para el arrendatario, del caso en el que la parte sea propietaria de un solo inmueble que alquila a una sola persona con cláusulas o condiciones discriminatorias.

En el primer caso, suponiendo que los tres inmuebles tengan las mismas características, es posible suponer una discriminación si una de las partes recibe un trato menos favorable que las demás, siempre que se pueda probar que ese contenido diferente y menos favorable fue el resultado de una discriminación y no se pueda justificar de ninguna otra manera. También puede darse la situación de que existan contratos similares porque la parte haya celebrado contratos similares antes o después. Siguiendo con el caso propuesto, imaginamos que una determinada vivienda se alquila en marzo a un extranjero por 1500 euros y en abril a un ciudadano por 1000 euros. No será fácil demostrar que la diferencia de precio se debió exclusivamente a la discriminación del extranjero, pues pueden interferir muchos factores, pero es cierto que la comparación entre los dos contratos, aunque sean distintos, puede constituir, al menos, una prueba circunstancial.

En el segundo caso, en cambio, para que se pueda deducir una lesión del principio de discriminación es necesario que el contrato concreto tenga un contenido perjudicial comparado con el de un contrato hipotético[134], y, por lo tanto, imaginar que habría tenido un contenido diferente si la parte no hubiera sido discriminada. Supongamos que

actos de liberalidad y el de los actos *mortis causa*, por otra».

134 CHECCHINI, Bianca, *Discriminazione contrattuale e dignità della persona*, cit., p. 188 s.

Fulano celebró un contrato de arrendamiento con Mengano por una renta anual de 15.000 euros. Para demostrar que el contenido del contrato es discriminatorio, debe demostrarse, a partir de pruebas presuntivas y circunstanciales, que el contenido del contrato habría sido diferente si Fulano no hubiese discriminado a Mengano y que, por tanto, si el inquilino hubiera sido otra persona (por ejemplo, un ciudadano en lugar de un extranjero, o una persona sin discapacidad en lugar de una persona con discapacidad), la renta anual habría sido de 12.000.

Es evidente que tanto el primer caso como el segundo son difíciles de demostrar, así como que en el segundo la dificultad aumenta exponencialmente.

Sin embargo, la mayor simplicidad de la prueba en el primer escenario es más hipotética que real, pues es muy difícil que se den contratos idénticos en la realidad. En el caso de los arrendamientos de inmuebles, por ejemplo, es casi imposible que las viviendas tengan las mismas características, por lo que podría justificarse por ellas una diferencia en el contenido económico-normativo. Por tanto, esta suposición parece más plausible para los llamados contratos en serie o en masa (como la venta de un bien de consumo), mientras que es más teórica para los contratos individuales, cuyas particularidades hacen difícil, aunque no imposible, una comparación efectiva. Además, es necesario demostrar que el eventual trato perjudicial esté justificado por un hecho discriminatorio y, por ende, que una parte haya sido tratada de forma perjudicial precisamente por una determinada circunstancia personal o social.

En definitiva, un ámbito concreto y plausible para configurar una vulneración del principio de no discriminación en el contenido del contrato es, fundamentalmente, el de los contratos en serie, con respecto a los cuales es bastante fácil afirmar, basándose únicamente en su contenido, si existe o no un trato económico y/o jurídico discriminatorio. Si se puede demostrar que esta diferencia de trato está basada en un factor de riesgo, se puede concluir que el contrato infringe el principio de no discriminación[135]. En

135 Consideremos, por ejemplo, el caso resuelto por el Trib. Padova, 19 de mayo de 2005, *Giurisprudenza italiana*, 2006, p. 949, en el que se condenó al propietario de un bar por cobrar precios diferentes y más elevados a los extracomunitarios. La conducta se probó a través de

cambio, en los casos de contratos individuales, el contenido discriminatorio requerirá una comparación con otros contratos similares, o la difícil demostración de que la parte recibió un trato peor que si no hubiera sido discriminada. No cabe duda de que la prueba solo puede ser presuntiva y que, por tanto, debe exigirse cierta elasticidad. Volviendo al ejemplo del contrato de arrendamiento de corta duración, es indudable que si la parte demuestra que el alquiler ha sido siempre de 1000 euros y que el arrendador solo cobra 1500 euros cuando el inquilino es extranjero, debe considerarse probada la discriminación, salvo que el arrendador justifique esa diferencia de trato económico de modo razonable y adecuado.

El contenido del contrato discriminatorio resulta mucho más difícil de probar que la discriminación en la fase de negociación o en la ejecución del contrato, razón por la cual la legislación contemporánea ha tratado de simplificar el sistema, previendo una inversión de la carga de la prueba, a la que en su momento aludiré[136]. Se entiende que es una medida que se aplica a todos los casos de discriminación, aunque está concebida principalmente para este supuesto. Además, como aclararemos más adelante[137], la solución identificada a nivel europeo tiene un ámbito de aplicación menos limitado del que, en mi opinión, debería tener, por lo que será imprescindible realizar una reflexión más amplia para comprobar su extensión más allá de los casos expresamente establecidos.

6. Principio de no discriminación y condiciones generales de contratación

Por último, tal y como había anticipado, entre los supuestos de vulneración del principio de no discriminación en el contenido del contrato debemos considerar aquellos contratos celebrados a través de las condiciones generales de contratación. Aunque las condiciones generales de contratación plantean, en general, cuestiones relacionadas con la formación del contrato, no cabe duda de que la violación

pruebas testimoniales.

136 Véase, el siguiente párrafo: «9. Prueba de la discriminación».

137 V. Capitulo: «II. Relevancia del principio de no discriminación en materia contractual», Párrafo: «9. Prueba de la discriminación».

del principio de discriminación en la redacción de las condiciones generales de contratación se va a proyectar, predominantemente, en el contenido del contrato.

La lesión del principio de no discriminación puede producirse de forma directa o indirecta según que las condiciones generales de contratación prevean explícitamente un trato injustificado para determinadas personas o colectivos vulnerables o contengan criterios aparentemente objetivos que, sin embargo, tienen la función de producir una discriminación.

Como es trillado, las condiciones generales de contratación son clausulas predispuestas para regular los contratos de manera uniforme, cuya incorporación es impuesta por una de las partes, con independencia de la autoría material de la mismas, de su apariencia externa, de su extensión y de cualesquiera otras circunstancias, habiendo sido redactadas con la finalidad de ser incorporadas a una pluralidad de contratos.

Dichas clausulas pasan a formar parte del contrato[138] cuando se acepte por el adherente su incorporación al mismo y sea firmado por todos los contratantes o, de ser un contrato que no deba formalizarse por escrito, cuando el predisponente anuncie las condiciones generales en un sitio visible dentro del lugar en el que se celebra el negocio o garantice al adherente una posibilidad efectiva de conocer su existencia y contenido en el momento de la celebración[139].

138 Díez-Picazo, Luis, *Fundamentos del derecho civil patrimonial. I Introducción. Teoría del contrato*, 6.ª ed., cit., p. 452 ss.

139 Cabe señalar que la regulación de las condiciones generales de contratación es parcialmente diferente en la legislación italiana. Las condiciones generales se incorporan al contrato por el mero hecho de ser conocidas o conocibles por el adherente. Sin embargo, si existe una condición vejatoria (tales son las condiciones enumeradas exhaustivamente en el apartado 2 del artículo 1341 del Código Civil italiano), solo se incorpora al contrato si se ha aprobado específicamente por escrito. Esta regulación de derecho común se aplica a todos los contratos, independientemente de la condición de las partes: se aplica, por tanto, a los contratos entre profesionales y consumidores, así como a los contratos entre consumidores y los entre profesionales. A esta normativa se suma la de protección del consumidor, fruto de la transposición de la directiva europea (recogida en los art. 33-38 del Decreto legislativo 206/2005, también conocido como «Codice del Consumo»). Esta regulación es la misma que la española regulada en el artículo 8, apartado 2 de la Ley 7/1998, de 13 de abril, sobre condi-

Claro está que cuando el contrato se haya celebrado con un consumidor, serán nulas las condiciones generales que sean abusivas o sea las que perjudiquen de manera desproporcionada o no equitativa al consumidor, o comporten en el contrato una posición de desequilibrio entre los derechos y las obligaciones de las partes en perjuicio de los consumidores o usuarios.

Independientemente de estos últimos supuestos, si una parte establece unas condiciones generales de contratación con un contenido que es discriminatorio, porque plantea una discriminación directa (un precio diferente para hombres o mujeres, por ejemplo) o indirecta (prevea un precio diferente para quienes no tengan el DNI, igualmente como ejemplo[140]), no cabe duda de que la cláusula se incorpora al contrato y crea una situación de discriminación. No se trata tanto de una vulneración que atañe a la fase de negociación, sino al contenido del contrato.

Los casos concretos que pueden imaginarse son numerosos por lo que, solo a título ilustrativo, considérense las condiciones generales de un contrato de seguro sanitario que prevea condiciones disímiles en favor de una persona casada, pretendiendo así excluir no solo o no tanto a los que no están casados, sino a los que están unidos civilmente en aquellos sistemas, como el italiano, que no permiten el matrimonio entre homosexuales; o que prevea un trato diferente según la orientación sexual del asegurado. También estarían incluidas las condiciones generales de un contrato de seguro[141] de responsabilidad civil que prevén un tratamiento desigual según el sexo[142] o la edad del

ciones generales de la contratación (en adelante Ley /1998) y art. 10 bis y disposición adicional primera de la Ley 26/1984, de 19 de julio, General para la Defensa de los Consumidores y Usuarios.

140 V. nota n. 116.

141 La hipótesis era tan relevante que el legislador italiano, con el Decreto Legislativo n. 196/2007, de incorporación de la directiva 2000/113/CE, estableció una normativa específica sobre la igualdad de trato entre hombres y mujeres en los seguros y otros servicios financieros, introduciendo el artículo 55-*quater* del Decreto Legislativo n.° 198/2006, que contiene el Código de igualdad de oportunidades entre hombres y mujeres.

142 TJUE, 1 de marzo de 2011, C-236/09, Association belge des Consommateurs Test- Achats ASBL, *Nuova giurisprudenza civile commentata*, 2011, p. 493, con nota de Antonucci, *Premio unisex: il paradosso della parificazione semplificata*. Castro Argüelles, María Antonia, «El prin-

asegurado. También se puede hipotizar en las condiciones de un contrato de trabajo destinadas a impedir, bajo pena de rescisión y pérdida de cualquier aumento salarial, los paros laborales o cualquier otra acción sindical y a excluir el reconocimiento de cualquier sindicato[143]; asimismo se puede pensar en las condiciones generales de contratación de un contrato laboral que prohíbe a los trabajadores llevar signos visibles de sus convicciones políticas, filosóficas o religiosas u observar cualquier rito derivado de estas en el lugar de trabajo[144]. Por último,

cipio de igualdad de trato en materia de Seguridad Social y el cálculo de prestaciones en función del sexo», *La Ley Unión Europea*, 2014, 21, p. 57 ss.; NAVAS NAVARRO, Susana, «No discriminación por razón de sexo y Derecho europeo de contratos», cit., p. 350 ss. En sentido crítico, VEIGA COPO, A. B., & SÁNCHEZ GRAELLS, A., «Discriminación por razón de sexo y prima del contrato de seguro: Apuntes críticos a la sentencia del tribunal de Justicia de la Unión Europea (Gran Sala), de 1 de marzo de 2011, en el asunto C-236/09». *Revista Ibero-Latinoamericana de Seguros*, 2011, 20 (34), p. 77 ss.; DE LA VEGA JUSTRIBÓ, Bárbara, «La consideración del sexo del asegurado como factor de riesgo en los contratos de seguro constituye una discriminación», *Revista Crítica de Derecho Inmobiliario*, Año no 87, No 728, 2011, pp. 3587-3605.

143 La Corte de Casación italiana (Cass., SS. UU., 21 de julio de 2021, n. 20819, *Leggi d'Italia*) se pronunció recientemente sobre un caso de este tipo y sostuvo que dicha cláusula debe considerarse discriminatoria y, por tanto, inválida. En este caso puede decirse que el remedio de nulidad es plenamente suficiente para satisfacer los intereses de la parte discriminada. La sentencia también es importante por otras razones. En primer lugar, porque afirma la admisibilidad de una reclamación por daños no patrimoniales. En este sentido, afirma que cuando se reconoce a favor de un sindicato que ha actuado *iure proprio* para proteger intereses individuales homogéneos de relevancia general, se caracteriza por una función «disuasoria», que va más allá de los llamados «daños punitivos», especialmente si se considera que la discriminación colectiva se produce incluso en ausencia de un sujeto inmediatamente identificable. Asimismo, afirma la capacidad y legitimación de un sindicato para ejercer la acción antidiscriminatoria, ya que el ejercicio de los derechos atribuidos a la libertad sindical es una de las posibles declinaciones de las «convicciones personales», a las que se refieren los artículos 1 y 4 del Decreto Legislativo n. 216 de 2003, que no pueden constituir un factor de discriminación.

144 Este caso fue resuelto por la STJUE, 14 de marzo de 2017, Asunto C-157/15, Samira Achbita, Centrum voor gelijkheid van kansen en voor racismebestrijding y G4S Secure Solutions NV (consultado en: https://curia.europa.eu/juris/document/document.

se piense en las condiciones generales de contratación de

---

jsf;jsessionid=D9E25715121CBF7AA511F0D7259B01F2?text=&docid=188852&pageIndex=0&doclang=ES&mode=lst&dir=&occ=first&part=1&cid=542). Una ciudadana musulmana había expresado a la empresa para la que trabajaba su persistente deseo de llevar el velo islámico. La empresa consideró la conducta contraria a la norma que prohíbe a sus trabajadores «llevar signos visibles de sus convicciones políticas, filosóficas o religiosas y observar cualquier ritual relacionado con estas convicciones en el lugar de trabajo» y despidió a la mujer. El TJUE, aunque considera que una norma que prohíbe el uso del velo es sin duda discriminatoria, afirma que « norma interna de una empresa privada puede constituir una discriminación indirecta en el sentido del artículo 2, apartado 2, letra b), de la Directiva 2000/78 si se acredita que la obligación aparentemente neutra que contiene ocasiona, de hecho, una desventaja particular a aquellas personas que profesan una religión o tienen unas convicciones determinadas, salvo que pueda justificarse objetivamente con una finalidad legítima, como el seguimiento por parte del empresario de un régimen de neutralidad política, filosófica y religiosa en las relaciones con sus clientes, y que los medios para la consecución de esta finalidad sean adecuados y necesarios, extremos que corresponderá comprobar al tribunal remitente». En el presente caso, tal como lo interpreta el Tribunal, la norma debe considerarse sustancialmente legitima. Los fundamentos de derecho de la sentencia nn. 37-42 son de gran importancia. En particular, leemos en el n. 37: «En primer lugar, en cuanto al requisito de la existencia de una finalidad legítima, procede señalar que ha de considerarse legítima la voluntad de seguir un régimen de neutralidad política, filosófica o religiosa en las relaciones con los clientes tanto del sector público como del sector privado». Por lo tanto, el Tribunal de Justicia remite al tribunal nacional la apreciación de la legitimidad del despido. Para ponderar tanto el interés del empleador en mantener la neutralidad de la empresa como el interés de la empleada en manifestar su religiosidad, el Tribunal exige al fundamento n. 43 esta ponderación: « En el caso de autos, en lo que respecta a la negativa de una trabajadora como la Sra. Achbita a renunciar a llevar un pañuelo islámico durante el desempeño de sus actividades profesionales en contacto con los clientes de G4S, corresponderá al tribunal remitente comprobar si, tomando en consideración las limitaciones propias de la empresa y sin que ello representara una carga adicional para esta, G4S tenía la posibilidad, ante tal negativa, de ofrecer a la Sra. Achbita un puesto de trabajo que no conllevara un contacto visual con los clientes en lugar de proceder a su despido. Incumbirá al tribunal remitente, a la luz de todos los elementos de los autos, sopesar los intereses presentes y limitar las restricciones de las libertades de que se trata a lo estrictamente necesario». Sobre ese caso v., también, Malomo, Anna, *Principio di eguaglianza e rapporti civili. Aspetti problematici e attuativi*, cit., p. 144 ss.

un hotel que limite la posibilidad de reservar una habitación «doble» solo a parejas heterosexuales casadas[145], o que niega el acceso a las personas con discapacidad.

Se trata de supuestos muy complejos con respecto a los cuales siempre es imprescindible comprobar si la diferencia de trato está, o no, justificada, es decir, si existe una razón suficiente[146], más allá del mero hecho de la discriminación. Verbigracia, podrían quizás considerarse razonables las condiciones generales de contratación de seguro que prevén una prima diferente en función del número de años de conducción, por el hecho de que una persona que ha sido titular de un carnet de conducir durante más años tiene más experiencia, lo que reduce el riesgo de siniestro, o que prevén una prima más elevada para las personas de edad avanzada, por el hecho de que el riesgo de siniestro es mayor a medida que disminuyen los reflejos y el tiempo de reacción. Por otra parte, no sería razonable que las condiciones generales de un contrato de seguro limitaran la protección contra las enfermedades de transmisión sexual únicamente a las personas heterosexuales, mientras que la negaran a las homosexuales.

En todos estos casos, es innegable que se plantea un problema de protección de la persona discriminada de naturaleza diferente respecto al que se plantea en la fase de las negociaciones. Aquí no es necesaria una protección sustancialmente relacionada con el desarrollo de la negociación o con la celebración del contrato, sino con la corrección del contenido contractual.

145 Se piense en el conocido caso resuelto por Bristol County Court, Martin Hall And Steven Preddy v. Peter Bull And Hazel Mary Bull, case No 9BS02095, del 4 gennaio 2011, http://www.europeanrights.eu/public/sentenze/EW4gen.pdf (consultato il 28 dicembre 2020) y la posterior y relacionada decisión de Court of Appeal (Civil Division) on Appeal from Bristol Civil Justice Centre, Bull & Bull v. Hall & Preddy, 10 febbraio 2012, EWCA Civ 83, Case No: B2/2011/0313 and B2/2011/0314, https://www.judiciary.uk/wp-content/uploads/JCO/Documents/Judgments/bull-v-hall-and-preddy.pdf (consultado el 28 de diciembre de 2020). El caso se refería a una pareja homosexual que había contraído una unión civil y había reservado una habitación de hotel en Cornualles. Sin embargo, este último especificaba en sus condiciones generales que las habitaciones dobles estaban reservadas, por razones religiosas, solo para parejas heterosexuales casadas.

146 V. nota n. 64.

Tampoco en estos casos, como ya he señalado respecto a la lesión del principio de no discriminación en la oferta al público, creo que sea necesario e imprescindible que haya una intención específica, es decir, que haya una intención deliberada de discriminar. Es palmario que, en la mayoría de ellos, existe dicha intención, pero no se puede descartar la posibilidad de que no sea así. Pensemos, para referirnos a un caso que se ha dado realmente, en el supuesto de que un hotelero reserve habitaciones dobles solo para parejas heterosexuales casadas[147], en la convicción social y/o religiosa de que esto no solo no es discriminatorio, sino que es hasta la única opción moralmente correcta. Incluso si el sujeto está convencido de que no está llevando a cabo ninguna discriminación y, por lo tanto, no hay ninguna intención discriminatoria, esto no excluye la discriminación en sí y la necesidad de que el ordenamiento jurídico reaccione contra este hecho.

A la luz de esta consideración, me parece que la infracción del principio de no discriminación no requiere una valoración del elemento subjetivo del contratante, ya que se trata de una conducta objetivamente prohibida, y el elemento subjetivo solo puede ser útil a efectos de la posible responsabilidad civil, para valorar su gravedad y a la hora de determinar el daño.

El principio de no discriminación, como principio-valor del ordenamiento jurídico y con independencia de las normas que faciliten la prueba o tipifiquen determinados factores de riesgo, no tolera que el contrato pueda tener un contenido discriminatorio. Desde este punto de vista, el principio se vuelve realmente interesante, porque aclara, sin temor a equivocarse, no solo que el contenido del contrato no puede ser contrario a las normas imperativas y al orden público, sino que el propio concepto de libertad para determinar el contenido del contrato merece, hoy más que nunca, ser replanteado.

Por último, cabe señalar que, en presencia de condiciones generales de contratación discriminatorias, se plantea también un problema más general, ya que el ordenamiento jurídico no solo debe preocuparse de proteger a la parte que ha celebrado el contrato que contiene condiciones generales discriminatorias, sino que también debe impedir que dichas

147 V. nota n. 142.

condiciones sigan aplicándose. Esto significa que, en el caso de condiciones generales de contratación discriminatorias es importante evitar que esas condiciones generales sigan aplicándose a futuros contratos y, por tanto, que el contenido discriminatorio pueda seguir discriminando al colectivo afectado.

En este sentido, en un plano más general, resulta indispensable adoptar medidas cautelares para ordenar el cese de la conducta discriminatoria y, por tanto, conseguir que se eliminen definitivamente las condiciones generales de contratación discriminatorias[148].

7. Principio de no discriminación y ejecución del contrato

La lesión del principio de no discriminación también puede producirse en la fase de ejecución del contrato.

Pueden distinguirse al menos dos situaciones distintas según que la discriminación se concrete en una negativa sustancial a cumplir las obligaciones que nacen del contrato, o según que se refiera al mismo modo de ejecución del contrato y, por tanto, al ejercicio de los poderes y facultades. Los dos supuestos merecen ser diferenciados y es evidente que el segundo tiene un ámbito de aplicación innegablemente mayor que el primero, que, sin embargo, sigue conservando su importancia.

La primera situación se da cuando una de las partes, después de haber celebrado el contrato, se niega a cumplirlo por un motivo discriminatorio. Para que se produzca este supuesto es imprescindible no solo que una de las partes no cumpla con las obligaciones que nacen del contrato, sino que dicho incumplimiento dependa de un hecho discriminatorio (que no quiera cumplir un contrato con una persona homosexual, o con discapacidad, o de una determinada orientación política, o de una determinada religión, etc.). Se trata, si se quiere, de un incumplimiento subjetivamente calificado, en el sentido de que el motivo del incumplimiento, que de

148 Véase, capítulo: «III. Derecho contractual, discriminación y remedios», párrafo: «6. Protección inhibitoria y colectiva».

otro modo quedaría en segundo plano, se vuelve sumamente relevante.

Dentro de esta primera situación, hay que incluir algunos casos que a menudo se pueden confundir con otros. Se piense al caso imaginado en las páginas anteriores en el que la parte «no deseada» acepta la oferta al público y el oferente se niega a «negociar». En este caso, como ya he dicho, el contrato debe considerarse celebrado, de modo que, la parte que ha hecho la oferta al público y se niega a «negociar» está, en realidad, incumpliendo el contrato. Y el matiz no carece de relevancia desde el punto de vista técnico, ya que en el caso de responsabilidad precontractual el dañado tiene derecho a una indemnización dentro de los límites del interés negativo, mientras que en el caso de responsabilidad contractual tiene derecho a una indemnización que incluye el interés positivo.

Mucho más relevante es, obviamente, la segunda situación, es decir, los supuestos en los que la discriminación se refiere al modo de ejecución del contrato[149]. Para entender su importancia, basta considerar que el acto discriminatorio puede producirse no solo de forma directa o indirecta, sino también a través de cualquier comportamiento o acto no deseado, verbal o no, que atente contra la dignidad de una persona y que cree o pretenda crear un clima intimidatorio, hostil, degradante, humillante u ofensivo.

La infracción del principio de no discriminación puede, por tanto, adoptar multitud de facetas y es evidente que, incluso dejando de lado el contrato de trabajo, donde las aplicaciones son vastas, es fácil pensar en ejemplos en los contratos más propiamente de derecho civil. Así, a título meramente ejemplificativo, puede considerarse un contrato de asociación en el que la ejecución del contrato entre los distintos asociados sea tal que revele una discriminación; o también en un contrato de prestación de un servicio médico, con respecto al cual el prestador, incluso en presencia de circunstancias idénticas, cumpla el contrato de forma discriminatoria en perjuicio de algunos pacientes; o, por último, en un contrato de arrendamiento en el que el arrendador no conceda a uno un aplazamiento del pago en circunstancias discriminatorias.

149 CHECCHINI, Bianca, *Discriminazione contrattuale e dignità della persona*, cit., p. 192 ss.

Para que la discriminación quede demostrada, no solo es necesario comparar el caso controvertido con otros casos concretos o con un caso hipotético, sino también que la diferencia de trato sea injustificada[150]. Esto significa que los supuestos en los que es más probable que se pruebe un quebrantamiento del principio de no discriminación en el cumplimiento del contrato son aquellas en las que hay varios contratos similares, respecto de los cuales es más fácil identificar cuando la diferencia de trato está vinculada con un factor de riesgo.

En este sentido, hay que considerar el comportamiento en su conjunto, por lo que también puede ser discriminatorio exigir el cumplimiento exacto en el plazo previsto en el contrato, cuando a todas las demás contrapartes se les concede, por ejemplo, una prórroga.

A fortiori, existirá una vulneración del principio de no discriminación cuando la ejecución del contrato y la posible solicitud de ejecución se realicen de forma lesiva para la dignidad humana, como, por ejemplo, si durante un examen médico o la realización de una prueba diagnóstica el médico expone injustificadamente al paciente, discriminándolo respecto a los demás, a una situación incómoda, embarazosa o humillante. Los ejemplos podrían extenderse mucho, pero creo que es suficiente para comprender el alcance aplicativo del fenómeno.

También respecto a esta hipótesis, como he dicho para las anteriores, no creo que sea necesaria la presencia de una intención deliberada de discriminar, ya que lo que la ley rechaza es el hecho discriminatorio en sí. Sin embargo, en casos de este tipo, mucho más que en los otros, es presumible que estemos siempre ante un supuesto doloso. En cualquier caso, aunque una de las partes se niegue a cumplir un contrato por razones discriminatorias, con la plena convicción de que no es en absoluto discriminatoria y que, por el contrario, esta conducta debe considerarse correcta, y que la razón invocada justifica o incluso legitima el incumplimiento, ello no excluye en ningún caso la ilicitud del incumplimiento y la posible responsabilidad de su autor.

---

150 V. nota n. 64.

8. Discriminación contractual algorítmica

En los últimos años se ha puesto de manifiesto que el riesgo de discriminación contractual también es fuerte en el supuesto de contratos celebrados a través de plataformas digitales o, más generalmente, a través de sistemas de inteligencia artificial (IA)[151].

Es bien sabido que los algoritmos no son neutrales[152], ya que la IA es capaz, con mayor rapidez y fuerza que los seres humanos, de comprobar una gran cantidad de datos y, dependiendo del tipo de programación, discriminar en función de determinados factores de riesgo[153].

La negociación algorítmica se basa en técnicas de predicción en virtud de las cuales, a partir de los datos, la máquina deduce tendencias útiles para orientar la evaluación de situaciones futuras. Esto significa que cuando las técnicas de predicción se basan en las condiciones personales y en los procesos sociales, el riesgo de discriminación es magno.

Al menos tres momentos diferentes influyen en este proceso: la elección de las variables o categorías a partir de las cuales se construye la decisión algorítmica, el conjunto de datos sobre el que se ejercen los procesos de autoaprendizaje de la máquina y el tipo de datos que se toman en consideración. Por no hablar de que el propio algoritmo puede haber sido programado de forma intencionadamente discriminatoria.

151 V. el importante informe de European Commission, Directorate-General for Justice and Consumers, Gerards, J., Xenidis, R., Algorithmic discrimination in Europe: challenges and opportunities for gender equality and non-discrimination law, Publications Office, 2021, https://data.europa.eu/doi/10.2838/544956. El informe propone un nuevo marco integrado denominado PROTECT, que ofrece un conjunto de posibles medidas y soluciones jurídicas, basadas en el conocimiento y tecnológicas para prevenir, abordar y corregir la discriminación algorítmica.

152 Argelich Comelles, Cristina, «Gobernanza de las plataformas en línea ante la DSA y las Propuestas de Reglamento de Mercados Digitales e Inteligencia Artificial (DMA y AIA)», *Anuario de Derecho Civil*, tomo LXXV, 2022, fasc. II (abril-junio), p. 517 s.

153 Resta, Giorgio, «Governare l'innovazione tecnologica: decisioni algoritmiche, diritti digitali e principio di uguaglianza», en *Politica del diritto*, 2019, pp. 199- 236.

Que se trata de una realidad y no solo de una posible perspectiva lo evidencia la resolución del Parlamento Europeo de 14 de marzo de 2017, sobre las implicaciones de los macrodatos en los derechos fundamentales: privacidad, protección de datos, no discriminación, seguridad y aplicación de la ley, en la que se dan claras muestras de este alto riesgo[154].

En particular, el apartado 31, dedicado expresamente a la no discriminación, establece que: «... debido al efecto intrusivo de las decisiones y medidas adoptadas por las autoridades encargadas de la aplicación de la ley, también sobre la base del tratamiento de datos y la analítica de datos, en la vida de los ciudadanos y en sus derechos, se requiere la máxima prudencia para evitar la discriminación ilícita y la selección de determinadas personas o grupos de personas, definidos en relación con la raza, el color, el origen étnico o social, las características genéticas, la lengua, la religión o creencia, las opiniones políticas o de otra índole, la propiedad, el nacimiento, la discapacidad, la edad, el género, la expresión o la identidad de género, la orientación sexual, la situación en materia de residencia, la salud o la pertenencia a una minoría nacional, que a menudo es objeto de elaboración de perfiles en función de la etnia o de una actuación policial más intensa, además de las personas que pueden definirse por características particulares; pide que se forme de manera adecuada a quienes recopilan los datos en primera línea y a los usuarios de las informaciones obtenidas del análisis de datos».

El riesgo de esta discriminación es aún más peligroso que en la negociación tradicional, ya que la falta de transparencia que caracteriza a los sistemas de negociación de IA imposibilita o dificulta mucho el ejercicio del control, siendo imposible saber con certeza cómo ha sido identificado y procesado un determinado parámetro por un sistema.

Solo por mencionar los casos más llamativos, recordemos que en 2015 se descubrió que el algoritmo de búsqueda de

154 Implicaciones de los macrodatos en los derechos fundamentales. Resolución del Parlamento Europeo, de 14 de marzo de 2017, sobre las implicaciones de los macrodatos en los derechos fundamentales: privacidad, protección de datos, no discriminación, seguridad y aplicación de la ley (2016/2225(INI)) (2018/C 263/10) (https://eur-lex.europa.eu/legal-content/ES/TXT/PDF/?uri=CELEX:52017IP0076&from=SK Consultada: 10/05/2022).

Google tenía un sesgo de género al mostrar anuncios de trabajo con sueldos muy altos solo a los hombres, mientras que las mujeres encontraban menos anuncios de este tipo. Otro caso muy sugerente ha sido el de COMPASS, según el cual un algoritmo de evaluación de riesgos utilizado en el sistema de justicia penal estadounidense discriminaba a los acusados negros. A esto hay que añadir que recientemente se ha comprobado que plataformas de servicios como Uber o Lyft presentan importantes indicios de discriminación racial, ya que los usuarios negros se enfrentan a tiempos de espera hasta un 35 % más largos y a frecuentes cancelaciones que los blancos, con peores efectos en las zonas de baja densidad, donde es más difícil encontrar conductores[155].

La propia experiencia italiana, con referencia a una plataforma de repartidores ha mostrado casos de discriminación por motivos sindicales. A algunos de ellos les han sido desactivadas injustificadamente sus cuentas, y además se han creado sindicatos de conveniencia con el único fin de mantener el control sobre los trabajadores e inhibir las actividades de reclamación colectiva.

En este sentido, cabe mencionar la importante sentencia del Tribunal de Bolonia[156], según la cual el algoritmo que

155 Para otros casos, véase Giorgini Pignatiello, Giacomo, «Il contrasto alle discriminazioni algoritmiche: dall'anarchia giuridica alle Digital Authorities», *Federalismi.it*, 30 de junio de 2021, https://www.federalismi.it/ApplOpenFilePDF.cfm?artid=45605&dpath=document&dfile=30062021185328.pdf&content=Il%2Bcontrasto%2Balle%2Bdiscriminazioni%2Balgoritmiche%2B%2D%2Bstato%2B%2D%2Bdottrina%2B%2D%2B (consultado: 16/05/2022).

156 Tribunale Bologna, Sez. lavoro, 31 de diciembre de 2020, *Lavoro nella Giurisprudenza*, 2021, 5, 526 nota di Lamannis, Mariagrazia, «Frank è un falso cieco: l'algoritmo discrimina i riders». V. Perulli, Adalberto, «La discriminazione algoritmica: brevi note introduttive a margine dell'Ordinanza del Tribunale di Bologna», *Lavoro Diritti Europa*, 2021, 1, p. 1-7, (https://www.lavorodirittieuropa.it/images/T._Bologna_rider_perulli_1.pdf; consultado el 18/06/2022); Fava, Gabriele, «L'ordinanza del Tribunale di Bologna in merito alla possibile discriminatorietà dell'algoritmo utilizzato da Deliveroo», *Lavoro Diritti Europa*, 2021, 1, p. 1-4, (https://www.lavorodirittieuropa.it/images/gabriele_fava_LDE_-_Sent._Trib._BO_riders.pdf; consultado el 18/06/2022); Fassina, Lorenzo, «L'algoritmo Franck, cieco ma non troppo», *Lavoro Diritti Europa*, 2021, 1, p. 1-4, (https://www.lavorodirittieuropa.it/images/LDE_Fassina_sentenza_Deliveroo_Bologna.pdf; consultado el

penalice a los repartidores que se abstengan legítimamente de trabajar en el acceso a las sesiones de trabajo es discriminatorio. Por lo tanto, si los trabajadores discriminados no son identificables, el sindicato está legitimado para emprender acciones legales para constatar la discriminación, así como para obtener una indemnización por daños y perjuicios.

La cuestión de la discriminación algorítmica plantea un problema parcialmente diferente al de la discriminación clásica, ya que no se trata solo de encontrar remedios para contrarrestar esta forma de discriminación, sino de adoptar políticas y sistemas para evitarla. En este sentido, es necesario modificar al menos el secreto o la ininteligibilidad de la lógica que subyace en el proceso de toma de decisiones, lo que es especialmente grave en el caso de los algoritmos de aprendizaje automático[157], para evitar la actitud discriminatoria del algoritmo y la mortificación de la persona humana. En este marco, no puede ser suficiente confiar en la *bias busting* y en las *fairness formulas*, ya que es necesario enriquecer un modelo de ética digital con un sistema más penetrante de regulación digital[158].

18/06/2022); MALOMO, Anna, *Principio di eguaglianza e rapporti civili. Aspetti problematici e attuativi*, cit., p. 120 ss.

157 En la sentencia del Tribunal de Bolonia, 31 de diciembre de 2020, se lee: «la mancata allegazione e prova, da parte della società resistente, del concreto meccanismo di funzionamento dell'algoritmo che elabora le statistiche dei rider preclude in radice una più approfondita disamina della questione. Ed invero, in corso di causa la società...... non ha mai chiarito quali specifici criteri di calcolo vengano adottati per determinare le statistiche di ciascun rider, né tali specifici criteri vengano pubblicizzati sulla piattaforma, laddove si rinviene unicamente un generico riferimento agli ormai noti parametri della affidabilità e partecipazione». BARBERA, Mirzia, «Discriminazioni algoritmiche e forme di discriminazione», *Labour & Law Issues*, 2021, 7 (1), https://doi.org/10.6092/issn.2421-2695/13127, p. 8, afirma: «Questo è il primo problema posto dal *management* algoritmico: la mancanza di trasparenza. Il che solleva la questione di quanta *accoutability* abbiano sistemi decisionali basati su processi la cui conoscenza sia preclusa ai più».

158 La Comisión Europea, en 2018, creó el High-Level Expert Group on Artificial Intelligence (AI HLEG), che ha emanato le Ethics guidelines for trustwothy AI (https://digital-strategy.ec.europa.eu/en/library/ethics-guidelines-trustworthy-ai). El 19 de febrero de 2020 la Comisión Europea presentó el Libro Blanco sobre Inteligencia Artificial - Un enfoque europeo para la excelencia y la confianza. el Parlamento

Como bien señala GIORGIO RESTA[159] una herramienta útil al respecto la ofrece, en el marco europeo, el Reglamento General de Protección de Datos (RGPD), que establece en el art. 15 el derecho a obtener información sobre «la existencia de decisiones automatizadas, incluida la elaboración de perfiles, a que se refiere el artículo 22, apartados 1 y 4, y, al menos en tales casos, información significativa sobre la lógica aplicada, así como la importancia y las consecuencias previstas de dicho tratamiento para el interesado» y en el art. 22 un límite sustantivo al uso del tratamiento algorítmico, ya que «Todo interesado tendrá derecho a no ser objeto de una decisión basada únicamente en el tratamiento automatizado, incluida la elaboración de perfiles, que produzca efectos jurídicos en él o le afecte significativamente de modo similar»[160].

Además, el RGPD establece que en los supuestos en los que es posible una decisión enteramente automatizada, por un lado, el responsable del tratamiento «adoptará las medidas adecuadas para salvaguardar los derechos y libertades del interesado y sus intereses legítimos» y, por otro, las decisiones no podrán basarse en ningún caso «en las categorías especiales de datos

Europeo, a instancias de la Comisión de Libertades Civiles, Justicia y Asuntos de Interior (Comisión LIBE), publicó en 2020 un amplio estudio titulado *Artificial Intelligence and Law Enforcement. Impact on Fundamental Rights*. La *European Union Agency forFundamental Rights*, promueve estudios, que pueden ofrecer una valiosa ayuda para identificar políticas eficaces (https://fra.europa.eu/en/publication/2018/bigdata-discrimination-data-supported-decision-making; consultado el 20/06/2022). El Consejo de Europa no solo creó el *CoE's Ad hoc Committee on Artificial Intelligence (CAHAI)* a partir de 2019 (https://www.coe.int/en/web/artificial-intelligence/cahai), sino que recientemente adoptó la Recomendación sobre los impactos de los sistemas algorítmicos en los derechos humanos (https://search.coe.int/cm/pages/result_details.aspx?objectid=09000016809e1154 Consultada el 20/07/2022).

159 RESTA, Giorgio, «Governare l'innovazione tecnologica: decisioni algoritmiche, diritti digitali e principio di uguaglianza», cit., p. 207 ss.

160 Cabe destacar que esta prohibición no se aplicará si la decisión «a) es necesaria para la celebración o la ejecución de un contrato entre el interesado y un responsable del tratamiento; b) está autorizada por el Derecho de la Unión o de los Estados miembros que se aplique al responsable del tratamiento y que establezca asimismo medidas adecuadas para salvaguardar los derechos y libertades y los intereses legítimos del interesado, o c) se basa en el consentimiento explícito del interesado».

personales contempladas en el artículo 9, apartado 1, salvo que se aplique el artículo 9, apartado 2, letra a) o g), y se hayan tomado medidas adecuadas para salvaguardar los derechos y libertades y los intereses legítimos del interesado».

Aunque el GDPR ofrece herramientas útiles para evitar los fenómenos de discriminación algorítmica, sigue siendo incuestionable que la nueva realidad requiere la adopción de una nueva ética para garantizar el cumplimiento del principio fundamental de no discriminación.

No se trata solo de aplicar todos los remedios de la legislación antidiscriminatoria, sino también de garantizar una mayor transparencia de las plataformas, de los mecanismos a través de los cuales se realizan las elecciones y, sobre todo, de facilitar el sistema de prueba de la discriminación. Esta, además, parece ser la dirección tomada por el legislador español que, en la reciente Ley 15/2022 para la igualdad de trato y la no discriminación[161], pretendió tener en cuenta el riesgo de discriminación algorítmica y para ello estableció que las administraciones públicas deben favorecer la puesta en marcha de mecanismos para que los algoritmos involucrados en la toma de decisiones «tengan en cuenta criterios de minimización de sesgos, transparencia y rendición de cuentas, siempre que sea factible técnicamente» y «priorizarán la transparencia en el diseño y la implementación y la capacidad de interpretación de las decisiones adoptadas por los mismos».

9. Prueba de la discriminación

La ilustración de las situaciones en las que puede producirse un quebrantamiento del principio de no discriminación ha dejado claro que el principal y mayor problema que se plantea es el de la prueba. Independientemente de que la discriminación se refiera a la fase de negociación, al contenido del contrato o a su ejecución, la parte discriminada tiene siempre, según la regla general, la carga de probar los hechos de los que ordinariamente se desprenda, según las normas jurídicas aplicables, el efecto jurídico correspondiente a las pretensiones de la demanda y, por lo tanto, la carga de pro-

161 V. Capítulo: «III. Derecho contractual, discriminación y remedios», párrafo: «7. La Ley 15/2022, de 12 de julio, integral para la igualdad de trato y la no discriminación».

bar el hecho de que ha sido discriminada. Con la aclaración de que al considerar dudosos unos hechos relevantes para la decisión, la autoridad judicial deberá desestimar la demanda.

Aunque he excluido la necesidad de una intención específica por parte de quien discrimina y, por tanto, no es necesario probar que la persona tenía el propósito de discriminar, es evidente que la parte discriminada (sea cual sea la fase contractual en la que haya sufrido la discriminación) debe demostrar que ha sido tratada peor o, en otras palabras, demostrar que habría sido tratada de forma diferente si no hubiera sido discriminada o tratada de forma menos favorable de lo que sea, haya sido o vaya a ser tratada otra persona en situación comparable.

Este tipo de prueba, como es fácil de entender, es muy difícil y, sobre todo en los casos en los que no hay *tertium comparationis*, se vuelve casi esencialmente imposible.

Probar que una parte ha sido tratada peor de lo que hubiera sido en otras circunstancias es casi una prueba de un hecho negativo, ya que se trata de probar, aunque sea a partir de una inferencia, un hecho que nunca se produjo sobre la base del hecho realmente ocurrido. E incluso si la parte lograse demostrar que ha sido tratada peor, también tendría que demostrar que esto se debió al hecho discriminatorio, es decir, que la conducta de la parte está relacionada causalmente con la existencia del factor de riesgo.

Este tipo de prueba, debido a su complejidad, ha reducido las posibilidades de ofrecer una protección adecuada a las personas discriminadas, con el resultado de que la norma general en materia de carga de la prueba se ha sustancialmente convertido en restrictivas del derecho de la persona a no ser discriminada. El principio de no discriminación, pese a su importancia y pese a lo que he dicho acerca de su relevancia en todos los ordenamientos jurídicos como principio rector, corre el riesgo de quedar sin efectividad concreta.

Ante esta grave situación, primero el ordenamiento jurídico europeo y, en consecuencia, los ordenamientos jurídicos nacionales han tratado de encontrar una solución con el fin de garantizar una protección efectiva, adecuada y razonable[162].

---

162 Barbera, Mirzia, «Discriminazioni algoritmiche e forme di discriminazione», cit., p. 8 s., «il diritto antidiscriminatorio agisce sulle conseguenze degli atti, quando l'esistenza di un nesso causale fra quegli

La solución estrella en la legislación europea[163], come se desprende del art. 8 de la Dir. 2000/43/CE e art. 9 de la Dir. 2004/113/CE, es la inversión de la carga de la prueba[164].

Se establece que cuando una persona alega hechos de los que se puede presumir que hubo una discriminación directa o indirecta, corresponde a la otra parte demostrar que no hubo vulneración del principio de igualdad. El objetivo que se persigue es precisamente el de facilitar la tarea de probar la existencia de discriminación. La parte que ha sufrido discriminación debe limitarse a alegar los hechos de los que es posible presumir la existencia de una infracción del principio de igualdad, mientras que corresponde a la otra parte demostrar que no ha habido ninguna vulneración[165].

---

atti e lo svantaggio prodotto sugli appartenenti a una *suspect class* fa presumere l'esistenza di una discriminazione. Nella formazione di questa presunzione, come la Corte di Giustizia ha chiarito da Danfoss in poi, la mancanza di trasparenza dei meccanismi decisionali assume essa stessa rilevanza probatoria (anche se non decisiva), giacché, come affermato in *Meister*, nell'assolvimento dell'onere della prova gravante su chi allega una discriminazione, deve essere garantito che il diniego di fornire informazioni da parte del convenuto non rischi di compromettere la realizzazione degli obiettivi perseguiti dal diritto dell'Unione».

163 En este sentido es muy importante la STJUE, 17 de octubre de 1989, C-109/88, Danfoss, ECLI:EU:C:1989:383, que, por primera vez, afirma la posibilidad de una inversión de la carga de la prueba. Así se lee en los fundamentos n. 16 «En estas circunstancias, procede responder a las cuestiones 1 a) y 3 a) que la Directiva sobre la igualdad de retribución debe interpretarse en el sentido de que, cuando una empresa aplica un sistema retributivo caracterizado por la falta total de transparencia, recae sobre el empresario la carga de la prueba de que su política de salarios no es discriminatoria, una vez que los trabajadores femeninos hayan demostrado, a partir de un número relativamente importante de trabajadores por cuenta ajena, que la retribución media de los trabajadores femeninos es inferior a la de los trabajadores masculinos».

164 Rodríguez Álvarez, Ana, *La carga de la prueba en supuestos de discriminación. Su regulación en el proceso civil*, Tirant Lo Blanch, Valencia, 2020, p. 304 ss; Maffeis, Daniele, «Discriminazione (diritto privato)», cit., p. 503.

165 Carapezza Figlia, Gabriele, «El principio de no discriminación en el derecho contractual ítalo-europeo», cit., p. 304 s., «una vez que la parte interesada haya presentado la prueba del efecto de desigualdad, el legislador quiere que el juez considere probado el ilícito discrimina-

No cabe duda de que estas normas tienen una gran importancia y son ciertamente muy útiles para proporcionar una protección eficaz contra la discriminación, sin embargo, no tienen, por su propia naturaleza, un alcance aplicativo general, porque el legislador europeo ha limitado su ámbito de aplicación, pues su especificación se refiere tanto al tipo de relaciones de contrato (el suministro de bienes o servicios) como a determinados hechos de discriminación (género, raza y origen étnico).

Todo esto, aunque con unas cuantas diferencias, se reproduce también en los ordenamientos jurídicos nacionales que han transpuesto estas dos directivas.

En España, la norma sobre la inversión de la carga de la prueba se encontraba solo en el artículo 32 de la Ley 62/2003 y en el art. 13 de la LOIMH. Sin embargo, la situación ha radicalmente cambiado con la nueva Ley 17/2022[166], que ahora prevé en su art. 30, la regla de la inversión de la carga de la prueba con carácter general.

En Italia, esta regla, originariamente contenida en los decretos legislativos de trasposición de las directivas europeas (Decreto Legislativo 215/2003 y Decreto Legislativo 196/2007), ha sido posteriormente regulada, de forma unitaria en el artículo 28, párrafo 4, del Decreto Legislativo n. 150/2011[167], de 1 de septiembre, sobre las «Disposiciones

---

torio, a menos que el demandado no cumpla la carga de probar que no existe el hecho presunto, es decir, la falta de justificación. El sujeto activo de la conducta, por lo tanto, corre el riesgo de perder el juicio si no prueba la existencia de una justificación del efecto discriminatorio y la relación de proporcionalidad entre la primera y el segundo».

166 V. Capítulo: «III. Derecho contractual, discriminación y remedios», párrafo: «7. La Ley 15/2022, de 12 de julio, integral para la igualdad de trato y la no discriminación».

167 La disposición en cuestión abroga las normas sobre la carga de la prueba contenidas originalmente en el Decreto Legislativo 215/2003 (art. 4, pfo 3) y en el Decreto Legislativo 196/2007 (art. 1, en la medida en que introdujo el artículo 55-sexies en el Código de Igualdad de Oportunidades para Hombres y Mujeres) y establece una nueva disciplina unitaria en el apartado 4 del artículo 28. El artículo 28, titulado «Delle controversie in materia di discriminazione», dice lo siguiente: «1. Le controversie in materia di discriminazione di cui all'articolo 44 del decreto legislativo 25 luglio 1998, n. 286, quelle di cui all'articolo 4 del decreto legislativo 9 luglio 2003, n. 215, quelle di cui all'articolo

complementarias a la Ley de Enjuiciamiento Civil sobre la reducción y simplificación de los procedimientos civiles de conocimiento» (en adelante Decreto Legislativo n. 150/2011). Esta norma tiene un ámbito de aplicación más amplio que el original, ya que se aplica no solo a los casos regulados por la Directiva 2000/43/CE, transpuesta por el Decreto Legislativo 215/2003, y la Directiva 2004/113/CE transpuesta por el Decreto Legislativo 196/2007, que modi-

---

4 del decreto legislativo 9 luglio 2003, n. 216, quelle di cui all'articolo 3 della legge 1.° marzo 2006, n. 67, e quelle di cui all›articolo 55-quinquies del decreto legislativo 11 aprile 2006, n. 198, sono regolate dal rito sommario di cognizione, ove non diversamente disposto dal presente articolo. 2. È competente il tribunale del luogo in cui il ricorrente ha il domicilio. 3. Nel giudizio di primo grado le parti possono stare in giudizio personalmente. 4. Quando il ricorrente fornisce elementi di fatto, desunti anche da dati di carattere statistico, dai quali si può presumere l›esistenza di atti, patti o comportamenti discriminatori, spetta al convenuto l›onere di provare l›insussistenza della discriminazione. I dati di carattere statistico possono essere relativi anche alle assunzioni, ai regimi contributivi, all›assegnazione delle mansioni e qualifiche, ai trasferimenti, alla progressione in carriera e ai licenziamenti dell›azienda interessata. 5. Con l›ordinanza che definisce il giudizio il giudice può condannare il convenuto al risarcimento del danno anche non patrimoniale e ordinare la cessazione del comportamento, della condotta o dell›atto discriminatorio pregiudizievole, adottando, anche nei confronti della pubblica amministrazione, ogni altro provvedimento idoneo a rimuoverne gli effetti. Al fine di impedire la ripetizione della discriminazione, il giudice può ordinare di adottare, entro il termine fissato nel provvedimento, un piano di rimozione delle discriminazioni accertate. Nei casi di comportamento discriminatorio di carattere collettivo, il piano è adottato sentito l›ente collettivo ricorrente. 6. Ai fini della liquidazione del danno, il giudice tiene conto del fatto che l›atto o il comportamento discriminatorio costituiscono ritorsione ad una precedente azione giudiziale ovvero ingiusta reazione ad una precedente attività del soggetto leso volta ad ottenere il rispetto del principio della parità di trattamento. 7. Quando accoglie la domanda proposta, il giudice può ordinare la pubblicazione del provvedimento, per una sola volta e a spese del convenuto, su un quotidiano di tiratura nazionale. Dell›ordinanza è data comunicazione nei casi previsti dall›articolo 44, comma 11, del decreto legislativo 25 luglio 1998, n. 286, dall›articolo 4, comma 1, del decreto legislativo 9 luglio 2003, n. 215, dall›articolo 4, comma 2, del decreto legislativo 9 luglio 2003, n. 216, e dall›articolo 55-quinquies, comma 8, del decreto legislativo 11 aprile 2006, n. 198».

fica el Código de igualdad entre hombres y mujeres[168], sino también a los litigios por discriminación regulados por el art. 44 del Decreto Legislativo 286/1998, de 25 de julio, Texto único de las disposiciones relativas a la disciplina de la inmigración y normas sobre la condición del extranjero (en adelante Decreto Legislativo 286/1998); art. 4 del Decreto Legislativo 216/2003 de 9 de julio, de transposición de la Directiva 2000/78/CE relativa a la igualdad de trato en el empleo y la ocupación(en adelante Decreto Legislativo 216/2003); art. 3 de la Ley 67/2006, de 1 de marzo, medidas de protección judicial de las personas con discapacidad víctimas de discriminación (en adelante Ley 67/2006).

Aunque existen algunas diferencias y en España el tema debe considerarse definitivamente solucionado por el recientemente publicado art. 30 de la Ley 15/2022, es indudable que, en materia contractual (dejando así de lado otras cuestiones importantes como las relativas a la formación, el empleo público, a los medios de comunicación, a las fuerzas armadas, al deporte, etc.), la solución europea no puede decirse que abarque todos los contratos y todos los tipos de discriminación. Está bastante claro que en Italia la norma que prevé la inversión de la carga de la prueba parece referirse únicamente a los casos de contratos de acceso a bienes y servicios y a los casos de discriminación de género o de origen o de raza.

Aunque es indudable que la referencia al concepto de suministro de bienes y servicios[169] trae a colación a la mayoría de los contratos de derecho civil[170], la referencia a

168 Para una explicación, se vea la nota n. 32.

169 Aguilera Rull, Ariadna, *«Prohibición de discriminación y libertad de contratación»*, cit., p. 6, «la sujeción a la prohibición de discriminación dependerá básicamente de que se cumplan dos requisitos: La disponibilidad para el público de los bienes o servicios en cuestión y que éstos sean ofertados fuera del ámbito de la vida privada y familiar. Además, como el texto de la Directiva 2004/113/CE pone de manifiesto de forma explícita, es irrelevante la naturaleza privada o pública del oferente». Giménez Costa, Ana, «La negativa a contratar por razón de género en el derecho privado», cit., p. 131, afirma que esas normas no se refieren solo a los contratos sino a cualquier actividad o transacción por la que se suministren bienes y servicios.

170 Checchini, Bianca, *Discriminazione contrattuale e dignità della per-*

los factores de riesgo limita considerablemente el ámbito de aplicación práctica de esta regulación. Con el resultado paradójico de que en el caso de una discriminación por razón de sexo o de origen étnico, es válida la facilitación probatoria que, en cambio, no parece de momento aplicable si la discriminación, igualmente odiosa, se basó en la discapacidad o la orientación sexual o la expresión de género, o la pertenencia a un grupo político, etc.

La aplicación literal de esta norma corre el riesgo de crear una diferencia entre casos sustancialmente similares completamente irracional, con el agravante de que en ausencia de esta facilitación probatoria la propia aplicación del principio de no discriminación se vería claramente mermada. Esta consideración, unida a la conciencia de la sinrazón a la que conduciría una interpretación literal de las citadas normas, aconseja realizar una reflexión más amplia, dirigida a extender el ámbito de aplicación de la norma sobre la inversión de la carga de la prueba. Más aún si reflexionamos sobre el hecho de que en el contexto de la codificación europea, sensible a la cuestión de la no discriminación, el art. 2:105 del Marco Común de Referencia, ha establecido una norma sobre la inversión de la carga de la prueba de carácter general, que se aplica siempre que «una persona considera que ha sido víctima de discriminación por los motivos señalados en el Artículo 2:101».

Teniendo en cuenta todo esto, la ampliación tendría que abarcar tanto el tipo de contrato, como la causa de la discriminación, siendo esta última mucho más importante y urgente que la primera, que podría, aunque sostengo lo contrario, ni siquiera requerir una ampliación. Incluso si limitáramos el alcance de la norma sobre la carga de la prueba en materia contractual a los contratos de acceso y suministro de bienes y servicios, no creo que pueda ser razonable su aplicación limitada a la discriminación por razón de género u origen étnico, y creo firmemente que debería aplicarse a cualquier tipo de discriminación.

sona, cit., p. 2 s., «il campo di applicazione delle prescrizioni antidiscriminatorie riguarda la materia, genericamente definita dal legislatore, dell'«accesso ai beni e ai servizi e loro fornitura» cioè, si potrebbe sinteticamente dire, la materia della contrattazione».

Se puede llegar a esta conclusión mediante una interpretación analógica, que me parece aún más necesaria en el presente caso.

Sin entrar en el difícil debate sobre los presupuestos de la analogía y su naturaleza[171], resulta palmario que, en los sistemas jurídicos modernos fundados en los principios, el recurso a la analogía está mucho más extendido ya que al final se convierte en la aplicación a dos casos distintos de un mismo principio jurídico.

El cambio radical en el sistema de fuentes y el consiguiente cambio en la hermenéutica contemporánea dan a la analogía una nueva dimensión, ya que no puede ser considerada un mero instrumento para complementar la legislación, que debe aplicarse de forma subsidiaria cuando hay una laguna, sino un componente fundamental de todo el razonamiento jurídico y de la propia interpretación.

La analogía, así como la interpretación extensiva, presuponen, a efectos de una delimitación precisa un sistema jurídico basado exclusivamente en reglas, de modo que la teoría hermenéutica pueda llevarse a cabo según la típica lógica de la subsunción.

La exigencia de los sistemas jurídicos contemporáneos no es solo dar una respuesta al caso, sino sobre todo ofrecer una respuesta «justa», es decir, una respuesta coherente con el sistema de principios y valores «normativos» que cada sistema expresa. Por eso se evita despojar al hecho de sus particularidades para reducirlo a fuerza dentro del esquema del silogismo, y se intenta no restar relevancia a sus particularidades. Se puede decir que hoy en día ya no hay analogía o, más exactamente, que siempre hay analogía, porque toda

171 LETE DEL RÍO, José Manuel, *Reflexiones sobre la analogía*, *Estudios jurídicos en homenaje al profesor Luis Díez-Picazo*, Vol. 1, *Semblanzas. Derecho civil. Parte general*, Civitas, Madrid, 2002 p. 650 ss.; VALLET DE GOYTISOLO, Juan B., *La analogía en el Derecho*, *Anuario de Derecho Civil*, 1995, pp. 1039-1088; BOBBIO, Norberto, *Lacune del diritto*, BOBBIO, Norberto, *Contributi ad un dizionario giuridico*, Torino, 1994 p. 89 ss. (ya en *Novissimo digesto italiano*, Vol. IX, Torino 1963, pp. 419-424); CARCATERRA, Gaetano, *Analogia, I) Teoria generale*, *Enciclopedia giuridica.* Treccani, II, Roma, 1988; GIANFORMAGGIO, Letizia, *Analogia*, *Digesto delle discipline privatistiche*, Sezione civile, Vol. I, Torino, 1987, p. 327 ss.; PERELMAN, Chaïm (coord.), *Le problème des lacunes en droit*, Bruxelles 1968.

interpretación solo puede ser analógica[172], es decir, basada en la función de la norma[173], sin que se pueda imaginar que hay hechos que pueden subsumirse racionalmente en el supuesto de una norma jurídica, sin que esta actividad se rija por una valoración razonable[174] que tenga en cuenta la función del sistema y que considere si la regulación es acorde con los intereses en juego. Ya no se trata de encontrar la norma a aplicar al caso concreto, sino de identificar la regulación (o sea, el complejo de normas y principios) del caso concreto.

En consecuencia, toda interpretación tiene siempre función aplicativa y es, por sí misma, analógica[175], de modo que el intérprete no recurre a la analogía cuando un caso no puede ser resuelto por una disposición legal concreta, sino siempre que tiene que aplicar alguna regla o principio[176].

---

172 La tesis, aunque con matices y tonos diferentes, había sido propuesta en 1965. KAUFMANN, A., *Antologie und «Natur der Sache». Zugleich ein Beitrag zur Lehre vom Typus*, en *Vortrag gehalten vor der Juristischen Studiengesellschaft in Karlsruhe am 22 April 1964*. Véase, G. ZACCARIA, *L'analogia come ragionamento giuridico. Sul fondamento ermeneutico del procedimento analogico*, *Rivista Italiana di Diritto e Procedura Penale*, 1989, p., p. 1535 ss.

173 TULLIO, Loredana, «Analogia: tra uguaglianza, ragione d'essere e meritevolezza di estensione», PERLINGIERI, G. y D'AMBROSIO, M. (coords.), *Fonti, metodo e interpretazione*, Edizioni scientifiche italiane, Napoli, 2017, p. 120.

174 Sobre la razonabilidad, por todos, PERLINGIERI, Giovanni, *Profili applicativi della ragionevolezza nel diritto civile*, Edizioni scientifiche italiane, Napoli, 2015, p. 1 ss.

175 Aclara TULLIO, Loredana, «Analogia: tra uguaglianza, ragione d'essere e meritevolezza di estensione», cit., p. 120, «Sí che, la c.d. "penuria di decisioni nelle quali c'è un richiamo espresso all'analogia" non deve far pensare a un suo non utilizzo da parte delle Corti. Si riconosce, anzi, che il "concetto di analogia è massicciamente presente nella giurisprudenza, per quanto la parola 'analogia' o formule ad essa semanticamente equivalenti, non siano impiegate". Il ragionamento analogico troverebbe ingresso attraverso le nozioni di *non discriminazione* e *obiettiva e giustificata diversità di trattamento* per la Corte di giustizia dell'Unione europea e con l'impiego di quella formula della *meritevolezza dell'estensione* per la Corte costituzionale».

176 GROSSI, Paolo, «La formazione del giurista e l'esigenza di un odierno ripensamento metodologico», *Quad. fiorentini*, 2003, p. 52 s., advierte que el jurista, tras largos siglos de verse obligado a la dura labor de la exégesis, vuelve a ser lo que fue en los grandes momentos de la his-

Estas consideraciones llevan a la conclusión de que es posible y casi necesario aplicar la norma sobre la inversión de la carga de la prueba a casos distintos de los expresamente previstos. Por ello, no dudaría en afirmar que esta norma debería aplicarse analógicamente a todos los contratos y no solo a los de acceso y suministro de bienes y servicios, aunque, como he dicho, esta expresión, sobre todo en una interpretación extensiva, puede ser capaz de abarcar a todos los contratos de derecho civil.

La interpretación amplia podría, sin embargo, no ser suficiente, ya que parecería dejar fuera, por ejemplo, a los contratos de asociación, respecto de los cuales no tendría ninguna duda de que también deberían estar sujetos al principio de no discriminación y a la norma probatoria. Como no se puede tolerar un contrato de suministro de bienes que excluya a las personas con discapacidad, igualmente es intolerable un contrato de asociación que excluya, directa o indirectamente, a las personas con discapacidad. Por esta razón abogaría por la aplicación de la norma en materia de inversión de la carga de la prueba a todo contrato.

Con mayor convicción defiendo que esta norma debe aplicarse no solo si la discriminación contractual (independientemente de cuándo se haya producido y de si se refiere a las negociaciones, al contenido del contrato o a su ejecución) está relacionada con el género o el origen étnico, sino que también debe aplicarse a cualquier causa de discriminación. Sería paradójico que una persona discriminada en el acceso a los bienes a causa de su discapacidad tuviera que probar el hecho de la discriminación sin poder acogerse a la regla de la inversión de la carga de la prueba, que sí puede invocarse en caso de discriminación por razón de sexo.

La unidad y unicidad sustancial del principio rector de no discriminación exige que la regla sobre la inversión de la carga de la prueba se extienda a todos los casos de discriminación, entendiendo que se trata de casos que exigen la aplicación de la misma regla y que, de no hacerlo, se corre

---

toria jurídica occidental. El jurista es el último eslabón «di una catena bimillenaria di tradizioni culturali, quale percettore di valori universali e altresì capace di tradurli in regole [...]. Il nuovo protagonismo dei giuristi non risponde a superbia di ceto, ma a una richiesta del nostro tempo storico».

el riesgo de socavar la misma aplicación del principio de no discriminación y la protección de las personas.

En definitiva, creo que la norma sobre la inversión de la carga de la prueba, precisamente por su carácter procesal y por tener la función de permitir la aplicación efectiva del principio de no discriminación, debería poder aplicarse por analogía en todos los casos en los que exista una discriminación en materia contractual. No aplicarlo por analogía conduce a una solución irracional, porque diferencia injustificadamente según el tipo de contrato y, sobre todo, según la causa de discriminación, cuando el interés que subyace al principio de no discriminación es unitario. Además, supondría una auténtica vulneración del principio de igualdad sustantiva, ya que el interés tutelado por el principio de no discriminación se protegería de forma diferente según la causa de la discriminación.

La irracionalidad y la desigualdad sustancial a la que conduciría una aplicación estricta de la norma sobre la inversión de la carga de la prueba lleva a la conclusión de que debe aplicarse por analogía a todos los casos de discriminación contractual o, más exactamente, que la norma procesal sobre la inversión de la carga, en la medida en que desarrolla el principio de no discriminación, debe aplicarse siempre que esté en juego el interés protegido por el principio.

En resumen, estoy convencido de que es muy importante admitir la aplicación analógica de la norma sobre la inversión de la carga de la prueba también a todo caso de contrato y a todo caso de discriminación. De todas formas, si se quisiera negar tal posibilidad, que desde el punto de vista técnico me parece la más correcta, es indispensable evitar la rigidez en la aplicación de las normas generales sobre la prueba, para que no se prive sustancialmente de protección a quien sufre una posible discriminación por un factor de riesgo distinto de los específicamente tomados en consideración por el legislador europeo y, por consiguiente, por los legisladores nacionales.

III. DERECHO CONTRACTUAL, DISCRIMINACIÓN Y REMEDIOS

1. Teoría de los remedios

La infracción del principio de no discriminación requiere una reacción del ordenamiento jurídico y es tarea del jurista identificar cuál debe ser la consecuencia jurídica o, más exactamente, el remedio[177].

Como ya he tratado de aclarar, la respuesta ha de ser diferente según la infracción se refiera a la fase de negociación, al contenido del contrato o a su ejecución, y en el ámbito de las técnicas de negociación es heterogénea según se trate de una oferta al público o de una ruptura injustificada de los tratos preliminares. Por lo tanto, es impensable que la vulneración del principio de no discriminación conduzca siempre a la misma consecuencia[178], ya que es necesario no solo diferenciar según el contexto,

177 Surge, por tanto, el problema del justo remedio, para el cual, véase, al menos, PERLINGIERI, Pietro, «Il "giusto rimedio" nel diritto civile», *Giusto processo civile*, 2011, p. 1 ss.; PERLINGIERI, Giovanni, «Alla ricerca del "giusto rimedio" in tema di certificazione energetica. A margine di un libro di Karl Salomo Zachariae», *Rassegna di diritto civile*, 2011, p. 665 ss.

178 GARCÍA RUBIO, María Paz, «Discriminación por razón de sexo y derecho contractual en la Ley Orgánica 3/2007, de 22 de marzo, para la igualdad efectiva de mujeres y hombres», cit., p. 152 s., «sin embargo, lo que en realidad se abre a la víctima de la discriminación es el conjunto de remedios generales, presentes en el ordenamiento jurídico y que, desde la perspectiva civil, básicamente implican el derecho a exigir el cumplimiento de la obligación de no discriminar, así como el de indemnizar los daños causados a consecuencia de la discriminación».

sino que considerar los intereses realmente en juego, a fin de identificar el remedio adecuado y proporcionado[179].

Sería reduccionista y, sobre todo, incorrecto pensar que la consecuencia jurídica puede y debe ser siempre la misma, mientras que es esencial ser conscientes de que el derecho moderno, como también puede deducirse del llamado derecho europeo, requiere siempre una evaluación concreta del caso para identificar el remedio adecuado.

En este sentido, no es casualidad que nuestra tradición jurídica se aleje cada vez más de la palabra «sanción» y «tutela» y se incline por hablar de «remedios»[180].

Este cambio es útil para subrayar la necesidad de una consecuencia jurídica que no esté rígidamente vinculada al caso en sí, sino que sea instrumental para la realización de los intereses en juego.

De hecho, cabe apuntar que cada remedio no es más que un instrumento en función de un interés y jamás un valor en sí mismo y que el remedio, definido históricamente como «cure for wrongs»[181], no tiene por qué basarse en un derecho, sino solamente en un interés protegido.

Aunque no es posible, salvo de forma puramente teórica, distinguir el modelo basado en los derechos del modelo basado en los remedios, y aunque ahora es superficial decir que el primero es típico de los sistemas de *common law*, mientras que el segundo es típico de los sistemas de *civil law*[182], difícilmente se puede ocultar que en

179 Vettori, Giuseppe, «Contratto giusto e rimedi effettivi», *Persona e Mercato*, 2015, p. 5 ss.

180 Di Majo, Adolfo, «Il linguaggio dei rimedi», *Europa e diritto privato*, 2005, p. 341 ss.; Di Majo, Adolfo, *La tutela civile dei diritti*, Giuffré, Milano, 2003, p. 13 ss.; Smorto, Guido, «Sul significato di "rimedi"», *Europa e diritto privato*, 2014, p. 159 ss.; Scalisi, Vincenzo, «Lineamenti di una teoria assiologica dei rimedi», *Rivista di diritto civile*, 2018, 4, p. 1045 ss.

181 Lawson, Frederick Henry, *Remedies of English Law*, 2 ed., Butterworths, London, 1980.

182 Saavedra Velazco, Renzo E., «¿Dónde existe un remedio, existe un derecho? Apuntes sobre el aforismo "ubi remedium, ibi ius"», *Forseti*, Núm. 2, 2014, p. 115, «cuando se usa el término tutela se expresa una reacción exógena a la situación comprometida, una reacción que únicamente se activa frente a algunas agresiones. Así

todos los sistemas basados en los derechos, en los que el derecho (subjetivo) determina el alcance y el contenido de la protección, la ortodoxia de estos deja espacio a las razones de los remedios[183]. Esta conexión con la teoría de los remedios conlleva consecuencias teóricas de no poca importancia y, entre ellas, podemos aislar al menos tres: el reconocimiento que la autoridad judicial puede identificar *rationes* diferentes a las que contribuyeron a la atribución y configuración del interés protegido; una consecuente mayor discrecionalidad de la autoridad judicial; la prevalencia del criterio teleológico sobre el literal-sistemático.

las cosas, se distingue con claridad la existencia de la situación comprometida y la vía a través de la cual se la protege, toda vez que la tutela ofrecida tiene solo por propósito la defensa de un aspecto concreto de la situación comprometida, mientras que el resto de sus facetas se defenderá con tutelas concebidas para reaccionar frente a esas otras agresiones ... cuando en el Common Law se habla de remedio se recalca no solo la vía a través de la cual se defenderá el interés conculcado, sino el procedimiento por el que se reconoce la propia existencia del derecho9. En síntesis, el remedio no se reduce a brindar el enforcement a un derecho, en lugar de ello se erige –como sostuvo Holmes en el siglo XIX– en una predicción de cómo los tribunales resolverán, en última instancia, la controversia10 (o el enfoque del "bad man"); admitiéndose implícitamente que el interés merece una protección jurídica específica y no solo su mera enunciación abstracta».

183 Resulta muy interesante el amplio estudio de OLIVA BLÁZQUEZ, Francisco, «El Derecho comparado como instrumento para la unificación y armonización internacional del Derecho de contratos», *Anuario de Derecho Civil,* tomo LXXIV, 2021, fasc. IV (octubre-diciembre), p. 1099 ss., que demuestra la importante influencia que ha tenido el Derecho comparado en la construcción del moderno Derecho supranacional de los contratos, siendo una herramienta básica para la unificación y armonización internacional del Derecho privado. El autor a p. 1132, afirma: «El common law y el sistema europeo-continental divergen de forma especialmente notable en la concepción del incumplimiento del contrato y del sistema de acciones-remedios derivados del mismo. El primero gira en torno al concepto unitario de breach of contract y de un sistema uniforme de remedies, mientras que en el segundo el propio concepto de incumplimiento es confuso y, además, el régimen de las acciones es difuso y disperso. ¿A qué se debe esta disparidad tan importante en el tratamiento de un fenómeno tan aparentemente símil? Pues, como señalaran Zweigert y Kötz, a la diferente forma en la que se contempla la relación jurídico-obligatoria en cada uno de los sistemas».

A partir de este importante camino, es opinión común que las protecciones ofrecidas por el ordenamiento jurídico ya no tienen que ajustarse rígidamente al derecho vulnerado, confiando la identificación del interés protegido exclusivamente a la relación entre el derecho subjetivo y la acción, sino que también pueden preceder a la enunciación del derecho, según la locución latina *ubi remedium, ibi ius*. Todo ello ha conducido a una «progresiva redefinición de las competencias normativas entre el legislador y el juez judicial en beneficio de este último, que tiene la tarea de gobernar nuevas y diferentes *rationes* de las que han contribuido a definir la consistencia de la posición subjetiva conferida en abstracto *ex ante*»[184].

La creciente importancia de la teoría de los remedios se basa en el principio constitucional según el cual toda persona tiene derecho a obtener la tutela efectiva para proteger sus derechos e intereses legítimos (art. 24 Const. It. y art. 24.1 Const. Esp., pero también art. 13 CEDH y art. 47 Convención de Niza)[185], que configura la sede jurisdiccional como el lugar donde se satisface la necesidad de protección.

184 Smorto, Guido, «Sul significato di "rimedi"», cit., p. 197. El autor a p. 200 concluye: «Tuttavia riconoscere le ragioni dei rimedi e il potere del giudice di tenerle in conto non significa ammettere un incontrollabile correttivo extralegale al contenuto del diritto, ma consentire all'ordinamento di fare ciò che ha sempre fatto: una valutazione delle attività umane al fine di ricollegarvi effetti giuridici, senza sacrificare reali bisogni di tutela in nome di illusorie ragioni di coerenza dogmatica».

185 Mazzamuto, Salvatore, «La nozione di rimedio nel diritto continentale», *Europa e diritto privato*, 2007, p. 588 s., «La prima comparsa della versione *civilian* del rimedio si presenta, dunque, come una conseguenza della discesa del principio di effettività di cui all'art. 24 Cost. e come un ripudio del concettualismo della tradizione continentale e degli antichi steccati tra diritto sostanziale e diritto processuale ... La percezione che si ha del rimedio è ancora intuitiva, ma offre già alcuni essenziali elementi connotativi in linea con lo sviluppo storico della nozione: 1) il rimedio è espressione di un potere di reazione del singolo (o comunque presuppone l'impulso di parte) alla violazione di un ordine preesistente o alla sua inattuazione per il sopraggiungere di un ostacolo e, dunque, all'insorgere di un bisogno di tutela; 2) il bisogno di tutela si raccorda ad interessi che non sono necessariamente formalizzati in diritti soggettivi; 3) i rimedi costituiscono dispositivi tecnici immediatamente a ridosso del bisogno di tutela, che vengono distillati dall'intero armamentario concettuale del diritto sostanziale e processuale ed aspirano oramai ad una nuova tassonomia;

El ordenamiento jurídico ya no se limita a identificar la consecuencia en caso de lesión del derecho, sino que prevé la identificación de los intereses que merecen protección jurídica, sin establecer cuál debe ser el efecto en caso de vulneración y, más generalmente, su protección. El remedio presupone un interés jurídico que ya ha sido valorado positivamente por el derecho, pero que ha quedado insatisfecho, y se ofrece como medio para promover la satisfacción efectiva de ese interés. A diferencia de la teoría de los derechos, en la que el ordenamiento jurídico no solo identifica el interés, sino también la sanción contra el autor de la lesión, en la teoría de los remedios el ordenamiento jurídico identifica los intereses merecedores de protección, sin establecer previamente un efecto determinado. Esto significa que la teoría de los remedios, mucho más que la teoría de los derechos, requiere la actividad del intérprete, cuya tarea es establecer, en relación con los intereses protegidos, una consecuencia que sea efectiva, proporcionada y razonable.

Por otra parte, el remedio, al tener por objeto el restablecimiento de un orden jurídico violado o no realizado por la interposición incluso de un elemento externo (no necesariamente por una vulneración realizada por otros), es un instrumento puesto a disposición del particular ya sea por la ley o por la propia autonomía.

Con la teoría de los remedios, basada en el reconocimiento constitucional de la efectividad de la tutela, se hace indispensable discutir la razonabilidad y proporcionalidad de las consecuencias jurídicas. En la medida en que la consecuencia adversa para el autor de la conducta lesiva del interés estaba ya estrictamente establecida por el legislador, la función normativa se reducía a garantizar la realización de ese efecto. Cuando el ordenamiento jurídico no identifica de antemano la consecuencia adversa, sino solo el interés protegido, se hace indispensable ponderar los intereses en juego, para identificar el efecto capaz de realizar el interés, que no necesariamente requiere protección en caso de vulneración (piénsese en las medidas cautelares, cuya disposición no se basa en una violación, sino en el riesgo de que se produzca).

4) i rimedi vengono per lo più somministrati dal giudice sulla scorta di valutazioni che toccano persino l'adeguatezza, la proporzionalità, la ragionevolezza del rimedio medesimo».

Por lo tanto, todo el sistema de remedios debe replantearse desde una perspectiva funcional a la luz de los principios de proporcionalidad y efectividad, los criterios de adecuación y razonabilidad, los valores reconocidos por el Convenio Europeo de Derechos Humanos y, sobre todo, la necesidad de lograr un «juicio justo»[186] (art. 111 de la Constitución italiana; art. 6 del CEDH). Los remedios son, en consecuencia, instrumentos de protección derivados de la normativa general o especial, que pueden extraerse de todo el arsenal conceptual del derecho sustantivo y procesal, pero que no pueden ser creados libremente por la autoridad judicial.

Los remedios se administran judicialmente sobre la base de valoraciones o ponderaciones que utilizan, sin perjuicio de la ineliminable apreciación de los intereses, los criterios de adecuación, proporcionalidad y razonabilidad, solo cuando lo permiten las normas particulares, las cláusulas generales o los principios directamente aplicables[187].

Los intereses, especialmente de naturaleza no patrimonial, no se prestan a la teoría de los derechos, porque es difícil imaginar su protección en función de su lesión, sobre todo si tienen un alcance transversal que recorre todo el ordenamiento jurídico.

El principio de no discriminación es un ejemplo evidente.

El ordenamiento jurídico identifica, mediante la técnica del principio, un interés que merece una amplia protección, sin identificar cuál es el efecto en caso de su vulneración, ya que también sería difícil pensar en todos los casos de vulneración.

---

186 PERLINGIERI, Pietro, *Il diritto civile nella legalità costituzionale secondo il sistema italo-europeo delle fonti, V, Tutela e giurisdizione*, 4.ª ed., Edizioni scientifiche italiane, Napoli, 2020, p. 73 ss.

187 MAZZAMUTO, Salvatore, «La prospettiva dei rimedi in un sistema di civil law: il caso italiano», *Jus civile*, 2019, 6, p. 727, «La costruzione di un'idea più completa di rimedio segna un passo in avanti con la riflessione intorno al contratto che definisce i rimedi ad esso connessi come risposte a bisogni di tutela collegati alla procedimentalizzazione dell'affare nel rinnovato quadro del contratto, che non è più soltanto fonte di effetti (diritti di credito, diritti reali, garanzie, assistiti dai loro tipici mezzi di tutela) ma, per l'appunto, programma negoziale costellato di rimedi, che si ripropongono di eliminare i conflitti via via prodottisi nella formazione e nell'esecuzione del rapporto».

La transversalidad de un principio tan relevante y del valor que ese principio expresa solo puede protegerse según la lógica remedial, es decir, estableciendo que es un interés primario y que en todos los supuestos en los que es necesario ofrecer protección es posible experimentar todos aquellos efectos, primarios y secundarios, tomados de la constitución, los códigos, leyes especiales o del arsenal conceptual del derecho sustantivo o procesal, que son potencialmente capaces de propiciar su realización.

A partir de esta construcción conceptual, que constituye una representación sintética de la experiencia por la que atraviesan los ordenamientos jurídicos contemporáneos, también gracias al fuerte impulso del Derecho contractual europeo, en el que la palabra «remedio» ha adquirido una importancia clave, también con vistas a una unidad y exhaustividad de la protección en caso de incumplimiento[188], es necesario averiguar qué remedios pueden ensayarse en el Derecho contractual contemporáneo, en el supuesto de vulneración del principio de no discriminación[189].

188 Esta es también la perspectiva de la propuesta de modernización del derecho de obligaciones y contratos: FENOY PICÓN, Nieves, «La modernización del régimen del incumplimiento del contrato: propuestas de la Comisión general de Codificación. Parte segunda: los remedios del incumplimiento», *Anuario de Derecho Civil*, LXIV, 2011, pp. 1481-1684; VIDAL OLIVARES, Álvaro, «El incumplimiento y los remedios del acreedor en la propuesta de modernización del derecho de las obligaciones y contratos español», *Revista Chilena de Derecho Privado*, N. 16, julio 2011, pp. 243-302; GÓMEZ CALLE, Esther, «Los remedios ante el incumplimiento del contrato: Análisis de la Propuesta de Modernización del Código civil en materia de obligaciones y contratos y comparación con el Borrador del Marco Común de Referencia», *Anuario de Derecho Civil*, LXV, 2012, pp. 29-102.

189 Seguramente es posible usar los remedios en materia de incumplimiento dispersas a lo largo del Código civil —tanto en el bloque de normas generales sobre incumplimiento como en sede de contratos específicos— y en la Ley de Enjuiciamiento Civil. Así, por ejemplo, se regula el cumplimiento en forma específica en los artículos 1096 a 1099 CC y en los artículos 701 y ss. LEC, la mora en el artículo 1100 CC, la indemnización por daños y perjuicios en el artículo 1107 CC, la resolución del contrato en el artículo 1124 CC, la imposibilidad sobrevenida en los artículos 1182 a 1185 CC, el saneamiento por evicción en los artículos 1475 y ss. CC, el saneamiento por vicios ocultos en los artículos 1484 y ss. CC, y, entre otros, la suspensión del cumplimiento de la obligación en el artículo 1502 CC.

A continuación, voy a analizar algunos de los remedios en juego.

2. Nulidad

El primer remedio que viene inmediatamente a la mente es el de la nulidad[190], tanto más si consideramos que casi todos los ordenamientos jurídicos, incluidos el italiano (art. 1418.1 CC IT) y el español (art. 3.6 CC ES.)[191], incluso en presencia de normas que plantean nulidades textuales, prevén supletoriamente la nulidad del contrato en caso de contrariedad a normas imperativas[192], y que el principio de no discriminación está innegablemente establecido por una norma imperativa.

---

190 Por todos, Infante Ruiz, Francisco J. y Oliva Blázquez, Francisco, «Los contratos ilegales en el derecho privado europeo», *Indret*, julio 2009, p. 21 ss., «en otras palabras, la causa actúa como un elemento que permite fiscalizar los pactos de los contratantes, evitando que puedan llegar a tener eficacia aquellos que el ordenamiento jurídico no considera dignos de tutela [...]es ilícita la causa cuando sea contraria a las leyes o a la moral. El concepto de ley empleado en el precepto alcanza a cualquier norma imperativa o prohibitiva del ordenamiento jurídico. Igualmente, se incluyen los contratos contrarios a los principios fundamentales (derechos fundamentales y libertades públicas) constitutivos del orden público».

191 V. Asua González, Clara I., «Art. 6», *Código Civil comentado*, Cañizares Laso, Ana; De Pablo Contreras, Pedro; Orduña Moreno, Javier, Valpuesta Fernández, Rosario (dirs.), Civitas, Cizur Menor (Navarra), 2011, vol. 1, pp. 83 ss.; Gullón Ballesteros, Antonio, «Art. 6», *Comentario del Código Civil*, Ministerio Justicia, dir. Por Paz-Ares Rodríguez, Cándido; Diez-Picazo y Ponce de León, Luis; Bercovitz, Rodrigo; Salvador Coderch, Pablo; tomo I, Madrid, 1991, p. 36.

192 Aguilera Rull, Ariadna, *Contratación y diferencia. La prohibición de discriminación por sexo y origen étnico en el acceso a bienes y servicios*, cit., p. 307, «ya antes de la aprobación de la Ley orgánica 3/2007, el ordenamiento español contenía disposiciones, como los artículos 6.2 y 1255 del Código Civil, que negaban eficacia a aquellos negocios jurídicos que atentaran contra el orden público constitucional. En su sentencia de 20.9.2001 (RTC\2001\254), el Tribunal Constitucional refrendó la declaración de nulidad de la decisión de la "Comunidad de Pescadores de El Palmar" que negó el ingreso en la asociación a cinco mujeres. El Tribunal consideró que la decisión judicial, confirmada por el Tribunal Supremo, de imponer la obligación a la asociación de modificar sus normas de admisión no atentaba contra la libertad de asociación de la "Comunidad de Pescadores de El Palmar"».

Esto plantea la cuestión de la interpretación de la norma que establece la nulidad virtual y su alcance en caso de vulneración de la norma que prohíbe toda discriminación[193].

Dejando a un lado los simples casos en los que la ley afirme expresamente la nulidad o aquellos en los que la excluya expresamente, no cabe duda de que los más problemáticos son aquellos en los que falte una indicación exacta[194] o se

193 Barat i Rubio, Roger, «La nulidad por discriminación en el contrato», *Actualidad Jurídica Iberoamericana*, n. 16 febrero 2022, p. 516 ss.

194 Entre todas, véase la STS 27 de febrero 1964 (RJ/1964/1152), en cuyo considerando 3 se lee: «Que la jurisprudencia de esta Sala, al enfrentarse con el texto del párr. 1o del art. 4 del CC, no ha podido por menos de reconocer su importancia, proclamando en Sentencia de 1 marzo 1934 (RJ 1934\435), que constituye un auxilio del Derecho, para remediar las faltas fundamentales o graves, cometidas en actos jurídicos o procesales; y, al mismo tiempo, se ha visto precisada a delimitar su alcance, estableciendo, entre otras, en las Sentencias de 19 octubre 1944 (RJ 1944\1176) y 28 enero 1958 (RJ 1958\554), que tal precepto, se limita a formular un principio jurídico de gran generalidad, lo que, restringe mucho su eficacia práctica, como resorte para dar impulso a la casación, sin que deba ser interpretado con criterio rígido, sino como sugiere la doctrina científica, con criterio flexible, por lo que, no es posible admitir que, toda disconformidad con una ley cualquiera, haya de llevar siempre consigo la sanción extrema de la nulidad, ni tampoco que sea preciso que la validez de los actos, contrarios a la ley, sea ordenada, de modo expreso y textual en la ley misma; y de esta tónica jurisprudencial, es forzoso inferir, no solo que el precepto genérico del artículo 4, párr. 1.° del CC, no puede aplicarse, sin más, como norma específica de nulidad, respecto a cuantos actos quepa estimar que son contrarios a la ley, sino que, en realidad, hay que clasificar tales actos en tres distintos grupos: 1), aquellos cuya nulidad se funda en un precepto específico y terminante de la ley que así lo imponga; 2), actos contrarios a la ley, en que, la ley misma, disponga, a pesar de ello, su validez; y 3), actos que contraríen o falten a algún precepto legal, sin que este formule declaración expresa sobre su nulidad o validez, siendo obvio que, en el primer caso, la nulidad ha de decretarse, incluso de oficio, por los Tribunales; que, estos, por el contrario han de reconocer validez, al acto *contra legem* en la segunda hipótesis y que, en el tercer evento, es donde el Juzgador ha de extremar su prudencia, en uso de una facultad, hasta cierto punto discrecional, analizando para ello: la índole y finalidad del precepto legal contrariado y la naturaleza, móviles, circunstancias y efectos previsibles de los actos realizados, para concluir declarando válido el acto, pese a la infracción legal, si la levedad del caso así lo permite o aconseja y sancionándole con la nulidad, si median transcendentes

establezca un efecto distinto[195]. Mientras que en los primeros la autoridad judicial debe decretar siempre la nulidad del contrato, siempre y cuando sea coherente con los intereses protegidos, incluso de oficio, en los segundos debe reconocer siempre como válido el contrato *contra legem*, evaluando la posibilidad de aplicar otros remedios, en los terceros es donde se requiere mayor prudencia.

De acuerdo con una extendida doctrina jurisprudencial, la autoridad judicial debe «analizar la índole y finalidad de la norma legal contrariada y la naturaleza, móviles, circunstancias y efectos previsibles de los actos realizados, para concluir con la declaración de la validez del acto, pese a la infracción legal, si la levedad del caso así lo permite o aconseja, o la sanción de la nulidad si concurren transcendentales razones que patenticen al acto como gravemente contrario a la Ley, la moral o el orden público»[196].

razones que patenticen al acto como gravemente contrario al respeto debido a la ley, la moral o el orden público, encontrándose inficionado de lo que el Código califica de "causa torpe"».

195 En un principio se pensó que, si la norma preveía una consecuencia diferente, esto bastaría para excluir la nulidad. La doctrina se expresó en sentido contrario, con razones que pueden ser aceptadas. Asua González, Clara I., «Art. 6», cit., p. 83: «Por otro lado, la sola circunstancia de que la norma infringida establezca un efecto distinto no ha de suponer la exclusión del precepto objeto de estudio. El acto de contravención sería nulo si así lo requiriera la finalidad de la norma».

196 Así, en el considerando 4 de la STS 4489/2002, de 18 de junio, Ponente **Román García Varela**, ECLI:ES:TS:2002:4489. En el mismo sentido, STS 6857/2006, de 25 de septiembre, Ponente: **Juan Antonio Xiol Rios**, ECLI:ES:TS:2006:6857, en cuyos Fundamentos de derecho n. 4, se lee «El 6.3 CC proclama la nulidad de pleno derecho de los actos contrarios a las normas imperativas y prohibitivas, salvo que en ellas se establezca un efecto distinto para el caso de contravención. Separando los supuestos de aquellos actos cuya nulidad se funda en un precepto específico y terminante de la ley, por una parte, y aquellos otros en los que, a pesar de ser contrarios a la ley, esta ordena su validez, deben individualizarse aquellos actos que contrarían o faltan a algún precepto legal (sin hallarse incluidos en las anteriores categorías). Respecto de ellos el juzgador debe analizar la índole y finalidad de la norma legal contrariada y la naturaleza, móviles, circunstancias y efectos previsibles de los actos realizados, para concluir con la declaración de la validez del acto contrario a la ley si la levedad del caso lo permite, reservando la sanción de nulidad para los supuestos en que concurran trascendentales razones que hagan patente el carácter del

El criterio que sugiere esta doctrina es muy sencillo: si el contrato es contrario a una norma imperativa y no se indica específicamente la posible consecuencia (nulidad o validez), corresponde a la autoridad judicial establecer si el contrato es nulo o no. Eso debe hacerse valorando el caso concreto y teniendo en cuenta la gravedad de la infracción de la norma imperativa. Aunque se confía en la apreciación prudente de la autoridad judicial, parece que esta debe basarse principalmente en la gravedad o levedad de la infracción.

Si aplicáramos esta doctrina al caso de un contrato discriminatorio, la sanción de nulidad tendría que ser una consecuencia casi ineludible, pues no es posible cuestionar ni la importancia de la norma que prohíbe la discriminación, ni la relevancia de los intereses protegidos por la norma, ni la gravedad (o sea no levedad) del caso.

Tal consecuencia, aunque tendría la ventaja de la simplicidad (y esta es la razón por la que los legisladores siempre tienden a afirmar la nulidad de pleno derecho de actos, clausulas y negocios discriminatorios), sería, sin embargo, en muchos casos profundamente inadecuada[197].

Para ver esto, basta pensar en un contrato de venta de bienes en el que la parte compradora ha sido discriminada mediante la imposición de un precio superior al habitual. En este caso, la contrariedad del contrato a una norma imperativa, en concreto la cláusula del precio por ser discriminatoria, determinaría la nulidad del contrato de compraventa[198]. Sin embargo, la nulidad del contrato no solo no protegería a la parte discriminada, sino que incluso acabaría frustrando

acto gravemente contrario a la ley, la moral o el orden público (SSTS de 18 de junio de 2002 y 27 de febrero de 2004)».

197 García Rubio, María Paz, «Discriminación por razón de sexo y derecho contractual en la Ley Orgánica 3/2007, de 22 de marzo, para la igualdad efectiva de mujeres y hombres», cit., p. 152, aunque con referencia a la LO 3/2007, afirma: «Sin embargo no estoy segura de que la nulidad *tout court* sea lo que mejor garantiza los derechos de la víctima de la discriminación, y mucho menos lo estoy de que la nulidad sea en todos casos la respuesta jurídica pertinente».

198 Renviando a consideraciones más concretas al respecto en el siguiente párrafo, cabe añadir que incluso si postuláramos la nulidad parcial de la cláusula del precio por sí sola, la consecuencia de la nulidad del contrato seguiría siendo inevitable. De hecho, la nulidad se referiría a una cláusula esencial del contrato.

su interés, que, como es fácil de entender, es la conservación de la relación contractual, tras la rebaja del precio.

A la luz de estas consideraciones, no es necesario preguntarse si puede abstractamente aplicarse la norma que establece la nulidad del contrato en caso de infracción de una norma imperativa, sino, por el contrario, evaluar la posibilidad de una interpretación más flexible de esta norma, como de la que establece una nulidad de pleno derecho, para evitar la nulidad del contrato cuando la parte discriminada tenga interés en preservar la relación negocial.

Tanto la letra de la norma sobre nulidad virtual (art. 1418.1 CC IT y art. 3.6 CC ES) como la doctrina jurisprudencial parecen inclinarse por excluir la posibilidad de un remedio diferente. Más aún en los casos de nulidad textual, es decir, en los casos en que el legislador declara expresamente la nulidad de pleno derecho.

Haciendo una interpretación literal del precepto, se señala que el contrato es siempre nulo, salvo que la propia ley establezca un efecto distinto para el caso de contravención. Esto lleva a la conclusión generalmente aceptada de que un contrato *contra legem* solo puede implicar un remedio diferente cuando el legislador lo diga expresamente. Esta conclusión no queda desvirtuada ni siquiera por la consolidada doctrina jurisprudencial antes citada, que permite excluir la nulidad del contrato *contra legem* si la levedad del caso así lo permite o aconseja, y eso, como he dicho, no sería suficiente para excluir la nulidad del contrato discriminatorio.

Cabe reflexionar sobre si es posible una interpretación diferente de la citada norma a fin de comprobar si, incluso en presencia de una lesión grave, o de «razones que hagan patente el carácter del acto gravemente contrario a la Ley»[199] es posible excluir la nulidad del contrato contrario

199 Así, STS 36/2022, de 12 de enero, Ponente: **Juan María Díaz Fraile**, ECLI:ES:TS:2022:36, en cuyos Fundamentos de derecho n. 11 se lee: «Por lo que atañe a la jurisprudencia de esta Sala, la sentencia de 25 de septiembre de 2006 (recurso núm. 4815/99), citando las de 18 de junio de 2002 y 27 de febrero de 2004, declara en relación con el art. 6.3, de un lado, que "el juzgador debe analizar la índole y finalidad de la norma legal contrariada y la naturaleza, móviles, circunstancias y efectos previsibles de los actos realizados, para concluir con la declaración de la validez del acto contrario a la Ley si la levedad del caso lo

a normas imperativas e identificar un remedio más coherente y adecuado con los intereses en juego[200].

Si es cierto que la nulidad de pleno derecho es una «sanción» impuesta para proteger intereses generales, no es menos cierto que tal interés se refiere, sin embargo, a un sujeto o a un grupo de sujetos, considerados por la norma. No cabe duda de que la norma que prohíbe la discriminación está colocada para proteger un interés general, ya que el ordenamiento jurídico rechaza una economía de mercado encaminada a lograr una discriminación injustificada, pero no es menos cierto que ante la vulneración de la norma de no discriminación, siempre se produce la lesión del interés de una persona o de una clase de personas.

La contrariedad a una norma imperativa impone indudablemente una reacción por parte del ordenamiento jurídico, pero no creo que la reacción deba ser siempre la nulidad de pleno derecho, incluso en presencia de una nulidad textual, y no creo que para excluir la nulidad sea necesaria e imprescindible una norma expresa al respecto.

Sobre la base de la doctrina jurisprudencial varias veces citada, creo que es posible un mayor desarrollo de ella precisando que la nulidad puede excluirse no solo en los casos en que la infracción es leve, sino también en los supuestos en que, teniendo en cuenta al caso concreto, la nulidad sería un resultado anormal y contrario al interés protegido por la propia disposición imperativa.

---

permite, reservando la sanción de nulidad para los supuestos en que concurran trascendentales razones que hagan patente el carácter del acto gravemente contrario a la Ley, la moral o el orden público"».

200 Asua González, Clara I., «Art. 6», cit., p. 84: «Por tanto, y en trazos muy generales, puede delimitarse así el ámbito de aplicación del art. 6.3 CC: es evidente su exclusión en aquellos casos en los que la propia norma infringida establezca sea la validez del acto que la contraríe o sea la invalidez del mismo si la norma no establece ningún efecto para el acto que la contravenga (lo que en realidad no suele ser demasiado habitual pues casi todas o establecen) no por ello el mismo ha de ser nulo; e incluso aunque la norma establezca un efecto distinto o una sanción propia puede recaer la nulidad ex art. 6.3 CC si la finalidad de la norma lo requiere». Gullón Ballesteros, Antonio, «Art. 6», cit., p. 36, «también aquí podrá acudirse a la interpretación de tal norma para saber si quiere otros efectos distintos de la nulidad».

En otras palabras, la valoración prudente de la autoridad judicial debe abarcar no solo la levedad o gravedad del incumplimiento en sí, sino también la adecuación y conveniencia del remedio.

Esta interpretación también puede justificarse desde un punto de vista literal, afirmando que la expresión «salvo que en ellas se establezca un efecto distinto para el caso de contravención», se debe entender no en el sentido de que el remedio de la nulidad pueda ser excluido solo en presencia de una elección normativa específica y explícita, sino en el sentido de que el remedio de la nulidad pueda ser excluido todas las veces que se puede deducir, incluso implícitamente, del sistema jurídico en su conjunto[201].

La expresión «salvo que se establezca un efecto distinto» debe interpretarse como «salvo que no se pueda desprender del ordenamiento jurídico un efecto distinto». Esto será así, por supuesto, cuando el remedio de nulidad sea irrazonable y desproporcionado, es decir, cuando, considerando los intereses en juego, la consecuencia de la nulidad es incapaz de realizar los intereses de la persona.

En presencia de un contrato o de un acto prenegocial que vulnere la norma-principio que prohíbe toda discriminación[202], es indudable que debe producirse una reacción del

201 Afirma PERLINGIERI, Giovanni, *L'inesistenza della distinzione tra regole di comportamento e di validità nel diritto italo-europeo*, Edizioni scientifiche italiane, Napoli, 2013, p. 84, en un estudio en el que demuestra la falsedad del principio de no interferencia entre las normas de validez y las normas de conducta y, en sentido ascendente, la propia inexistencia de esta distinción, que «in presenza di una norma imperativa, l'art. 1418, comma 1, c.c. contempla la nullità virtuale, ma non esclude un diverso rimedio da valutare alla luce di una interpretazione funzionale, sistematica ed assiologica, e, dunque, mai insensibile alla valutazione compartiva degli interessi da tutelare».

202 Se trata de una nulidad por violación de una norma imperativa, mientras que se excluye que sea un contrato con causa ilícita, ya que: «Mientras que la nulidad prevista en el art. 6.3 del Código Civil se aplica cuando se trata de un contrato cuyo contenido es contrario a la ley (por ejemplo, el arrendamiento de servicios personales hecho por toda la vida a que se refiere el art. 1583 del Código Civil), la nulidad que resulta del art. 1275 del Código Civil se aplica a aquellos contratos en que los motivos de las partes para celebrar el contrato se elevan a la categoría de causa y esta resulta ser ilícita». Así, STS 1079/2021, de 23 de marzo, Ponente Rafael Saraza Jimena, ECLI:ES:TS:2021:1079.

ordenamiento jurídico. El remedio puede ser, por supuesto, la nulidad, pero siempre y cuando sea adecuado con respecto a los intereses en juego, es decir, siempre y cuando supere la prueba de proporcionalidad y razonabilidad.

En el supuesto de que la nulidad del contrato o del acto prenegocial o de una de sus cláusulas o partes, aunque expresamente prevista, sea inadecuada con respecto a los intereses en juego, por ser irrazonable o desproporcionada, ya que el interés prevalente es el de la conservación del contrato, no cabe duda de que el intérprete debe poder descartar la nulidad y tener acceso a otros remedios diferentes. Además, asumir que en supuesto de vulneración de una norma imperativa la única alternativa posible a la nulidad de pleno derecho es solo la indemnización por daños y perjuicios es indudablemente reductor y, sobre todo, incapaz de ofrecer a la persona discriminada una protección efectiva, como exige el Derecho europeo[203] y los ordenamientos internos, italiano y español, cuanto menos.

Estas conclusiones son aún más importantes a la luz de la aprobación en el derecho español de la Ley 15/2022, que, como es sabido, establece en su artículo 26 la nulidad de pleno derecho de las disposiciones, actos o cláusulas de los negocios jurídicos que constituyan o causen discriminación. Aplazando las consideraciones más pormenorizadas sobre esta disciplina al párrafo 7[204], no cabe duda de que esta disposición no puede excluir la posibilidad de una conservación del contrato en el caso de que el remedio de la nulidad sea inadecuado con respecto a los intereses concretamente implicados, es decir, en los casos en que la nulidad, lejos de realizar el interés de la parte discriminada, acabase perjudicándola. Y estas consideraciones cobran aún más importancia si la nulidad no afecta a todo el contrato, sino a una cláusula o parte de este, pues como veremos en el siguiente apartado, hay que plantear el problema de la conservación del contrato.

---

203 Art. 47 CEDU.

204 V. el párrafo: «7. La Ley 15/2022, de 12 de julio, integral para la igualdad de trato y la no discriminación».

3. Nulidad parcial

La infracción de una norma imperativa puede afectar bien al contrato en su conjunto, bien a una cláusula determinada o a una parte de ello. En este último caso, como es bien sabido, hay que hablar de nulidad parcial, que se admite básicamente, si bien con matices, en casi todos los ordenamientos jurídicos modernos.

En el derecho civil italiano la figura se recoge en el art. 1419 CC, según el cual la nulidad de una cláusula o de una parte determina la nulidad del contrato si resulta que las partes contratantes no lo habrían celebrado sin esa parte de su contenido afectada por la nulidad. Se añade, además, que la nulidad de una cláusula o de una parte del contrato no conlleva nunca la nulidad del contrato cuando la nulidad de la cláusula es superada por normas imperativas, es decir, cuando su nulidad no conlleva ninguna laguna en el contenido contractual.

La norma se basa esencialmente en un criterio subjetivo (consideración de si las partes hubieran celebrado o no el contrato sin la cláusula o la parte nula), aunque no se puede obviar que, según la mejor interpretación del precepto, también asume cierta importancia el criterio objetivo, quedando excluida la nulidad del contrato cuando, según el principio de buena fe, el vicio se refiere a una cláusula o a una parte que no tiene una relevancia esencial. En este caso se dice que, si la parte reclamara, de todas formas, la nulidad del contrato, haciendo valer instrumentalmente la esencialidad de la cláusula nula, estaríamos en un supuesto de abuso de derecho y, por tanto, de un ejercicio contra funcional del derecho subjetivo que el ordenamiento jurídico no podría proteger.

Aunque en el Código Civil español no existe una norma general sobre la nulidad parcial[205], la figura está ampliamente reconocida[206], de una forma muy similar a la italiana.

205 Por otro lado, existen numerosas normas especiales en las que se aplica la nulidad parcial. A este respecto, basta con pensar en todas las normas según las cuales la ilegalidad de una condición no determina la nulidad de toda la transacción. Entre los muchos, vea los artículos 641, 767, 786, 793, 794, 814, 856, 1116, 1155, 1260, 1316, 1317, 1476, 1608 CC ES. De todas ellas, la reciente Ley 15/2022 merece una mención especial por tratarse de una legislación antidiscriminatoria, que en su artículo 26 admite expresamente la posibilidad de nulidad sobre una o varias cláusulas del negocio jurídico.

206 En doctrina, v. Gómez-Martinho Faerna, A. «La nulidad parcial de

De acuerdo con el principio de *utile per inutile non*

los negocios jurídicos» *Estudios de Derecho Privado*, tomo I, 1962; GORDILLO CAÑAS, A., «La nulidad parcial del negocio con precio ilegal» *Anuario de Derecho Civil*, tomo XXVIII, fascículo I, 1975, pp. 101-204; GÓMEZ DE LA ESCALERA, Carlos, *La nulidad parcial del contrato*, Alcobendas, Madrid, 1995; CASANUEVA SÁNCHEZ, Isidoro, *La nulidad parcial del testamento*, Centro de Estudios Registrales, Madrid, 2002, GIMÉNEZ COSTA, Ana., «II.-1:108: Invalidez parcial o inefectividad», VAQUER ALOY, Antoni; BOSCH CAPDEVILA, Esteve; SÁNCHEZ GONZÁLEZ, María Paz (coords.), *Derecho europeo de contratos. Libro II y IV del Marco Común de Referencia,* tomo I, Atelier, Barcelona, 2012, pp. 110-116; DEL CAMPO ÁLVAREZ, Borja, «La nulidad parcial de los contratos», *Derechos y obligaciones en el estado de derecho*, Acta del III Coloquio binacional México-España, 2017, pp. 539-546; DEL CAMPO ÁLVAREZ, Borja, *Nulidad parcial en los contratos*, Aranzadi Thomson Reuters, Pamplona, 2021.

En Jurisprudencia, entre otras, la sentencia del TS (RJ 1977/3895, de 10 de octubre), en cuyo fundamentos se lee: «Que, a falta de una norma jurídica general sobre la materia, ha de estarse para solucionar el problema, en primer término, a la disposición legal concreta —a alguna de las cuales se hará referencia después— que encierre la norma especial aplicable a la institución particular objeto del debate, y, en defecto de ella, deberá acudirse a la hermenéutica negocial, según proclama la Sentencia de este Tribunal de 4 marzo 1975 (RJ 1975\980), teniendo presente para ello, además del criterio tradicional que distingue entre negocios de contenido unitario (indivisible) y plural (divisible), que el factor decisivo para apreciar la invalidez parcial o la invalidez total se halla constituido por la voluntad presumible, conjetural o hipotética del autor o autores del negocio, habida cuenta de las circunstancias del caso, de la naturaleza de aquel y de las exigencias de la buena fe (...) Que dicha regla de la invalidez parcial es la que debe prevalecer en nuestro derecho, aun a falta de una norma jurídica positiva directa, toda vez que tal regla tiene su apoyo: 1°) En la aplicación analógica admitida por el art. 4.1 del CC, de las numerosas normas concretas que imponen la validez parcial del negocio jurídico, a pesar de determinadas cláusulas, o de parte de aquel (arts. 641, párr. 2.°, 737, párr. 2.°, 767, 781 786, 793, 1116 [interpretado en este sentido por la Sentencia de este Tribunal de 4 marzo 1975], 1155, párr. 1.°, 1376, 1377, 1476, 1691, párr. 1.°, etc. 2°) Que el principio general de derecho sobre la conservación del negocio jurídico , acogido por nuestro ordenamiento y proclamado por la doctrina legal establecida por las SS. de 30 octubre 1944 (RJ 1944\1180) y 7 noviembre 1967 (RJ 1967\4163). 3°). En la jurisprudencia de esta Sala, que ha aplicado en numerosos casos la regla de la invalidez parcial , como es de ver en las SS. de 30 marzo 1950 (RJ 1950\573), 11 noviembre 1955 (RJ 1955\3567), 22 enero y 17, 21 y 27 mayo 1958 (RJ 1958\542, RJ 1958\1744,RJ 1958\1747yRJ 1958\2103) y 7 junio y 6 diciembre 1960

vitiatur[207], la nulidad parcial del contrato o la nulidad de una sola cláusula implica la nulidad del contrato solo si resulta que las partes contratantes no lo hubieran celebrado sin la parte de su contenido afectada por la nulidad[208].

Además, si bien con matices[209] y haciendo referencia también al art. 10.2 de la Ley 7/1998, se admite que puede integrarse el contrato anulado parcialmente con la regulación imperativa que la ley infringida estable, aunque la norma no lo diga explícitamente.

(RJ 1960\2082yRJ 1960\3789), cuya regla es la procedente a menos que la exégesis negocial revele que el autor o autores del negocio jurídico no lo hubiese concluido sin la parte nula, como se estimó en las SS. de esta Sala de 17 mayo 1958, 29 abril 1965 (RJ 1965\2434) y 30 noviembre 1973 (RJ 1973\4547), como se previó en la antes mencionada de 4 marzo 1975».

207 STS 6857/2006, de 25 de septiembre, cit.: «SÉPTIMO. - Sin embargo, con arreglo al aforismo *utile per inutile non vitiatur* [la parte útil no resulta viciada por la inútil], la jurisprudencia declara que en aquellos casos en los cuales el contrato o el acto jurídico contiene algún acto contrario a la ley, pero consta que se habría concertado sin la parte nula (cosa que no ocurre cuando las cláusulas subsistentes determinen una situación no equitativa de las posiciones de las partes: artículo 10 de la Ley de Consumidores y Usuarios), procede únicamente declarar su nulidad parcial (SSTS de 17 de octubre de 1987, 22 de abril de 1988, 15 de febrero de 1991, 23 de junio de 1992 y 18 de marzo de 1998), doctrina aplicada al incumplimiento de disposiciones de naturaleza administrativa, entre otras, por la STS de 15 de febrero de 1991 (hasta la modificación de la doctrina jurisprudencial sobre la nulidad parcial de las compraventas de viviendas de protección oficial por precio superior al autorizado: SSTS de 3 de septiembre de 1992 , seguida de otras). El CC no contiene una regla general sobre la nulidad parcial, pero son muy numerosos los artículos en los que se establece que la nulidad de una determinada cláusula o parte del negocio no afectará a la validez del negocio jurídico, teniéndola por no escrita, o bien que declaradas nulas no hacen nulo el negocio (artículos 641, 737, 767, 793, 794, 814, 865, 1155, 1260, 1316, 1317, 1476 y 1608 CC, entre otros)».

208 Infante Ruiz, Francisco J. y Oliva Blázquez, Francisco, «Los contratos ilegales en el derecho privado europeo», cit., p. 25 ss.

209 Gómez de la Escalera, Carlos, *La nulidad parcial del contrato*, cit., p. 106, «muchas han sido las ocasiones en las que el Tribunal Supremo ha conocido supuestos en los que se planteaba, de una u otra forma, el problema de la nulidad parcial. No es fácil, sin embargo, obtener una sistematización de todos los casos resueltos».

Aunque siempre es posible hablar de nulidad parcial tanto en el caso de nulidad de una cláusula contractual, como en el caso de nulidad de una parte del contrato, hay que diferenciar sendos supuestos, para aclarar su alcance y ámbito de aplicación.

El concepto de cláusula se refiere a la proposición lingüística capaz de expresar un precepto autónomo del contrato, mientras que la parte del contrato asume un valor cuantitativo y se refiere a la medida en que una prestación o la duración de un determinado efecto supera la medida fijada[210]. Una norma imperativa puede, por lo tanto, llevar a la nulidad de una determinada cláusula y, por tanto, de un precepto autónomo del contrato (en este caso, fuera de los supuestos en los que la ley establezca expresamente que solo la cláusula es nula o que todo el contrato es nulo, hay que hacer dicha valoración subjetiva-objetiva[211]), o a la nulidad de una parte, al disponer que el contrato debe cumplir con unos límites (un precio máximo) o términos (una duración máxima).

210 Tamponi, Michele, «Contributo all'esegesi dell'art. 1419 c.c.», *Rivista trimestrale di diritto e procedura civile*, 1978, p. 105 ss. y p. 483 ss. El autor de este artículo, tras distinguir la hipótesis de la nulidad de una cláusula de la nulidad parcial, observa que esta última solo puede entenderse correctamente si se le da un sentido cuantitativo, en el sentido de que la fórmula «nulidad parcial» no describe la nulidad de una parte del contrato, sino la nulidad del contrato de una parte. «Il carattere quantitativo, per noi, consiste nel fatto cha la nullità parziale propriamente detta si presenta quando l'entità di una prestazione o la durata di un determinato effetto superano la misura fissata dalla legge, ed il negozio è invalido per l'eccedenza» (p. 506). A efectos explicativos, pueden considerarse casos de nulidad de una parte del contrato los regulados en el art. 771 del Código Civil. IT, según el cual la donación solo puede comprender los bienes presentes del donante y, si incluye bienes futuros, es nula con respecto a estos, salvo que se trate de frutos aún no separados, o el artículo 1550 CC IT, según el cual, en una venta con reserva de dominio, el acuerdo de devolución de un precio superior al estipulado para la venta es nulo por el exceso. Nulidad por parte porqué «non è nulla una "porzione" del contratto; è nullo piuttosto l'intero contratto, e dunque ogni sua clausola, ma in relazione al tempo od alla quantità eccedente; l'intero contratto conserva validità, ma viene meno una parte dei possibili effetti» (p. 508).

211 Esta valoración es fundamental en la regulación recogida en el art. 26 de la Ley 15/2022 que afirma la posible nulidad de una cláusula sin decir nada sobre la validez o nulidad del contrato.

La regulación de la nulidad parcial ya sea con referencia a la nulidad de una cláusula ya sea con referencia a una parte del contrato, es un instrumento muy útil en caso de vulneración del principio de no discriminación, especialmente en los supuestos en que no conlleva la nulidad total del contrato. De hecho, puede constituir un remedio mucho más eficaz que la nulidad *tout court*, porque permite conservar el contrato y, por tanto, realizar el interés de la parte discriminada que desea mantener la relación contractual, aunque sin esa parte de su contenido discriminatorio.

La aplicación de este remedio al contrato discriminatorio propone, aunque con algunos matices diferentes en el derecho español e italiano, dos problemas distintos: descifrar cuándo hay una nulidad parcial; establecer cuándo la nulidad de la cláusula o de la parte del contrato puede considerarse no esencial y, por tanto, tal que no determine la nulidad del contrato.

El primero de los dos problemas es, sin duda, más fácil de solventar y requiere una evaluación de cuándo la vulneración del principio de no discriminación se refiere a una cláusula específica o a una parte del contrato. En este sentido, aunque con todas las cautelas que son necesarias a la hora de realizar un discurso teórico, es posible afirmar que habrá nulidad de una cláusula cuando la vulneración del principio de no discriminación se refiera a un precepto autónomo del contrato, que no sea absolutamente esencial en la economía global del mismo, de modo que el contrato podría seguir siendo eficaz incluso sin esa cláusula, y habrá nulidad de una parte del contrato cuando la vulneración afecte a una prestación de la relación, a un plazo o a la duración, pero el contrato puede seguir existiendo con el contenido reducido[212].

Con referencia al primer grupo, se podría pensar, por ejemplo, en un contrato de seguro que contenga una cláusula limitativa de excepción o una cláusula de limitación de la responsabilidad de contenido discriminatorio, o en un con-

---

212 RESCIGNO, Pietro, «Sul cosiddetto principio d'uguaglianza nel diritto privato», *Foro italiano*, 1960, I, c. 672; CIARONI, Lorenzo, «Autonomia privata e principio di non discriminazione», cit., p. 1822, «spetterà all'organo giudicante accertare l'importanza della clausola di violazione del principio di non discriminazione e, laddove ne ricorrano i presupposti, dichiararne la nullità, con conseguente integrazione del contratto attraverso la legge, gli usi, ovvero il ricorso all'equità».

trato de alquiler que contenga una cláusula que prohíba la hospitalidad de extranjeros por parte del arrendatario, o en un contrato de *franchising* que ponga restricciones discriminatorias de la libertad de contratación con terceros. Con referencia al segundo grupo, se podría pensar en un contrato de venta de un bien fungible realizado por un precio discriminatoriamente más alto de lo habitual o en un contrato de arrendamiento por un tiempo más largo.

Mucho más compleja es la segunda cuestión, es decir, establecer cuándo una cláusula o parte del contrato es esencial y entonces conlleva la nulidad del contrato en su conjunto.

Como ya hemos mencionado, el criterio que parece prevalecer es el subjetivo, aunque hay que reconocer que también el objetivo tiene cierta relevancia. Según la mejor reconstrucción, una cláusula o parte del contrato es esencial cuando, al ser una cláusula o parte de no poca importancia con respecto al negocio en su conjunto (perfil objetivo), las partes no lo habrían celebrado sin esa cláusula o parte de ella (perfil subjetivo).

Mientras que el perfil objetivo (no poca importancia) es más fácil de entender e implica un problema de interpretación del contrato, el segundo aspecto (las partes no lo habrían celebrado sin aquella clausula) es mucho más difícil. Tanto el art. 1419 CC IT como la doctrina española acreditada se refieren a la voluntad de ambas partes, precisando que la nulidad de una cláusula o de una parte determina la nulidad total del contrato si «las partes» no lo hubieran celebrado sin esa parte o esa cláusula.

El verdadero problema es establecer qué ocurre, al menos en lo que se refiere al caso de una cláusula o de una parte del contrato discriminatoria, si solo una de las partes no lo hubiese celebrado sin esa cláusula o parte.

El caso más clásico que se puede plantear es que la parte discriminada lo hubiese celebrado sin la cláusula inválida que la discrimina, mientras que la otra parte no. Es muy probable que la parte que practica la discriminación prefiera la nulidad del contrato si se eliminara la cláusula o parte discriminatoria del mismo, mientras que, por el contrario, la parte discriminada tiene interés, como hemos visto, en que se mantenga la relación contractual, especialmente una vez eliminada la cláusula o parte discriminatoria del contrato.

Hay que preguntarse si en tal supuesto estamos ante una nulidad parcial esencial (que lleva a la nulidad total) o ante una nulidad no esencial (que no lleva a la nulidad del contrato), es decir si se puede considerar esencial una cláusula o parte del contrato cuando una sola de las partes no lo hubiera celebrado sin ella.

La interpretación más estricta, que es una interpretación literal de la norma del art. 1419 CC IT y de la doctrina española, sugeriría que la esencialidad debe valorarse teniendo en cuenta las intenciones de ambas partes, con la consecuencia de que, si la parte que hace la discriminación no hubiera celebrado el contrato sin esa cláusula, esta debe considerarse esencial. Esta interpretación, sin embargo, corre el riesgo de hacer que el concepto de nulidad parcial sea escasamente utilizable en el caso de contrato discriminatorio, con la paradójica consecuencia de que casi siempre la nulidad de una cláusula o de una parte del contrato conduce a la nulidad total del mismo. De hecho, es muy probable que la parte que quiere discriminar nunca hubiera celebrado el contrato sin la cláusula o parte del contrato discriminatoria y, por tanto, que para ella el contenido discriminatorio, aunque ilegitimo, era esencial.

Todo eso lleva a replantear la interpretación de la nulidad parcial y, más concretamente, el requisito subjetivo a partir del cual debe apreciarse el carácter esencial de la cláusula o parte del contrato.

Partiendo de la base de que la norma que prohíbe la discriminación, aunque sea una norma destinada a proteger un interés general y aunque tenga una función de configuración del mercado, tiene la función fundamental de proteger a la persona discriminada, se puede afirmar que a efectos de valorar si la cláusula o la parte del contrato discriminatoria sea o no esencial, debe primar la voluntad del discriminado. En otras palabras, debe afirmarse que para valorar si la cláusula o parte del contrato discriminatoria es esencial no es necesario considerar si ambas partes del contrato lo hubieran celebrado sin esa parte de su contenido, sino tener en cuenta, siempre que la cláusula no sea insignificante, únicamente la valoración subjetiva de la parte discriminada.

No se trata, como podría pensarse, de afirmar que la nulidad de una cláusula o parte de un contrato por vulneración del principio de discriminación es siempre parcial (en el sentido de que nunca conlleva la nulidad del contrato), sino de afirmar que la apreciación subjetiva de su esencialidad debe valorarse en relación exclusivamente con la parte discriminada.

Esta interpretación es casi necesaria si no se quiere vaciar totalmente de contenido la regla sobre la nulidad parcial, ya que, como hemos dicho, si se afirma que la nulidad de una cláusula o parte del contrato lleva a la nulidad del contrato solamente cuando se constata que «ambas partes» no lo hubieran celebrado sin esa parte, ya no habría espacio autónomo para la nulidad parcial. Para la parte que discrimina, la nulidad de la cláusula o parte del contrato discriminatorio es siempre esencial y, por tanto, la nulidad de dicha cláusula debería siempre conducir a la nulidad del contrato.

Por lo tanto, si se quiere preservar un ámbito concreto de aplicabilidad de la regla de la nulidad parcial, hay que afirmar que en caso de infracción del principio de no discriminación la apreciación de la esencialidad de la cláusula o de la parte del contrato queda sustancialmente confiada a la parte discriminada, en el sentido de que la nulidad de la cláusula o de la parte determina la nulidad del contrato solo si la parte discriminada no lo hubiese celebrado sin dicha cláusula o parte.

La interpretación de la nulidad parcial que se propone ayuda significativamente a la creación de un sistema de remedios adecuado a la protección de los intereses, ya que permite afirmar que la nulidad (por lesión del principio de no discriminación) puede afectar solo a una cláusula o a una parte del contrato, sin afectar al contrato. Es más, porque la valoración de la nulidad de la relación contractual en su totalidad se deja esencialmente a la parte discriminada, es decir, a la parte en cuyo interés el ordenamiento jurídico establece el principio de no discriminación. La parte discriminada podrá valorar si, atendiendo a su interés, es preferible conservar el contrato sin la parte de su contenido afectada por la nulidad, o si es preferible declarar la nulidad total del contrato.

En el caso de que la parte perjudicada considere preferible mantener el contrato sin la parte de su contenido afectada por la nulidad, se plantea el problema de la laguna del contenido contractual.

En este sentido, respecto a la cláusula o parte del contrato afectada por la nulidad, se pueden contemplar tres casos distintos: a) que la nulidad no afecte a la relación contractual, que puede mantenerse incluso sin esa parte; b) que la nulidad sea inmediatamente reemplazada por la ley, al existir una norma imperativa que supla la parte afectada por la nulidad; c) que la nulidad determine una laguna en la regulación contractual.

Mientras que los dos primeros casos son fáciles de resolver, ya que en el primero hay una reducción de contenido que no invalida el contrato y en el segundo la laguna está totalmente cubierta por una norma imperativa, el tercero es el más problemático, ya que hay que determinar si y cómo se puede colmar la laguna[213].

Aunque es indudable que las partes tienen la facultad de corregir el contenido del contrato y quizás el deber de renegociar su contenido, no cabe duda de que, en caso de falta de acuerdo entre ellas, tras reconocer que esa parte del contenido era esencial para el contrato, no cabe otra conclusión que la de que el contenido sea completado/corregido, aplicándose las reglas deducibles del principio de buena fe, según el art. 1375 CC It. o 1258 CC Esp.[214].

Desde este punto de vista hay que decir, por tanto, que puede haber casos en los que la nulidad parcial del contrato provoca una laguna en la regulación contractual, la cual tendrá que ser colmada por la autoridad judicial, de modo que este remedio acaba interfiriendo con el remedio consistente en la modificación del contenido del contrato.

---

213 García Rubio, María Paz, «Discriminación por razón de sexo y derecho contractual en la Ley Orgánica 3/2007, de 22 de marzo, para la igualdad efectiva de mujeres y hombres», cit., p. 156, «Lo que sí podrá considerarse es la declaración de nulidad de determinadas cláusulas contractuales discriminatorias –nulidad parcial del contrato– y su sustitución por las normas dispositivas generales, que serían perfectamente aplicables al caso». García Rubio, María Paz, «La discriminación por razón de sexo en la contratación privada», cit., p. 1105 s.

214 Barat i Rubio, Roger, «La nulidad por discriminación en el contrato», cit., p. 523, «De este modo, la integración del contrato debe consistir en tener por no puesta la cláusula que se haya determinado que causa o constituye discriminación antijurídica y, en general, se tenderá a imponer la obligación de igualar el trato dispensado a la persona discriminado respecto al que habría tenido si no reuniera alguna de las características protegidas. En la práctica, esta obligación de igualdad de trato se traducirá, por ejemplo, en la inaplicación de la contraprestación adicional o en equiparación del precio o la prestación».

4. Modificación del contenido del contrato según equidad o buena fe

Un remedio muy importante en el caso de discriminación negocial puede ser la modificación del contrato, es decir, la posibilidad de corregir su contenido.

Evidentemente, no se pretende aludir al caso en el que existe una norma imperativa que permite la integración del contenido del contrato, ya que en este supuesto se trataría de una integración automática, sino al caso en el que, aun no existiendo una norma, ni supletoria, que establezca un determinado contenido, la autoridad judicial debe o puede modificar e/o integrar el contenido del contrato.

Como ya hemos tenido ocasión de señalar, la integración equitativa del contrato es de extraordinaria importancia en los casos de nulidad parcial, sobre todo cuando no hay ninguna norma imperativa o supletoria y es imprescindible llenar el vacío de la regulación negocial.

Sin embargo, no debe pensarse que se trata de un remedio exclusivamente vinculado a la nulidad parcial del contrato, ya que bien puede hacerse uso de este remedio también en los casos en que no hay nulidad y, sin embargo, teniendo en cuenta el interés de la parte discriminada, la modificación parece ser lo más adecuado[215]. Así, en el caso de un contrato que prevea un precio superior al habitual por razones discriminatorias, es fácil corregirlo reduciendo el precio, o en el caso de un contrato que prevea un plazo inferior o superior al habitual para el ejercicio de determinados poderes y facultades, la corrección se efectúa restableciendo el plazo al habitual[216].

---

215 Según ALFARO AGUILA-REAL, Jesús, «Autonomía privada y derechos fundamentales», cit., p. 96 ss., en relación con la libertad de determinar el contenido del contrato, los derechos fundamentales solo plantean una cuestión de límites de su renuncia. Su eficacia se resolvería entonces evaluando si la renuncia es contraria o no al principio de orden público.

216 GARCÍA RUBIO, María Paz, «Discriminación por razón de sexo y derecho contractual en la Ley Orgánica 3/2007, de 22 de marzo, para la igualdad efectiva de mujeres y hombres», cit., p. 159, «con seguridad de cara a evitar los efectos perversos de la discriminación por razón de sexo en el ámbito contractual resulta más efectivo el remedio

Se trata de un remedio cuya finalidad es preservar la relación contractual, aunque corrigiendo su contenido, para eliminar el aspecto que genera la discriminación.

Pese a que sea recurso de gran importancia, porque permite la conservación del negocio jurídico, plantea, desde el punto de vista teórico, un problema muy relevante, ya que se trata de admitir una potestad judicial para modificar el contenido contractual.

Los códigos civiles, especialmente los decimonónicos, no prevén explícitamente un mecanismo general de este tipo, tanto porque era impensable que la autoridad judicial pudiera modificar el contenido de un contrato, considerado como ley entre las partes, pudiendo únicamente anular el contrato o resolver la relación, como porque era difícil, en aquella época, identificar un fundamento normativo que pudiera justificar una tan importante intervención.

Partiendo de esta premisa metodológica, en el Código Civil italiano, por ejemplo, no se prevé la modificación del contenido del contrato por parte de la autoridad judicial con carácter general, y los únicos casos en los que se habla de «modificación del contrato según equidad» se refieren a los supuestos de contrato rescindible (art. 1450 CC It.) y de resolución del contrato por excesiva onerosidad sobrevenida (arts. 1467.3, 1468 CC It.) en los que, por cierto, la modificación del contenido se realiza por la misma parte y no por el autoridad judicial[217].

Estas normas establecen, pues, que la parte contra la que se solicita la rescisión o la resolución del contrato puede

---

consistente en permitir que la parte discriminada pueda instar una modificación del contrato, de suerte que se permita exigir la misma contraprestación que le correspondería en ausencia de discriminación». En el mismo sentido, MESA MARRERO, Carolina, «Consecuencias jurídicas de las conductas discriminatorias: ¿un resquicio para los punitive damages?», GARCÍA RUBIO, María Paz; VALPUESTA FERNÁNDEZ, Rosario (dirs.); LÓPEZ DE LA CRUZ, Laura; OTERO CRESPO, Marta. (coords.), *El levantamiento del velo: las mujeres en el Derecho privado*, cit., p. 1202.

217 A estas normas podría añadirse también la contenida en el art. 1432 CC It., que establece que la parte que ha cometido un error no puede solicitar la anulación del contrato si, antes de que pueda haber sufrido cualquier daño o perjuicio, la otra ofrece cumplir el contrato de acuerdo con sus términos y condiciones.

evitar cualquiera de ellas si ofrece modificar el contenido del contrato de manera equitativa. De este modo, la misma parte, para evitar la disolución de la relación contractual, ofrece restablecer la equidad y así impide que la autoridad judicial pronuncie la resolución o rescisión del contrato. Aunque se trata de normas jurídicas de gran interés, que confirman la importancia de la preservación de la regulación negocial, no son de gran utilidad respecto al problema que hemos planteado, en el que debemos postular una intervención correctora del contenido contractual por parte de la autoridad judicial.

Una norma que puede resultar oportuna para imaginar un poder correctivo es la recogida en el artículo 1374 del Código Civil italiano, que establece que un contrato obliga no solo a lo que las partes han pactado, sino también a todas las consecuencias que derivan según la ley o, en su defecto, según la costumbre y la equidad[218]. La referencia a la equidad es de gran interés, si bien es preciso reiterar que, en primer lugar, se trata de una fuente subsidiaria para la integración del contrato y, en segundo lugar, que no ha habido aplicaciones especialmente significativas hasta la fecha[219].

La referencia a la equidad no se encuentra en la norma española correspondiente del art. 1258 CC, que, sin embargo, hace referencia a la buena fe y parece admitir, a partir de esta cláusula general, la posibilidad de un poder integrador y/o corrector sobre el contenido del contrato[220].

---

218 RODOTÀ, Stefano, *Le fonti di integrazione del contratto*, Giuffré, Milano, 1969, p. 3 ss.; CATAUDELLA, Antonino, *Sul contenuto del contratto*, Giuffré, Milano, 1966, p. 152; NUZZO, Mario, *Utilità sociale e autonomia privata*, Milano, Giuffrè, 1975, p. 27 ss.

219 Cass., 8 de enero de 1979, n. 90, *Leggi d'Italia*, que declaró que, en un contrato de agencia, si la comisión del agente no está determinada o es determinable, el contrato es válido y la autoridad judicial debe fijarla según equidad.

220 HERBOSA MARTÍNEZ, Inmaculada, «La buena fe como criterio de integración y de corrección del contenido del contrato: protección de las expectativas legítimas en los contratos celebrados mediante condiciones generales», *Revista Crítica de Derecho Inmobiliario*, Año n. 96, N. 782, 2020, pp. 3303-3357; HERBOSA MARTÍNEZ, Inmaculada, «Los criterios objetivos de integración del contrato: supuestos en los que se admiten y alcance de su función», *Revista Crítica de Derecho Inmobiliario*, Año n. 95, N. 773, 2019, pp. 1215-1246; MONTÉS RODRÍGUEZ, María

Además, esta consideración cobra mayor importancia si se tiene en cuenta la norma del artículo 10.2 de la Ley 7/1998, que admite expresamente que la nulidad se integrará con arreglo a lo dispuesto en el artículo 1258 del Código Civil, precisando que la autoridad judicial dispondrá de facultades moderadoras respecto de los derechos y obligaciones de las partes.

Podría afirmarse, por tanto, que bien el derecho italiano bien el español, aunque uno se refiera a la equidad y el otro a la buena fe, parecen permitir un cierto poder de integración del contenido contractual que puede ser realizado por la autoridad judicial.

La intervención de la autoridad judicial sobre el contenido del contrato es, sin embargo, una cuestión muy delicada, porque impone no solo un problema de control del ejercicio de la autonomía privada, sino incluso de corrección de su contenido.

Debe negarse que la autoridad judicial pueda corregir siempre en el contenido del contrato y, por tanto, la existencia de una facultad generalizada de modificación de dicho contenido. Sí puede y debe afirmarse, sobre la base de las normas citadas, un cierto y específico poder supletorio y/o correctivo del contenido del contrato por parte de la autoridad judicial[221]. Sobre todo, si se tiene en cuenta que en el

---

Pilar, «El art. 1258 CC y las fuentes de la integración objetiva del contrato», DE PAULA BLASCO GASCÓ, Francisco; CLEMENTE MEORO, Mario E.; ORDUÑA MORENO, Francisco Javier; PRATS ALBENTOSA, Lorenzo; VERDERA SERVER, Rafael (coords.) *Estudios jurídicos en homenaje a Vicente L. Montés Penadés*, Vol. 2, Tirant lo Blanch, Valencia, 2011, pp. 1735-1772.

221 *Contra* LA ROCCA, Delia, *«Le discriminazioni nei contratti di scambio di beni e servizi»*, cit., p. 340, «sarebbe opportuno rinvenire i presupposti per l'applicazione degli artt. 1419 e 1419, c. 2, c.c. [...] o comunque rinvenire una fonte legale di produzione di clausole applicabili al caso concreto. Costituirebbe, invece, una forzatura risalire dall'atipicità del potere provvedimentale ad un vero e proprio potere di natura sostanziale di integrazione del contratto secondo "equità" [...] Si tratterebbe di un'operazione sostenibile sul piano logico. E tuttavia non giustificata e non giustificabile dal punto di vista dell'impianto complessivo del nuovo diritto antidiscriminatorio, che non risulta affatto improntato a un principio di giustizia redistributiva». Por el contrario, podría señalarse que el poder correctivo de la autoridad judicial según equidad se justifica cuando se considera que el principio de no discriminación se

derecho europeo se ha reconocido que la equidad/buena fe juega un papel importante a la hora de integrar el contenido contractual.

Obviamente, tal poder correctivo, precisamente porque la autonomía privada debe ser el ámbito de las determinaciones de los particulares y es reacia a las intervenciones heterónomas, debe admitirse con importantes limitaciones, admitiéndose únicamente cuando la integración es inevitable y permite, con razonable confianza, identificar cuál debería haber sido el contenido negocial. Es decir, cuando la corrección del contenido, si bien requiere una facultad discrecional de la autoridad judicial, no resulta del todo arbitraria[222].

Consciente, pues, del carácter excepcional de este remedio y, sin embargo, de su clara utilidad, sobre todo en una situación contractual discriminatoria, se trata de determinar en qué medida y a qué condiciones es posible una tal integración y/o modificación.

Como he dicho, el requisito previo para su admisibilidad es que exista una posibilidad razonable de identificar objetivamente cuál sería o debería ser el contenido del contrato.

Un ámbito en el que creo que es posible una modificación del contenido del contrato, sobre todo, porque es un remedio que se conoce, aunque con otros fines, desde hace mucho tiempo[223], es la reducción del precio. Cuando una parte ha

---

funda, precisamente, sobre la base de la *par condicio*.

222 Aunque con diferentes matices, HERBOSA MARTÍNEZ, Inmaculada, «La buena fe como criterio de integración y de corrección del contenido del contrato: protección de las expectativas legítimas en los contratos celebrados mediante condiciones generales», cit., p. 3322, «En todo caso, como se ha explicado con más detalle en otro lugar, estos criterios, incluida la buena fe no pueden ser utilizados para cubrir cualquier vacío de la reglamentación contractual, sino que solo se admiten para delimitar o desarrollar el alcance de lo pactado por las partes a partir de la voluntad común expresada por aquellas 61. En rigor, no es lo mismo integrar aquellos aspectos que las partes no hayan previsto, que implica respetar su voluntad en los términos explicados, que contradecir —*contra dicere*— o contravenir lo que hayan previsto».

223 Este remedio se ha conocido históricamente con el nombre de *actio quanti minoris* y se encuentra recogido en nuestro ordenamiento jurídico en los artículos 1469 y 1486 CC (compraventa), 1553 CC (arrendamiento), 161 TRLGDCU (venta de bienes al consumo) y 50 CISG (compraventa internacional de mercaderías). No obstante, la jurispru-

cobrado un precio o una contraprestación discriminatoria y existe un punto de referencia para establecer con certeza que el precio es excesivo y cuál debería haber sido el precio.

Cabe señalar que este resultado también podría alcanzarse, aunque con mayor dificultad conceptual, imaginando la nulidad parcial del precio, es decir, la nulidad parcial de la cláusula del precio en la parte en que sea excesivo. Esto es, por ejemplo, lo que ha sugerido el Tribunal Constitucional italiano en una sentencia muy controvertida y polémica, en la que, tras afirmar la imposibilidad de aplicar analógicamente a las arras confirmatorias la norma sobre la reducción de la cláusula penal excesiva, por ser una norma excepcional, ha establecido que la autoridad judicial, en caso de arras confirmatorias excesivas, puede declarar su nulidad parcial en virtud del artículo 2 de la Constitución italiana[224].

---

dencia ha generalizado su uso más allá de los límites de estas normas, reconociendo que procede la reducción del precio en el contrato de obra (STS 15 marzo 1979), en la compraventa de bienes inmuebles con base en el artículo 1101 [STS 22 abril 2004 (Tol 392365)] o, entre otros, en los contratos de viaje combinado [SAP Las Palmas 16 septiembre 2005 (Tol 733626)].

224 Corte cost., 24 de octubre de 2013, n. 248, *Leggi d'Italia*; Corte cost., 2 de abril de 2014, n. 77, *Leggi d'Italia*, (sentencias gemelas) en cuyos fundamentos se lee «E, quanto al secondo profilo, perché quel Tribunale non aveva tenuto conto dei possibili margini di intervento riconoscibili al giudice a fronte di una clausola negoziale che rifletta (come da sua prospettazione) un regolamento degli opposti interessi non equo e gravemente sbilanciato in danno di una parte. E ciò in ragione della rilevabilità ex officio della nullità (totale o parziale), ex art. 1418 cod. civ., della clausola stessa, per contrasto con il precetto dell'art. 2 Cost. (per il profilo dell'adempimento dei doveri inderogabili di solidarietà), che entra direttamente nel contratto, in combinato contesto con il canone della buona fede, cui attribuisce vis normativa, «"funzionalizzando così il rapporto obbligatorio alla tutela anche dell'interesse del partner negoziale nella misura in cui non collida con l'interesse proprio dell'obbligato" (Corte di cassazione n. 10511 del 1999; ma già n. 3775 del 1994 e, in prosieguo, a Sezioni unite, n. 18128 del 2005 e n. 20106 del 2009)». También es importante recordar la anterior sentencia de la Corte de Casación, Secciones Unidas, 13 de septiembre de 2005, n.° 18128, *Leggi d'Italia*, que al afirmar que la reducción de la cláusula penal también puede ordenarse *de oficio*, reconoció una cierta facultad de la autoridad judicial para valorar el contenido del contrato: «Vi sono casi in cui la correzione della volontà delle parti avviene automaticamente, per effetto di una disposizione di legge che

Más allá de este caso, que es muy interesante, solo cabe imaginar un poder corrector por parte de la autoridad judicial cuando es fácil identificar un único aspecto del contenido del contrato o del acto prenegocial que genera la discriminación y existan otros contratos o actos similares, de modo que la corrección sea sencilla. Lo que realmente importa es el reconocimiento de un poder de modificación del contenido del contrato, siempre y cuando esta pueda realizarse de forma casi objetiva[225], existiendo un *tertium comparationis* que se toma como modelo.

Es indudable que cuando no sea posible identificar precisamente cuál habría sido el contenido del acto prenegocial o del contrato en ausencia de la discriminación, no habrá

ne limita l'autonomia e che sostituisce alla volontà delle parti quella della legge (in tali casi l'accordo delle parti, che non rispecchia il contenuto tipico previsto dalla legge, non viene dichiarato nullo ma viene modificato mediante la sostituzione della parte non conforme); ve ne sono altri, in cui una inserzione automatica della disciplina legislativa, in sostituzione di quella pattizia, non è possibile perché non può essere determinata in anticipo la prestazione dovuta da una delle parti, che quindi non può essere automaticamente inserita nel contratto; in tali casi la misura della prestazione è rimessa al giudice, per evitare che le parti utilizzino uno strumento legale per ottenere uno scopo che l'ordinamento non consente ovvero non ritiene meritevole di tutela, come è reso evidente, proprio in tema di clausola penale, dal fatto che il potere di riduzione è concesso al giudice solo con riferimento ad una penale che non solo sia eccessiva, ma che lo sia "manifestamente", ovvero ad una penale non più giustificabile nella sua originaria determinazione, per effetto del parziale adempimento dell'obbligazione. In tale senso inteso, il potere di controllo appare attribuito al giudice non nell'interesse della parte ma nell'interesse dell'ordinamento, per evitare che l'autonomia contrattuale travalichi i limiti entro i quali la tutela delle posizioni soggettive delle parti appare meritevole di tutela, anche se ciò non toglie che l'interesse della parte venga alla fine tutelato, ma solo come aspetto riflesso della funzione primaria cui assolve la norma».

225 Herbosa Martínez, Inmaculada, «La buena fe como criterio de integración y de corrección del contenido del contrato: protección de las expectativas legítimas en los contratos celebrados mediante condiciones generales», cit., p. 3323, «la aplicación del artículo 1258 del Código civil exige que la integración del contrato se realice atendiendo a reglas claras y precisas (a las que nos hemos referido en un apartado anterior), aunque no necesariamente han de ser de interpretación o aplicación restrictiva; y, por tanto, no cabe extender dicho precepto más allá de los límites antedichos».

posibilidad de corregir el contenido del contrato, pues ello implicaría una facultad de la autoridad judicial no meramente correctiva-equitativa, sino sustitutiva de un equilibrio imposible de determinar *ab extrinseco*. En casos como este, el remedio de la indemnización es, con toda probabilidad, el único posible y el más adecuado.

Además, no cabe duda de que la misma parte discriminante siempre puede ofrecer espontáneamente reconducir el contrato a equidad y evitar así las ulteriores consecuencias que derivan de la actividad judicial, especialmente cuando esta termina con una corrección del contenido contractual. Por lo tanto, debe reconocerse, siempre que la parte discriminada tenga interés en la conservación de la relación contractual, que la parte discriminante puede, inmediatamente después de la demanda, ofrecer una modificación del contenido del contrato para devolverlo a una condición de equidad, es decir, eliminar o corregir la parte del contenido que es consecuencia del trato discriminatorio.

De todas formas, la sentencia que ordena la modificación del contrato no impide que la autoridad judicial condene también a la parte que ha realizado la discriminación al pago de una indemnización por los daños y perjuicios que, en todo caso, haya podido sufrir la parte discriminada, así como la condena al pago de las costas del proceso, que, en mi opinión, ha de considerarse inevitable, necesaria y, cuando sea posible, también ejemplar.

5. Imposición de la obligación de contratar

Otra cuestión de gran interés es si se puede configurar una imposición de la obligación de contratar, es decir, si en el caso de una negativa a negociar por motivos discriminatorios se puede imponer la celebración forzosa del contrato.

Por regla general, y salvo algunos casos, me parece que se puede excluir la admisibilidad de una imposición forzosa de la obligación de contratar y, quizás, el remedio más apropiado es la indemnización de daños y perjuicios.

Sin embargo, debemos ser prudentes, ya que esta afirmación de entrada impone, por un lado, excluir los casos en los que el contrato ya se ha celebrado, y, por otro lado, exceptuar los casos en los que la imposición de la obligación de contratar, aunque con unas reservas, creo que puede y debe admitirse[226]. De modo que la misma declaración de principio no tiene ese grado absoluto que podría parecer a primera vista y, al final, quedan escasos supuestos en los que el interés de la persona que ha sufrido la discriminación no se pueda realizar en concreto.

Consideramos en primer lugar los supuestos en los que no tiene razón la imposición forzosa de contratar, porque el contrato ya ha sido celebrado o, mejor dicho, tiene que considerarse ya celebrado[227].

Ya he reiterado que, si una parte hubiera hecho una oferta al público discriminatoria y la parte potencialmente discriminada la hubiera aceptado, el contrato estaría celebrado, de modo que cualquier negativa a «negociar» es, en realidad, una negativa a «cumplir» el contrato ya celebrado[228].

De nuevo, si una parte ha hecho una oferta al público que realiza una discriminación, directa o indirecta, capaz de excluir de la negociación a determinadas personas en función de un determinado factor de riesgo, no creo que se pueda dudar de que el contrato se debe considerar celebrado cuando la parte potencialmente excluida tenga interés en su celebración. Esto no se debe a que exista una imposición forzosa de contratar, sino simplemente a que estaríamos en presencia de un contrato ya perfectamente celebrado. Pues, la cláusula discriminatoria, que tiene la función de excluir o impedir la participación de determinadas personas en la negociación, debe considerarse nula, con lo cual, la persona potencialmente excluida, por el mero hecho de manifestar

---

226 García Rubio, María Paz, «Comprender y trasmitir el derecho de las mujeres», Mesa Marrero, Carolina; Grau Pineda, María del Carmen (coords.), *Mujeres, contratos y empresa desde la igualdad de género*, Tirant lo Blanch, Valencia, 2014, p. 82, «Nuestra opinión es que ese juicio de ponderación (entre libertad e igualdad) implica que existen algunas situaciones en las que cabe la imposición de la obligación de celebrar el contrato con aquel a quien se le negó en primera instancia, pues solo a través de esta celebración podrá hacerse efectivo su derecho a obtener la prestación en cuestión».

227 La Rocca, Delia, *«Le discriminazioni nei contratti di scambio di beni e servizi»*, cit., p. 338.

228 V. Capitulo: «II. Relevancia del principio de no discriminación en materia contractual», párrafo: «1. Principio de no discriminación y oferta al público».

su interés en la celebración del contrato, habrá manifestado así su aceptación, que es eficaz y suficiente para considerar perfeccionado el contrato.

Imagínese que una parte hubiera hecho una oferta al público que excluyera injustificadamente a las personas de orientación homosexual o de una determinada orientación política o a las personas con discapacidad. Imaginemos que una persona concreta, potencialmente «excluida» de esa oferta al público, quisiera celebrar el contrato[229] y, por lo tanto, acep-

229 No puede ser el famoso caso del pastelero que negaba tartas nupciales a las parejas homosexuales (The Supreme Court, Michaelmas Term [2018] UKSC 49 On appeal from: [2016] NICA 39, Lee (Respondent) v Ashers Baking Company Ltd and others (Appellants) (Northern Ireland) Consultada en: https://www.supremecourt.uk/cases/uksc-2017-0020.html), ya que en este caso no existe, en termino técnico una oferta al público y lo único que se puede imaginar es una negativa a contratar. Cabe mencionar que, en este caso singular, con una motivación que no deja de convencerme a fondo, se consideró legítima la negativa del pastelero de fe cristiana evangélica a realizar una tarta con la inscripción «Apoya el matrimonio gay», con la efigie del logo de la asociación a la que pertenece el demandante, en apoyo a la comunidad LGBTIQ+. El Tribunal del Condado consideró que el incumplimiento de la orden había sido una discriminación directa discriminación por razón de la orientación sexual del demandante. El Tribunal de Apelación confirmó esta decisión, señalando la posibilidad de abuso arbitrario si las empresas fueran libres de elegir qué servicios prestar a la comunidad de servicios a la comunidad gay sobre la base de sus creencias religiosas. El Tribunal Supremo anuló la decisión. Sostuvo que no había habido un trato menos favorable de las creencias religiosas, ya que los propietarios de la panadería no se negaron a servir al solicitante por ser gay, sino porque se oponían a que se les exigiera promover un mensaje con el que estaban profundamente en desacuerdo. El día 3 de abril de 2019 la persona discriminada interpuso una reclamación ante el Tribunal Europeo de Derechos Humanos. El TEDH, con sentencia de 6 de enero de 2022, Application no. 18860/19, Gareth LEE contra The United Kingdom (consultada en: https://hudoc.echr.coe.int/eng/#{%22itemid%22:[%22001-214966%22]}) declaró la inadmisibilidad del recurso, asumiendo que en ninguna fase del procedimiento la parte se había referido a la CEDH. Se lee en la sentencia, par. 78: «As such an approach is contrary to the subsidiary character of the Convention machinery (see Azinas, cited above, § 38 and Peacock, cited above, § 33), the Court considers that the applicant has failed to exhaust domestic remedies in respect of his complaints under Articles 8, 9 and 10 of the Convention, read alone and together with Article 14. Accordingly, these complaints must be rejected as

tara la oferta al público. En este supuesto el contrato debe considerase válidamente celebrado, ya que la cláusula o parte de la oferta al público que tiene un contenido discriminatorio (en este caso la que excluye, directa o indirectamente, a una determinada persona de la negociación) es nula y, por tanto, incapaz de impedir una aceptación eficaz por parte de aquel interesado o, mejor dicho, capaz de considerar eficaz la aceptación procedente de un potencial excluido.

inadmissible pursuant to Article 35 §§ 1 and 4 of the Convention». Apoya la conclusión del Tribunal Supremo, MALOMO, Anna, *Principio di eguaglianza e rapporti civili. Aspetti problematici e attuativi*, cit., p. 166 ss., «nel bilanciamento dei valori sottesi, nel caso concreto, non è ragionevole (dover) accantonare il diritto di testimoniare nei comportamenti il proprio credo religioso, ai sensi degli artt. 9 e 10 Conv. Edu, contravvenendo addirittura allo stesso, sì da risultare legittimo (*recte*, meritevole di tutela) il rifiuto manifesto del pasticcere di realizzare quanto richiesto, tanto più che la creazione di una torta decorata in un certo modo non è qualificabile come un servizio essenziale (o di competenza esclusivo del medesimo) cui dover altrimenti ottemperare». Por el contrario, me parece que la mera decoración de una tarta no implica ninguna atribución de patrocinio de la idea manifestada mediante esa decoración, por lo que invocar el derecho a la propia identidad y convicción religiosa corre el riesgo de ser una herramienta peligrosa que puede abrir el camino a posibles discriminaciones futuras. La decoración de una tarta no implica una adhesión conceptual al objeto decorado, del mismo modo que no se puede hacer pensar que si se le pidiera al pastelero que rediseñara algún superhéroe para una fiesta infantil, esto significa que el pastelero cree en los superhéroes, o que, si se le pidiera que dibujara unas hadas o brujas, esto significa que el pastelero cree en las brujas y apoya su causa. En otras palabras, creo que hay que distinguir la manifestación de los propios pensamientos de la decoración de un pastel para los demás y que no es posible, salvo para legitimar la discriminación, que el pastelero se niegue a decorar el pastel. Razonando en esta línea, podría estar justificado, por ejemplo, que el propietario de un piso se negara a firmar un contrato de arrendamiento (en las condiciones exactas que él había establecido) con una asociación en defensa de los discapacitados o de los homosexuales o con un sindicato o con personas de una etnia diferente, porque ello podría suponer un apoyo implícito a la causa de los discapacitados o de los homosexuales o de determinados grupos de trabajadores. Los ejemplos expuestos, y en particular el relativo a los discapacitados, creo que dejan muy claro el problema de fondo y creo que deberían sugerir una solución exactamente opuesta a la adoptada por el The Supreme Court. Más aún si tenemos en cuenta que el rechazo del pastelero se produjo tras el rechazo del Parlamento a la ley de matrimonio entre personas del mismo sexo.

En todos estos casos, es evidente que no estamos ante una negativa a negociar, sino ante un incumplimiento del contrato por razones discriminatorias; ello impondría, a mi juicio, un mayor rigor a la hora de condenar a la indemnización por daños y perjuicios, ya que se trataría de reparar no solo el daño derivado del incumplimiento de la prestación y, por tanto, el derivado de la frustración del interés positivo, sino también el daño moral[230] que la persona ha sufrido como consecuencia de la discriminación[231].

Pasamos, pues, al segundo grupo de supuestos, es decir, aquellos en los que excepcionalmente podría considerarse existente una obligación de contratar y, por tanto, en los que, siempre que la parte discriminada tenga interés[232], se puede considerar posible una celebración forzosa del contrato por medio de la autoridad judicial, es decir por medio de una sentencia que produzca los efectos del contrato no celebrado[233].

---

230 AGUILERA RULL, Ariadna, «Daño moral por discriminación», GÓMEZ POMAR, Fernando; MARÍN GARCÍA, Ignacio (coords.), *El daño moral y su cuantificación*, 2.a ed., Bosch, Barcelona, 2017, pp. 559-586.

231 Sobre la reparación del daño no patrimonial como consecuencia de la discriminación, véase el siguiente párrafo: «5. Indemnización por daños y perjuicios». La reparación del daño moral como consecuencia de una conducta discriminatoria está ahora expresamente regulada en el art. 26 de la Ley 15/2022. V. el siguiente párrafo: «7. La Ley 15/2022, de 12 de julio, integral para la igualdad de trato y la no discriminación».

232 GARCÍA RUBIO, María Paz, «Discriminación por razón de sexo y derecho contractual en la Ley Orgánica 3/2007, de 22 de marzo, para la igualdad efectiva de mujeres y hombres», cit., p. 156, «parece que en un buen número de casos la obligación de contratar no podrá ser impuesta, sencillamente porque el contrato carece ya de interés para la persona discriminada; piénsese por ejemplo, en el arrendatario que se negó a alquilar una vivienda a una mujer para el tiempo en que esta trabajaba en determinada ciudad, ciudad que ya no es su lugar de residencia cuando el juez sanciona la discriminación». GARCÍA RUBIO, María Paz, «La discriminación por razón de sexo en la contratación privada», cit., p. 1104.

233 CARAPEZZA FIGLIA, Gabriele, «El principio de no discriminación en el derecho contractual ítalo-europeo», cit., p. 307, «el art. 28 d.lg. n. 150 de 2011 puede considerarse uno de los "casos previstos por la ley" en los que, según el art. 2908 del Código Civil, la autoridad judicial puede emitir fallos constitutivos. La disposición, así, atribuye al juez el poder de adoptar, acogiendo el recurso, "cualquier medida apropiada para eliminar los efectos" de la discriminación. La eliminación de los

Las hipótesis en las que podría configurarse abstractamente la imposición de la obligación de contratar son básicamente dos: una relativa a la negociación individual, pues en el caso de oferta al público ya hemos dicho que no es necesario suponer una obligación de contratar, y la otra a la contratación de masa.

El primer supuesto puede darse cuando durante una negociación aislada una de las partes discrimina a otra, bien negándose desde el principio a contratar con ella, bien retirándose injustificadamente de las negociaciones.

El segundo supuesto puede darse cuando, durante una negociación de masa, la parte que ofrece el bien o el servicio, en lugar de hacer, como suele ser el caso, una oferta al público se limita a formular una simple invitación a ofrecer. En tal caso, la iniciativa corresponde a la otra parte, que debe formular una oferta, que la otra puede rechazar por razones discriminatorias, incluso negándose a contratar.

En estos dos supuestos, me parece que en abstracto podrían darse las condiciones para imaginar, si esto corresponde al interés superior de la persona discriminada, una imposición de la obligación de contratar. Y esto especialmente en una perspectiva europea, en la que, ante la lesión del interés de una de las partes, debe encontrarse el remedio más adecuado y teniendo en cuenta, también, la clara tendencia de la legislación europea a establecer una regulación unitaria en caso de incumplimiento.

Es sabido de sobra que tanto en el derecho italiano (art. 2932 CC) como en el español (art. 708 LEC)[234] se admite la

---

efectos se expresa constituyendo una relación jurídica, que realiza el "derecho al contrato" del sujeto discriminado. También, aquí se manifiesta la distancia del contrato impuesto con el resarcimiento en forma específica, ya que solo la tutela constitutiva y no la tutela de condena produce concretamente el efecto jurídico invocado por la parte, sin la implementación de un procedimiento de ejecución».

234 Con anterioridad a esta norma, existía un debate en la legislación española sobre la posibilidad de una ejecución específica. La opinión jurisprudencial mayoritaria fue negativa, pues, la prestación en la promesa consistía en la emisión de un nuevo consentimiento contractual de naturaleza no fungible y, por ende, incoercible de manera específica, de manera que el incumplimiento se resolvía en una indemnización de daños y perjuicios sufridos. En este sentido, STS de 4 de julio de 1991 (RJ 1991, 5325). No obstante, algunas sentencias admitieron

posibilidad de una ejecución judicial de la obligación de contratar, por lo que el verdadero problema es establecer cuándo se puede decir concretamente que exista una tal obligación y a qué condiciones se pueda admitir su cumplimiento forzoso.

Para que exista una obligación de contratar, es preciso que la parte discriminada no tenga acceso al bien o servicio de forma equivalente mediante la celebración de un contrato sustitutivo, ya que en tal caso la reparación por daños y perjuicios podría considerarse suficiente en la medida en que logra cubrir tanto el perjuicio sufrido por el tiempo perdido como el por haber tenido que recurrir a un contrato de sustitución[235].

Mucho más compleja, en cambio, es la respuesta a la segunda pregunta, porque requiere establecer los términos y condiciones a los que es posible suponer no solo la existencia de una obligación de contratar, sino su cumplimiento forzoso.

La imposición de la obligación de contratar, o mejor dicho, la condena a la emisión de una declaración de voluntad presupone siempre la predeterminación del contenido del contrato[236], de modo que la función de la autoridad judicial no es

---

el cumplimiento en forma específica: STS de 1 de julio de 1950 (RJ 1950, 1187); STS de 2 de febrero de 1959 (RJ 1959, 2894); STS 26 de marzo de 1965 (RJ 1965, 1481).

235 Navas Navarro, Susana, «Negativa a contratar y prohibición de discriminar (Derecho comunitario y derecho español)», *Anuario de Derecho Civil*, tomo LV, 2007, fascículo IV, p. 1632, «imponer la obligación de contratar a la parte contratante que se ha negado a contratar con un sujeto por razón de sexo, cuando este puede disponer de otras alternativas igualmente razonables en el mercado («negocio de sustitución»), nos parece una forma de reparación que no es necesaria, adecuada y no guarda proporción con el daño material sufrido, puesto que es posible escoger una medida alternativa que resulta también eficaz y que permite no restringir el principio del libre desarrollo de la personalidad en el que se inserta el principio de libertad contractual. Esta medida alternativa será la indemnización dineraria del daño sufrido».

236 Maffeis, Daniele, «Libertà contrattuale e divieto di discriminazione», cit., p. 426, «perché possa applicarsi il rimedio della reintegrazione in forma specifica, e non un risarcimento per equivalente, occorre che sia stato determinato il contenuto del contratto, o in una fase della formazione del singolo contratto che ha preceduto la discriminazione, ovvero di già nell'offerta o nell'invito (completo) o nelle trattative svol-

fijar arbitrariamente el contenido del negocio, sustituyéndose a las partes, sino emitir una sentencia que produzca los efectos de un contrato cuyo contenido ya está predeterminado por las mismas partes y que una de ellas, aunque «obligada», se ha negado injustificadamente a celebrar[237].

Este principio fundamental, del que no es posible apartarse en modo alguno, significa que, en el contexto de los casos que hemos contemplado de forma abstracta, la condena a emitir una declaración de voluntad solo puede dictarse si el contenido del contrato ya está predeterminado. Esto es, en los casos de contratos de bienes de consumo o de bienes en serie[238] o, en los casos en los que exista otro contrato, al menos, que pueda valer como *tertium comparationis*[239].

---

tesi, a seguito dell'invito rivolto al pubblico, con la controparte contrattuale o con una cerchia di proponenti».

237 Aguilera Rull, Ariadna, *Contratación y diferencia. La prohibición de discriminación por sexo y origen étnico en el acceso a bienes y servicios*, cit., p. 362, «aunque ni el ordenamiento jurídico alemán ni el español lo prevean expresamente, frente a las negativas discriminatorias a contratar, en este trabajo, se defiende la posibilidad de imponer una obligación de vender o prestar. Ésta quedaría condicionada a que la víctima siga interesada en el bien o la prestación, no se trate de una prestación personal, exista una relación de causalidad entre la conducta discriminatoria y la no celebración del contrato, el contenido del contrato esté suficientemente determinado y la celebración sea todavía posible. La injerencia en la libertad de contratación del oferente que supone la imposición de dicha obligación es adecuada, necesaria y proporcional en sentido estricto».

238 Carapezza Figlia, Gabriele, *Divieto di discriminazione e autonomia contrattuale*, cit., p. 269, «l'area di operatività del rimedio appare circoscritta alle ipotesi di rifiuto ingiustificato che intervenga in una contrattazione seriale —ove la fonte del regolamento sia già predisposta e resa conoscibile— o a quelle di rottura delle trattative sviluppatesi fino al raggiungimento di un'intesa sugli elementi essenziali dell'affare».

239 A este respecto, considérese el conocido caso resuelto en Ontario, señalado por García Rubio, María Paz, «La discriminación por razón de sexo en la contratación privada», cit., p. 1105 s., en el que el titular de una imprenta se había negado a contratar con determinadas personas una vez que se enteró de que tendría que imprimir material destinado a promover la aceptación de las personas homosexuales por parte de la sociedad. En este caso, dado que existen precios para las impresiones, no hay duda de que el contenido del contrato es fácilmente determinable. En el caso, la autoridad judicial condenó al empresario a contratar, considerando, además, que la vulneración

En definitiva, creo que la existencia de una obligación de contratar y la posibilidad de una condena a la emisión de una declaración de voluntad solo puede afirmarse en los casos en que existe otro contrato que pueda considerarse absolutamente equivalente al que se habría celebrado de no existir la discriminación[240].

Si Fulano tiene diez teléfonos todos iguales y ya ha vendido cinco de ellos en base a una negociación individual, todos en las mismas condiciones, y posteriormente se niega a negociar con Mengano, porque es una persona con discapacidad visual, no creo que pueda excluirse razonablemente la obligación de contratar de Fulano y, por tanto, creo que la autoridad judicial puede dictar una sentencia produciendo los efectos del contrato que la parte discriminante no quiso celebrar.

La circunstancia de que el contrato, una vez perfeccionado, quede incumplido no excluye la utilidad del instrumento, ni puede decirse que el posible incumplimiento del contrato o la negativa a cumplirlo constituya en sí misma una limitación a priori a la imposición de la obligación de contratar.

La parte discriminada, siempre que la imposición de la obligación de contratar sea posible, tiene persistentemente

de la libertad religiosa era leve, ya que seguía siendo libre de mantener y practicar sus creencias en su ámbito privado. A este respecto, escribe García Rubio, María Paz, «resolviendo el caso en términos de ponderación, diríamos que esta decisión estima que el daño causado al demandado en sus convicciones religiosas al obligarle a celebrar el contrato pesa menos que el daño que causa la no celebración a los demandantes, con lo que se opta por imponer el contrato [...] Puesto que el servicio ofrecido al público en la esfera comercial debe ser considerado periférico a la libertad religiosa, cabe imponer el contrato».

240 García Rubio, María Paz, «La discriminación por razón de sexo en la contratación privada», cit., p. 1105, «no olvidemos que la negativa a contratar con alguien por razones discriminatorias supone un grave atentado a la dignidad de la persona; no es descabellado pensar que en bastantes ocasiones obligar a la persona discriminada a buscar el bien o servicio en otro lugar, aun siendo ello posible y aunque se le otorgue un hipotético derecho a una indemnización por la inicial negativa, puede significar también un atentado a su dignidad suficientemente grave como para hacer prevaler su derecho (libertad) a contratar sobre la libertad de elegir la otra parte contratante que posee el autor de la discriminación, siempre de acuerdo con la tantas veces mentada ponderación».

interés en la celebración del contrato, ya que su posición jurídica, también en cuanto a la indemnización por daños y perjuicios, es muy diferente según nos encontremos en un supuesto de negativa a contratar (responsabilidad precontractual y reparación del solo interés negativo) o en uno de incumplimiento del contrato celebrado (responsabilidad contractual y reparación del interés positivo).

Es decir, la posibilidad de una imposición de la obligación de contratar no depende de la posibilidad concreta del cumplimiento del contrato, sino de la posibilidad de una potencial predeterminación de su contenido para que la autoridad judicial pueda pronunciar una sentencia que produzca los efectos del contrato, sin tener que «inventar» el contenido de este.

Por lo tanto, el único requisito indispensable es que el contenido del contrato esté predeterminado o que se pueda determinar y, por lo tanto, que la autoridad judicial no tenga que determinar *ex novo*, esto es inventar, (lo que sería imposible) el contenido del contrato.

En caso de conflicto entre la parte discriminada que obtiene la conclusión forzosa del contrato y un tercero de buena fe, siempre debe prevalecer este último. Así, volviendo al ejemplo del vendedor del teléfono, si Mengano obtiene una sentencia con la que se condena al vendedor a la emisión de la declaración de voluntad, cuando Fulano ya ha vendido los diez teléfonos y no tiene otros a su disposición, Mengano no puede pretender la entrega del teléfono de otros compradores, de la misma manera que en el caso del contrato arrendamiento de varios inmuebles todos de igual valor, la parte que logra la ejecución forzosa del contrato no puede exigir la entrega de uno de los inmuebles que mientras tanto han sido arrendados a otros terceros de buena fe.

No obstante, conviene aclarar que en estos casos lo que no es posible no es la propia celebración forzosa del contrato, sino su ejecución[241].

---

241 Carapezza Figlia, Gabriele, *Divieto di discriminazione e autonomia contrattuale*, cit., p. 269, «la pronuncia di una sentenza costitutiva degli effetti del contratto non concluso deve, comunque, considerarsi dipendente dalle condizioni di possibilità prima esaminate, e cioè: la disponibilità materiale del bene o del servizio oggetto del rifiuto ingiustificato di contrattare e l'esistenza di un contenuto suffi-

La parte discriminada, si se cumplen las condiciones, es decir, que el contenido del contrato esté predeterminado o se pueda predeterminar de forma sencilla, puede pedir y conseguir la ejecución de la obligación de contratar; sin embargo, el contrato celebrado forzosamente quedará incumplido.

Esto no es irrelevante porque, como ya he reiterado, la regulación de la responsabilidad precontractual es diferente a la de la responsabilidad contractual en lo que atañe a la reparación del daño. Para la víctima de la discriminación, no va a ser irrelevante que el contrato sea o no forzosamente celebrado, aunque quede incumplido e incluso aunque sea cierto que su derecho no queda preservado con respecto al del tercero de buena fe.

6. Indemnización por daños y perjuicios

6.1. La discriminación como daño autónomo

Un remedio de gran calado es el de la indemnización por daños y perjuicios, con la especificación de que este, con mayor o menor intensidad, se refiere tanto a los supuestos en los que concurre con otros remedios, como a los en que es el único posible[242].

cientemente determinato del regolamento di interessi». A este respecto, si bien estoy de acuerdo con la necesidad de que el contenido del contrato sea determinado, no me convence tanto la idea de la necesidad de que el bien sea disponible, ya que no es posible excluir, como propongo en el texto, que la autoridad judicial pueda en todo caso dictar sentencia incluso en caso de indisponibilidad.

242 Navas Navarro, Susana, «Negativa a contratar y prohibición de discriminar (Derecho comunitario y derecho español)», Ferrer Vanrell, M. P.; Martínez Cañellas, A. (coords.) *Principios de derecho contractual europeo y principios de unidroit sobre contratos comerciales internacionales*, Madrid, Dykinson, 2009, p. 217 ss.; Navas Navarro, Susana, «Negativa a contratar y prohibición de discriminar (Derecho comunitario y derecho español)», *Anuario de Derecho Civil*, tomo LV, 2007, fascículo IV, p. 1633 ss., afirma que solo se puede imponer una restricción a la libertad de contratación si el remedio es proporcionado. En este sentido, considera imprescindible distinguir entre dos casos, según que la persona discriminada tenga o no una alternativa. «En el primer supuesto, debe tenerse presente que todavía es posible

De hecho, no debe pensarse que el recurso a uno de los otros remedios hasta ahora considerados excluye, por sí mismo, la posibilidad de una indemnización por daños y perjuicios, ya que bien puede combinarse con ellos. Así, como consecuencia de la modificación del contenido del contrato, o de la nulidad de la cláusula discriminatoria, o de la condena a la emisión de una declaración de voluntad, es muy posible que se conceda también la indemnización por los daños y perjuicios, en la medida en que la parte discriminada haya sufrido un perjuicio como consecuencia de la propia discriminación y por el tiempo en el que esta haya durado. Sin embargo, es evidente que el daño indemnizable será sin duda mayor cuando la indemnización constituye la única reparación posible, al convertirse en el solo remedio para reintegrar el daño sufrido.

También es necesario precisar que, al referirse a la indemnización por daños y perjuicios, pretendo considerar el perjuicio sufrido por el sujeto como consecuencia inmediata y directa de la discriminación, por lo que es importante que este perjuicio mantenga su autonomía[243].

celebrar un "negocio de sustitución", por lo que no resultará proporcional imponer a la parte discriminadora la obligación de contratar. Ahora bien, la indemnización pecuniaria que, en este caso, se deba, deberá comprender la diferencia pecuniaria satisfecha al haber realizado un negocio de sustitución en peores condiciones, además de la indemnización pecuniaria del daño moral. En el segundo supuesto, el daño material que se causa a la parte discriminada será más relevante que en los casos anteriores [...], por ello aquí sí podría considerarse que la reparación consistente en la obligación de contratar es proporcional al daño material sufrido, puesto que la medida solo consistente en la indemnización dineraria no resultaría adecuada, necesaria y proporcional al daño sufrido en el que a la conculcación de su derecho fundamental a ser tratado igual (daño moral) se añade el daño material de no tener acceso al bien o al servicio de que se trate, máxime cuando se trata de bienes o servicios esenciales para el consumidor».

243 GÓMEZ POMAR, Fernando, «Daño Moral», *InDret*, 2000, 1, p. 1 s., «El daño no patrimonial o moral, por el contrario, implica una reducción del nivel de utilidad que ni el dinero, ni bienes intercambiables por este, pueden llegar a compensar: todo el oro del mundo no basta para reemplazar el sufrimiento experimentado por el velocista que queda tetrapléjico como consecuencia de un accidente». Los efectos de un daño moral se representan en la figura 2 como un desplazamiento que se produce no a lo largo de la misma curva sino de una a otra que se sitúa más abajo. «El cambio no afecta a la cantidad de dinero disponi-

No cabe duda de que, si las partes han celebrado un contrato y una de ellas incumple sus obligaciones por un motivo discriminatorio, la parte no incumplidora tiene derecho a recibir una indemnización por el propio incumplimiento. Sin embargo, además de los daños y perjuicios por el incumplimiento como tal, también puede tener derecho a una indemnización por los daños y perjuicios sufridos como consecuencia de la discriminación padecida[244].

De nuevo, en caso de interrupción injustificada de las negociaciones, es palmario que la parte tiene derecho a pretender, dentro de los límites del interés negativo, una indemnización por los daños y perjuicios sufridos según las normas de la llamada responsabilidad precontractual y, por tanto, el daño por el lucro cesante y la pérdida de los beneficios correlacionados con el interés en no participar en negociaciones infructuosas. Sin embargo, si la retirada injustificada se debe a un motivo discriminatorio, la parte perjudicada también tendrá derecho a obtener una indemnización por el daño sufrido como consecuencia de la propia discriminación.

Con ello quiero decir que la indemnización por daños y perjuicios ha de estar vinculada, en lo que al aspecto que aquí anali-

---

ble por el dañado, que sigue siendo la misma. Sucede, sin embargo, que la misma cantidad le vale menos, le rinde menos utilidad: en el ejemplo utilizado para ilustrar el concepto de daños moral, nuestro velocista inválido ya no puede disfrutar con la misma intensidad del dinero que no ha perdido».

244 Una de las primeras sentencias del Tribunal Supremo español remonta a 1999 (STS, 2403/1999, 10 de abril de 1999, Ponente: **Alfonso Villagómez Rodríguez**) y concierne la indemnización de daños y perjuicios relacionados a una depresión reactiva derivada del trato discriminatorio por parte de una compañía aérea a una trabajadora, por razón de su sexo, consistente en pagarle 10.000 pesetas (de 1989) mensuales menos que a un compañero varón por idéntico trabajo. Se lee en los fundamentos de derecho: «es de tener en cuenta que los comportamientos discriminatorios generaron o aceleraron la depresión que afecta a la recurrente, por representar un sufrimiento continuado e incesante, capaz de perturbar la armonía psíquica de una persona, dada la intensa presión laboral que hubo de soportar hasta que el contrato se extinguió y cuyos efectos perturbadores no son fáciles de superar, por presentarse en la mayoría de los casos como persistentes e incesantes, máxime cuando se trata de una trabajadora que se encontraba realizada en la ocupación que desempeñaba y que, en definitiva, conduce a pensar que hubo de sentirse fracasada como mujer, en su posición de dependiente de personas ajenas, para las que les prestaba el trabajo que había asumido».

zamos se refiere, precisamente a la vulneración del principio de no discriminación, de modo que no estamos hablando de una indemnización por daños y perjuicios que, en todo caso, la parte tiene derecho a exigir según las normas del derecho común[245] (incumplimiento del contrato, responsabilidad precontractual, resolución por incumplimiento, etc.), sino, más exactamente, de una indemnización por daños y perjuicios basada específicamente en la vulneración de la prohibición de no discriminación[246], en la medida en que, esta lesión dé lugar a un perjuicio existencial, a saber, a un daño no patrimonial.

6.2. El hecho discriminatorio como fuente de responsabilidad contractual

La indemnización de los daños y perjuicios por vulneración del principio de no discriminación no solo tiene autonomía en cuanto al tipo de daño[247], sino también en cuanto a su fuente.

245 García Rubio, María Paz, «Discriminación por razón de sexo y derecho contractual en la Ley Orgánica 3/2007, de 22 de marzo, para la igualdad efectiva de mujeres y hombres», cit., p. 156, «si la violación de la prohibición de discriminación supone un incumplimiento contractual, la persona discriminada podría recurrir a los remedios sinalagmáticos».

246 Véanse, especialmente con referencia al derecho europeo, las interesantes consideraciones de Infante Ruiz, Francisco J. y Oliva Blázquez, Francisco, «Los contratos ilegales en el derecho privado europeo», cit., p. 36. «En esta materia deberá distinguirse entre el contrato discriminatorio inmoral y el contrato que da lugar a una discriminación en su ejecución o cumplimiento. En el primer supuesto el juez podrá establecer la nulidad del contrato o de la parte del mismo que resulta discriminatoria (arts. 15:101 PECL y 7:301 del Libro II del DCFR), junto con la indemnización de daños y perjuicios en el caso de que existan, que incluso podrá ser disuasoria (II.-2:104). En el segundo caso deberán aplicarse los remedios correspondientes frente al incumplimiento adaptados al caso concreto según ordena el art. 1:105 del Libro III del DCFR, es decir, tendrá lugar la aplicación de los remedios del incumplimiento de las obligaciones previstos en el Capítulo III del Libro III. Por otro lado, hay que identificar la discriminación en el acceso o suministro de bienes y servicios, es decir, la negativa a contratar, a la que se refiere propiamente el Capítulo II del Libro II del DCFR, en cuyo caso la consecuencia será el remedio indemnizatorio por responsabilidad extracontractual».

247 García Rubio, María Paz, «La discriminación por razón de sexo en la contratación privada», cit., p. 1111, «como en cualquier otro supuesto de

La parte que sufra una discriminación, con independencia de que se realice a través de la negativa a contratar o con base en el contenido del contrato o en su ejecución, más allá de los remedios de derecho común y, entre ellos, a la posible indemnización de los daños y perjuicios que estén vinculados a ellos, además tendrá derecho a una indemnización por los daños y perjuicios sufridos como consecuencia inmediata y directa de la discriminación en sí misma.

Este daño tiene su origen en el hecho discriminatorio en sí, esto es, la vulneración del principio de no discriminación, que, por lo tanto, da lugar a una responsabilidad autónoma.

Con esto quiero dejar claro que cuando hablamos del remedio resarcitorio en los supuestos de discriminación, aun siendo consciente del principio de unicidad del daño, pretendo referirme al perjuicio padecido por el hecho mismo de la discriminación, con independencia de que la persona haya sufrido un daño por la no celebración del contrato o por las condiciones contractuales alcanzadas o por el incumplimiento del negocio.

En cuanto a su naturaleza, diría que se trata de una responsabilidad contractual[248], ya que su fundamento está en el incumplimiento de la obligación de no discriminar.

La norma-principio de no discriminación, precisamente por la teoría de la eficacia horizontal de los principios[249], debe considerarse idónea para plantear la existencia de una obligación que también incumbe a los particulares. De ahí, el incumplimiento de la obligación, aunque sea de fuente legal, determina una res-

---

responsabilidad contractual o extracontractual, lo que sí es imprescindible para su reconocimiento es la existencia del daño, al tratarse de un presupuesto ineludible en cualquier sistema de responsabilidad civil».

248 Igualmente, García Rubio, María Paz, «Discriminación por razón de sexo y derecho contractual en la Ley Orgánica 3/2007, de 22 de marzo, para la igualdad efectiva de mujeres y hombres», cit., p. 160 s., «estimo que se trata de una acción de responsabilidad contractual en el sentido de que proviene del incumplimiento de una obligación previa al nacimiento de la responsabilidad [...] se trata de una responsabilidad de naturaleza puramente objetiva que surge con independencia de la intención o el grado de diligencia del autor de la discriminación». García Rubio, María Paz, «La discriminación por razón de sexo en la contratación privada», cit., p. 1110 s.

249 V. Capitulo: «I. Eficacia y alcance del principio de no discriminación», párrafo: «2. El principio de no discriminación y su eficacia horizontal».

ponsabilidad contractual[250], con todas las consecuencias regulatorias y de carga de la prueba que esto conlleva.

Aunque el principio de no discriminación puede interpretarse en términos de deber general, creo que cuando debe aplicarse a las relaciones entre particulares se convierte en una verdadera obligación, ya que se trata de una determinada conducta que cada parte debe observar para satisfacer el interés de la otra.

Sin embargo, si no se quiere compartir esta reconstrucción y se prefiere asumir que el principio de no discriminación da siempre lugar a un simple deber jurídico, con la consecuencia de que su vulneración conlleva una responsabilidad extracontractual, el resultado global, desde el punto de vista regulatorio, no cambiaría mucho.

En el caso de discriminación, independientemente de que se trate de una responsabilidad contractual o extracontractual, debe aplicarse el principio general según el cual la parte discriminada debe limitarse a alegar el hecho discriminatorio, mientras que a la otra parte le corresponde probar que no se produjo discriminación o que esta fue legítima.

A los efectos de alegar el hecho discriminatorio deben, pues, aplicarse las consideraciones que hemos hecho a nivel más general[251] y, por tanto, asumir que la parte debe limitarse a probar una serie de hechos que permitan presumir que ha existido tal discriminación. Esta conclusión, para cuyas razones me remito íntegramente a las consideraciones ya realizadas[252], constituye un requisito indispensable del derecho antidiscriminatorio, ya que, sin él, el hecho discriminatorio sería difícilmente demostrable, con una evidente limitación tanto de los derechos fundamentales de la per-

---

250 García Rubio, María Paz, «Discriminación por razón de sexo y derecho contractual en la Ley Orgánica 3/2007, de 22 de marzo, para la igualdad efectiva de mujeres y hombres», cit., p. 162 s., «la indemnización ha de cubrir, o bien todos los danos sufridos por la víctima a causa de la discriminación intencional, o los que hubieran sido previsibles en el momento de violación de la obligación de no discriminación, cuando no concurre el elemento doloso [...] Evidentemente, son indemnizables tanto los daños patrimoniales como los daños morales o extrapatrimoniales».

251 V. Capitulo: «II. Relevancia del principio de no discriminación en materia contractual», párrafo: «9. Prueba de la discriminación».

252 V. V. Capitulo: «II. Relevancia del principio de no discriminación en materia contractual», párrafo: «9. Prueba de la discriminación».

sona como del sistema de mercado que el derecho pretende conformar.

6.3. La discriminación como daño moral

El daño causado por la lesión de la obligación de no discriminación es de naturaleza moral[253], porque es la lesión de un interés de carácter existencial, que se basa en la igualdad y, por tanto, en el valor de la dignidad de la persona.

No creo que sea necesario insistir, hoy en día, en la admisibilidad de la indemnización del llamado daño moral, aunque es bien sabido que la experiencia jurídica italiana y la española son muy diferentes en este sentido.

En el Derecho español, apenas hay dudas sobre la indemnización del daño moral en la responsabilidad extracontractual, mientras que algunas había en cuanto a la responsabilidad contractual. La norma del artículo 1902 CC, que proclama la obligación de indemnizar el «daño causado», sin ninguna especificación, no ha planteado dudas sobre la indemnización del daño moral[254] en la responsabilidad por acto ilícito y el debate ha girado básicamente en torno a la identificación exacta de lo que constituye el daño moral[255] y a la forma de determinar su cuantía[256].

253 GENTILI, Aurelio, «Il principio di non discriminazione nei rapporti civili», cit., p. 229.

254 STS de 6 de diciembre de 1912 (Colección Legislativa, Jurisprudencia Civil, núm. 95) es, nada menos, que de las primeras en afirmar la indemnización del daño moral.

255 En sentido muy crítico, DÍEZ-PICAZO, Luis, *El escándalo del daño moral*, Civitas, Madrid, 2008, según el cual el daño no patrimonial se ha utilizado como comodín para dar entrada a tipos de daños que de otro modo no se hubieran podido compensar. GÓMEZ POMAR, Fernando, «Daño Moral», cit., p. 12, «En esta página hemos criticado con dureza la tendencia que manifiesta una cierta jurisprudencia de todas las Salas del Tribunal Supremo a hacer pasar como daños morales lo que realmente son daños patrimoniales. La crítica no responde a un prurito académico, a un simple capricho de escuela: el enmascaramiento de daños patrimoniales bajo la rúbrica de daños morales imposibilita todo control externo de los criterios jurisprudenciales de cuantificación de los daños».

256 GARCÍA LÓPEZ, Rafael, *Responsabilidad civil por daño moral. Doctrina y jurisprudencia*, Bosch, Barcelona, 1990; GÓMEZ LIGÜERRE, Carlos Ignacio, «Concepto de daño moral», GÓMEZ POMAR, Fernando; MARÍN GARCÍA, Ignacio (coords.), *El daño moral y su cuantificación*, cit., p. 29

Sin embargo, la cuestión de la indemnización del daño moral suscitó mayores dudas, en su momento, en relación con la responsabilidad contractual, considerando que los arts. 1101 y ss. CC solo prevén la reparación de los daños patrimoniales[257].

No obstante, la jurisprudencia española desde 1984[258], en el polémico caso relativo a la demanda de un abogado contra

ss.; Gómez Pomar, Fernando; Penalva Zuasti, José, «Problemas de concepto, valoración y cuantificación del daño moral (Análisis económico del Derecho)», Gómez Pomar, Fernando; Marín García, Ignacio (coords.), *El daño moral y su cuantificación*, cit., p. 73 ss.; Ramos González, Sonia, «Pautas de valoración del daño moral (Sistema legal de valoración de daños personales y el falso baremo del daño moral por prisión indebida)», Gómez Pomar, Fernando; Marín García, Ignacio (coords.), *El daño moral y su cuantificación*, cit., p. 107 ss.; Marín García, Ignacio; Milà Rafel, Rosa, «Daño moral contractual», Gómez Pomar, Fernando; Marín García, Ignacio (coords.), *El daño moral y su cuantificación*, cit., p. 201 ss.; Llamas Pombo, Eugenio, «Daño moral», *Practica de derecho de daños*, n. 133, octubre-diciembre 2017, pp. 1 ss.

257 Rodríguez Guitián, Alma María, «La reparación del daño moral en la contratación inmobiliaria», *Revista de Derecho*, N. 30, Barranquilla, 2008, p. 148 s. La autora demuestra que hay que superar la interpretación restrictiva, o solo por razones basadas en una lectura constitucional del derecho civil, sino también por lo siguiente «Primero, los términos generales y amplios utilizados por el precepto, tanto la palabra daño como pérdida. Segundo, el objetivo del artículo 1106 no ha sido la exclusión de su ámbito del daño no patrimonial, sino que su objetivo ha sido dejar claro, frente a las dudas que surgen en la tradición precodificada, que el lucro cesante también se indemniza ("no sólo...sino también"). Tercero, no existen en nuestro ordenamiento preceptos como el artículo 2059 del Código italiano ("Il danno non patrimoniale deve essere risarcito solo nei casi determinati dalla legge") o como el parágrafo 253 BGB en su redacción inicial ("Wegen eines Schadens, der nicht Vermögensschaden st, kann Entschädigung in Geld nur in den durch das Gesetz bestimmten Fällen gefordert werden"16), que limitan la indemnización del daño no patrimonial a los casos expresamente previstos por la ley 17. Al carecer en nuestro ordenamiento de un precepto análogo a los citados artículos es posible admitir la indemnización del daño moral contractual, aunque no haya una determinada norma del Código Civil que lo permita de forma explícita. Como último argumento, es útil recordar que esta apertura a la reparación del daño moral contractual está presente en los diversos trabajos de modernización y unificación del futuro Derecho Europeo de Contratos».

258 La indemnización del daño moral en la responsabilidad contractual

la compañía telefónica, que había omitido indicar su nombre y número de teléfono en el anuario de 1977[259], ha admitido la

es afirmada por primera vez por la STS n. 1165 de 9 de mayo de 1984 (ECLI:ES:TS:1984:1165). En el considerando n. 6 se lee: «y sin olvidar tampoco que en punto a esta clase de perjuicios y daños inmateriales, su producción, su existencia y su realidad, es decir, su prueba, es, paradójicamente, más fácilmente apreciable o perceptible en los casos de incumplimiento contractual, pues ya el hecho de esa conducta en una de las partes en el contrato produce, en el curso normal de la convivencia y de las expectativas creadas por la relación negocial intersubjetiva, una frustración, una ruptura de la confianza que es la base de la buena fe (artículos séptimo, primero y mil doscientos cincuenta y ocho del Código Civil) y aunque una concepción economicista y material de la convivencia abonó o amparó en un tiempo una respuesta negativa para resarcir esa frustración, cierto es que hoy aparece superada (como se superó el rechazo de la indemnización de los daños morales a partir de la sentencia de seis de diciembre de mil novecientos doce), o en vías de superación, esa tesis restrictiva merced o gracias a la beneficiosa o compensadora entrada o "irrupción de la ética" (exposición de motivos del Título preliminar del Código Civil, de mil novecientos setenta y cuatro) en el campo de las relaciones jurídicas, influjo que ha de ser mantenido e incluso reforzado a la vista de los principios supralegales consagrados en nuestra Constitución de mil novecientos setenta y ocho, artículo primero , con su referencia al valor "justicia", y décimo, que consagra y obliga al "respeto del derecho de los demás"».

259 Comparto la opinión de Rodríguez Guitián, Alma María, «La reparación del daño moral en la contratación inmobiliaria», cit., p. 143, cuando afirma que en el caso resuelto en la sentencia no existía un verdadero daño moral, sino solo una cuestión de lucro cesante. Sin embargo, «al ser de difícil prueba el número de clientes perdidos y, por tanto, los ingresos dejados de obtener como consecuencia de la omisión negligente de la Compañía Telefónica, el Supremo recurre al camino más cómodo de indemnizar el daño moral, sin referirse de manera concreta al lucro cesante. La tendencia iniciada por esta resolución probablemente se apoya en una ampliación excesiva del concepto de daño moral que, en ocasiones tiene, como propósitos escondidos, o castigar al causante del daño, o evitar la prueba difícil de ciertos daños patrimoniales. En cualquier caso, pienso que una posible solución al actual problema de la indemnización del daño moral contractual pasa, no tanto por oponerse a su reparación, cuanto por la búsqueda de determinados criterios que supongan un freno a una aceptación indiscriminada de tal reparación».

indemnización del daño moral incluso en la responsabilidad contractual.

Por el contrario, en el derecho italiano ha habido muchas dudas sobre la indemnización del daño moral tanto en la responsabilidad extracontractual, como en la contractual.

En la primera el derecho italiano (de forma similar al derecho alemán) solo prevé la indemnización del daño patrimonial (art. 2043 CC), estableciendo en el art. 2059 CC que el daño no patrimonial, puede ser indemnizado única y exclusivamente en los casos explícitamente establecidos por la ley[260]. Esta norma, que limita sustancialmente la indemnización del daño moral, ha planteado, además de las cuestiones que también se debatieron en España, un asunto previo y de mayor alcance sobre si y cuándo el daño moral podía ser indemnizado. Por otra parte, el hecho de que esta regla no estuviese contemplada en materia de responsabilidad contractual y, partiendo de la base de que se trataba de una norma excepcional, ha ganado terreno, en sus primeras interpretaciones, la idea de que el daño moral no podía ser indemnizado en los supuestos de responsabilidad contractual.

La doctrina y la jurisprudencia italianas, durante muchos años, han cuestionado estos límites, y a través de un largo y difícil camino han llegado a una ampliación sustancial[261]. De hecho, la jurisprudencia italiana ha llegado a admitir no solo que el daño moral no coincide con el solo daño moral

260 Dicho caso, conforme con el art. 185 CPC, coincidía esencialmente con el supuesto de que el acto ilícito constituía también un delito. Se decía, por lo tanto, que el daño no patrimonial era reparable si y solo si el acto ilícito constituía, también, un delito. Además, se afirmaba que el daño no patrimonial era reparable solo en los supuestos de responsabilidad extracontractual. A partir de la idea de que el art. 2059 CC era excepcional, se concluyó que esta regla no podría aplicarse, a falta de una indicación expresa, también a la responsabilidad contractual.

261 Para un resumen de la posibilidad de indemnización del daño extrapatrimonial en Italia, véase BARBA, Vincenzo, «El daño no patrimonial en el derecho italiano. Evolución a través de la jurisprudencia del Tribunal Constitucional y del Tribunal Supremo», SANTOS, M. J.; MERCADER, J. R.; DEL OLMO, P. (dirs.), ARYSMENDI, L. Y OYARZUN, F. (coords.), *Nuevos retos del derecho de daños en Iberoamérica*, Valencia, Tirant lo Blanch, 2020, pp. 117-144.

subjetivo[262], no solo que el daño moral puede ser indemnizado, más allá de los casos expresamente previstos en la ley, siempre que se produzca una lesión de un interés de la persona constitucionalmente protegido[263], sino que dicha

---

262 Se trata de una interpretación restrictiva, según la cual el daño moral se limita al perjuicio consistente en el sufrimiento del sujeto derivado de la violación de los derechos de la personalidad. En España esta tesis es mantenida por Díez-Picazo, Luis, *Derecho de daños*, Civitas, Madrid, 1999, p. 328 s., y en la jurisprudencia una de las primeras sentencias es STS, 31 de octubre de 2002, n. 7230 (ECLI:ES:TS:2002:7230), fundamentos de derecho, quinto: «El concepto de éste es claro y estricto; no comprende aspectos del daño material. Si una lesión del derecho subjetivo atenta a la esfera patrimonial del sujeto no pretenda éste que alcance también a la esfera espiritual. Hay daño moral exclusivamente cuando se ha atentado a un derecho inmaterial de la persona». V. Martín Casals, Martin; Solé Feliú, Josep, «Comentario a la STS 31.10.2002», *Cuadernos Civitas de Jurisprudencia Civil*, 2003, núm. 61, pp. 245-269; García Muñoz, O., «Responsabilidad en el contrato de obra y daños morales», *InDret*, 2/2003, pp. 1-5; Rodríguez Guitián, Alma María, «Indemnización del daño moral derivado del incumplimiento contractual (a propósito de la STS 31.10.2002)», *Anuario de Derecho Civil*, 2003, fascículo II, pp. 829-848.

263 Cass., 31 de mayo de 2003, n. 8827, *Leggi d'Italia*; Cass., 31 de mayo de 2003, n. 8828, *Leggi d'Italia*. Esto es lo que se afirma en los fundamentos de las sentencias gemelas: «Ritiene il Collegio che la tradizionale restrittiva lettura dell'art. 2059 c.c., in relazione all'art. 185 c.p., come diretto ad assicurare tutela soltanto al danno morale soggettivo, alla sofferenza contingente, al turbamento dell'animo transeunte determinati da fatto illecito integrante reato (interpretazione fondata sui lavori preparatori del codice del 1942 e largamente seguita dalla giurisprudenza), non può essere ulteriormente condivisa. Nel vigente assetto dell'ordinamento, nel quale assume posizione preminente la Costituzione —che, all'art. 2 Cost., riconosce e garantisce i diritti inviolabili dell'uomo—, il danno non patrimoniale deve essere inteso come categoria ampia, comprensiva di ogni ipotesi in cui sia leso un valore inerente alla persona... Si deve quindi ritenere ormai acquisito all'ordinamento positivo il riconoscimento della lata estensione della nozione di "danno non patrimoniale", inteso come danno da lesione di valori inerenti alla persona, e non più solo come "danno morale soggettivo"... Venendo ora alla questione cruciale del limite al quale l'art. 2059 c.c. del 1942 assoggetta il risarcimento del danno non patrimoniale, mediante la riserva di legge, originariamente esplicata dal solo art. 185 c.p. (ma v. anche l'art. 89 c.p.c.), ritiene il Collegio che, venendo in considerazione valori personali di rilievo costituzionale, dove escludersi che il risarcimento del danno non patrimoniale che ne consegua sia soggetto al limite derivante dalla riserva di legge

indemnización es admisible también en los supuestos de responsabilidad contractual[264].

---

correlata all'art. 185 c.p. Una lettura della norma costituzionalmente orientata impone di ritenere inoperante il detto limite se la lesione ha riguardato valori della persona costituzionalmente garantiti. Occorre considerare, infatti, che nel caso in cui la lesione abbia inciso su un interesse costituzionalmente protetto, la riparazione mediante indennizzo (ove non sia praticabile quella in forma specifica) costituisce la forma minima di tutela, ed una tutela minima non è assoggettabile a specifici limiti, poiché ciò si risolve in rifiuto di tutela nei casi esclusi (v. Corte cost., sent. n. 184/86, che si avvale tuttavia dell'argomento per ampliare l'ambito della tutela ex art. 2043 c.c. al danno non patrimoniale da lesione della integrità biopsichica; ma l'argomento si presta ad essere utilizzato anche per dare una interpretazione conforme a Costituzione dell'art. 2959 c.c.)».

264 Cass., Secciones Unidas, 11 de noviembre de 2008, n. 26972, *Leggi d'Italia*. Esto es lo que se afirma en los fundamentos de la sentencia: «4. Il danno non patrimoniale conseguente all'inadempimento delle obbligazioni, secondo l'opinione prevalente in dottrina ed in giurisprudenza, non era ritenuto risarcibile. L'ostacolo era ravvisato nella mancanza, nella disciplina della responsabilità contrattuale, di una norma analoga all'art. 2059 c.c., dettato in materia di fatti illeciti. Per aggirare l'ostacolo, nel caso in cui oltre all'inadempimento fosse configurabile lesione del principio del *neminem laedere*, la giurisprudenza aveva elaborato la teoria del cumulo delle azioni, contrattuale ed extracontrattuale (sent. n. 2975/1968, seguita dalla n. 8656/1996, nel caso del trasportato che abbia subito lesioni nell'esecuzione del contratto di trasporto; sent. n. 8331/2001, in materia di tutela del lavoratore).A parte il suo dubbio fondamento dogmatico (contestato in dottrina), la tesi non risolveva la questione del risarcimento del danno non patrimoniale in senso lato, poiché lo riconduceva, in relazione all'azione extracontrattuale, entro i ristretti limiti dell'art. 2059 c.c., in collegamento con l'art. 185 c.p., sicché il risarcimento era condizionato alla qualificazione del fatto illecito come reato ed era comunque ristretto al solo danno morale soggettivo. Dalle strettoie dell'art. 2059 c.c., si sottraeva il danno biologico, azionato in sede di responsabilità aquiliana, grazie al suo inserimento nell'art. 2043 c.c. (Corte Cost. n. 184/1986). L'interpretazione costituzionalmente orientata dell'art. 2059 c.c., consente ora di affermare che anche nella materia della responsabilità contrattuale è dato il risarcimento dei danni non patrimoniali. Dal principio del necessario riconoscimento, per i diritti inviolabili della persona, della minima tutela costituita dal risarcimento, consegue che la lesione dei diritti inviolabili della persona che abbia determinato un danno non patrimoniale comporta l'obbligo di risarcire tale danno, quale che sia la fonte della responsabilità, contrattuale o extracontrattuale. Se l'inadempimento dell'obbligazione determina, oltre alla vio-

Una vez admitida, en general, la indemnización del daño moral, se plantea la cuestión de determinar su cuantía.

Para evitar dudas y superar las críticas que suelen hacerse a las teorías de la doctrina que proponen su reparación, hay que reiterar que debe seguir siendo un daño y, por tanto, que el hecho de que sea un daño moral no excluye su carácter patrimonial. La expresión «daño moral», en este sentido, podría inducir en error y llevar a pensar que el daño moral se refiere únicamente a un perjuicio que no tiene ningún contenido patrimonial y, por tanto, a un daño que no es en absoluto susceptible de valoración económica.

Incluso cuando se hace referencia a los denominados daños morales subjetivos, es decir, al sufrimiento de la víctima como

---

lazione degli obblighi di rilevanza economica assunti con il contratto, anche la lesione di un diritto inviolabile della persona del creditore, la tutela risarcitoria del danno non patrimoniale potrà essere versata nell'azione di responsabilità contrattuale, senza ricorrere all'espediente del cumulo di azioni

(...)

Nell'ambito della responsabilità contrattuale il risarcimento sarà regolato dalle norme dettate in materia, da leggere in senso costituzionalmente orientato. L'art. 1218 c.c., nella parte in cui dispone che il debitore che non esegue esattamente la prestazione dovuta è tenuto al risarcimento del danno, non può quindi essere riferito al solo danno patrimoniale, ma deve ritenersi comprensivo del danno non patrimoniale, qualora l'inadempimento abbia determinato lesione di diritti inviolabili della persona. Ed eguale più ampio contenuto va individuato nell'art. 1223 c.c., secondo cui il risarcimento del danno per l'inadempimento o per il ritardo deve comprendere così la perdita subita dal creditore come il mancato guadagno, in quanto ne siano conseguenza immediata e diretta, riconducendo tra le perdite e le mancate utilità anche i pregiudizi non patrimoniali determinati dalla lesione dei menzionati diritti. D'altra parte, la tutela risarcitoria dei diritti inviolabili, lesi dall'inadempimento di obbligazioni, sarà soggetta al limite di cui all'art. 1225 c.c. (non operante in materia di responsabilità da fatto illecito, in difetto di richiamo nell'art. 2056 c.c.), restando, al di fuori dei casi di dolo, limitato il risarcimento al danno che poteva prevedersi nel tempo in cui l'obbligazione è sorta. Il rango costituzionale dei diritti suscettivi di lesione rende nulli i patti di esonero o limitazione della responsabilità, ai sensi dell'art. 1229 c.c., comma 2 (E' nullo qualsiasi patto preventivo di esonero o di limitazione della responsabilità per i casi in cui il fatto del debitore o dei suoi ausiliari costituisca violazione di obblighi derivanti da norme di ordine pubblico). Varranno le specifiche regole del settore circa l'onere della prova (come precisati da Sez. Un. n. 13533/2001), e la prescrizione».

consecuencia del acto ilícito, el daño debe ser de naturaleza patrimonial, sin olvidar que, dentro del ámbito del daño no patrimonial, el daño moral subjetivo constituye un área más limitada, ya que con la primera expresión se quiere hacer referencia al daño sufrido como consecuencia de la lesión de un interés no patrimonial.

En la formulación lingüística «daño no patrimonial» el adjetivo no se refiere al tipo de daño, casi como para indicar que se trata de un daño de contenido no pecuniario, sino que, en forma de sinécdoque, pretende referirse al tipo de interés que ha sido perjudicado. Por lo tanto, incluso para superar la crítica de que el daño moral es un comodín para sortear las limitaciones legales, hay que señalar que sigue siendo un daño de naturaleza patrimonial, aunque esté conectado con la lesión de un interés no patrimonial.

En este sentido, podemos seguir hablando de daños no patrimoniales, entendiendo que lo no patrimonial no está relacionado con el daño en sí mismo, sino con los intereses protegidos. Es decir, el daño no patrimonial debe ser considerado como el daño resultante de la lesión de los intereses existenciales de la persona.

Además, hay que compartir la opinión de RODRÍGUEZ GUITIÁN[265] cuando afirma que el daño no patrimonial, aunque interpretado de forma amplia, debe ser indemnizable no solo cuando es previsible, es decir, cuando el deudor asume el riesgo de reparar este daño, sino cuando es de cierta entidad, para evitar el llamado problema de los daños de las bagatelas.

Una vez dicho esto es obvio que la lesión de este tipo de interés, precisamente por tratarse de un daño moral, más correctamente un daño por lesión de un interés no patrimonial, es difícil de

265 RODRÍGUEZ GUITIÁN, Alma María, «La reparación del daño moral en la contratación inmobiliaria», cit., p. 157 ss. «Ello implica plantearse si el daño moral que sufre el acreedor, resultante del incumplimiento, era o no previsible para el deudor que incumple. Es decir, es preciso preguntarse si el interés no patrimonial del acreedor se ha incorporado al contrato, de manera que el deudor asume el riesgo de tener que reparar ese interés en caso de incumplimiento por su parte ... El criterio de la importancia o gravedad del daño moral contractual para concluir su reparación, que es manejado por nuestra jurisprudencia a la hora de resolver algunos casos, ha de determinarse teniendo en cuenta, o bien las circunstancias del caso, o bien el tipo de incumplimiento que se haya producido». RODRÍGUEZ GUITIÁN, Alma María, «Indemnización del daño moral derivado del incumplimiento contractual (a propósito de la STS 31.10.2002)», cit., p. 839 ss., y allí el análisis de interesantes casos de jurisprudencia.

determinar y, además, puede surgir un problema de concreción al momento de su cuantificación.

En este sentido, al tratarse de un daño que toca la dignidad de la persona, creo que es necesaria una valoración equitativa[266] por parte de la autoridad judicial y estoy convencido de que en la tasación de ese daño habrá que considerar la intencionalidad de quien

266 En la jurisprudencia italiana y a propósito de un interesante caso de discriminación por razón de orientación sexual cometido por una escuela católica en perjuicio de uno de sus profesores, véase Cass., 2 de noviembre de 2021, n. 31071, *Leggi d'Italia*. En esta importante sentencia, La Corte de Casación no solo condenó a la institución educativa por una conducta discriminatoria en la contratación, sino que le ordenó el cese inmediato de dicha conducta, y además la condenó a pagar una indemnización no patrimonial a la profesora discriminada. En el fundamento de derecho n. 8 se argumenta y razona el carácter indemnizatorio del daño moral y su valoración: «in materia di liquidazione del danno non patrimoniale, costituisce oramai regola di diritto vivente la ristorabilità della lesione di valori costituzionalmente garantiti, dei diritti inviolabili e dei diritti fondamentali della persona, in particolare dei diritti all'integrità psico-fisica e alla salute, all'onore e alla reputazione, all'integrità familiare, allo svolgimento della personalità ed alla dignità umana; la non patrimonialità —per non avere il bene persona un prezzo— del diritto leso, comporta che, diversamente da quello patrimoniale, il ristoro pecuniario del danno non patrimoniale non può mai corrispondere alla relativa esatta commisurazione, imponendosene pertanto la valutazione equitativa (per tutte: Cass., SS.UU. n. 26972 del 2008); i criteri di valutazione equitativa, la cui scelta ed adozione è rimessa alla prudente discrezionalità del giudice, debbono consentire una valutazione che sia adeguata e proporzionata (v. Cass. n. 12408 del 2011), in considerazione di tutte le circostanze concrete del caso specifico, al fine di ristorare il pregiudizio effettivamente subito dal danneggiato e permettere la personalizzazione del risarcimento (v. Cass. SS.UU. n. 26972/2008 cit.; Cass. n. 7740 del 2007; Cass. n. 13546 del 2006); la liquidazione equitativa operata dal giudice di merito è sindacabile in sede di legittimità (solamente) laddove risulti non congruamente motivata, dovendo di essa "darsi una giustificazione razionale a posteriori" (ancora Cass. n. 12408/2011 cit.); essendo la liquidazione del quantum dovuto per il ristoro del danno non patrimoniale inevitabilmente caratterizzata da un certo grado di approssimazione, si esclude che l'esercizio del potere equitativo del giudice di merito possa di per sè essere soggetto a controllo in sede di legittimità, se non in presenza di totale mancanza di giustificazione che sorregga la statuizione o di macroscopico scostamento da dati di comune esperienza o di radicale contraddittorietà delle argomentazioni (*cfr.* Cass. n. 12918 del 2010; Cass. n. 1529 del 2010; Cass. n. 18778 del 2014)».

ha realizado la conducta lesiva del interés protegido[267], el grado de ofensa al interés protegido, también con referencia al interés general; incluso es posible postular, sobre todo en casos de conductas intencionadas o reiteradas, una condena de tipo punitivo[268].

El tema de los llamados daños punitivos es amplio y complejo[269] y, como es sabido, ha sido objeto de un amplio debate tanto en España[270] como en Italia[271], especialmente a raíz de una

267 MAFFEIS, Daniele, «Libertà contrattuale e divieto di discriminazione», cit., p. 426, «il criterio principale per la liquidazione del danno non patrimoniale non può consistere nella gravità dell'offesa».

268 MESA MARRERO, Carolina, «Consecuencias jurídicas de las conductas discriminatorias: ¿un resquicio para los punitive damages?», cit., p. 1210, «este tipo de indemnización cumple una doble función: de un lado, punitiva o sancionadora en la medida en que castiga las conductas dañosas que son especialmente graves o reprobables; y de otro, disuasoria, ya que el riesgo de ser condenado a pagar este plus indemnizatorio y su elevado importe contribuye a prevenir la reiteración de conductas semejantes en el futuro».

269 Cabe mencionar las primeras sentencias del Tribunal Supremo Federal de EE.UU. más citadas en los últimos años: BMW of North America, Inc. v. Gore (517 U.S. 559 (1996)) (https://www.law.cornell.edu/supct/html/94-896.ZO.html; consultada el 15/07/2022) y State Farm Mutual Automobile Insurance Co. v. Campbell et al. (538 U.S. 408 (2003)) (https://www.law.cornell.edu/supct/html/01-1289.ZS.html ;consultada el 15/07/2022), que establecieron los criterios para imponer y cuantificar daños punitivos. Para un interesante comentario sobre las primeras sentencias norteamericanas en las que se perfila la indemnizabilidad de los daños punitivos, v. CODERCH, Pablo Salvador; AZAGRA MALO, Albert, «Juan Ramón Romo v. Ford Motor Co.: Indemnización sancionatoria a la baja. Comentario a la Sentencia de la Court of Appeal of the State of California, Fifth Appellate District de 25.11.2003», *InDret 1/2004*, p. 1 ss.; RUIZ GARCÍA, Juan Antonio, «Otra vuelta de tuerca a los daños punitivos. Philip Morris v. Williams, tras la estela de State Farm v. Campbell y BMW v. Gore», *InDret* 2/2007, p. 1 ss.

270 DE ÁNGEL YÁGÜEZ, Ricardo, *Daños punitivos*, Civitas, Madrid, 2012; CARRASCOSA GONZÁLEZ, Javier, «Daños Punitivos. Aspectos de Derecho Internacional Privado Europeo y Español», HERRADOR GUARDIA, M. J. (dir.), *Derecho de Daños*, Thomson Reuters Aranzadi, 2013, p. 3. (disponible en http://www.accursio.com/private/uploads/111_UMU___Punitive_Damages_by_J_Carrascosa.pdf; última consulta 22/07/2022); SALVADOR CODERCH, Pablo, «Punitive Damages», *InDret*, n. 1, p. 2000.

271 V., GRONDONA, Mauro, *La responsabilità civile tra libertà individuale e responsabilità sociale. Contributo al dibattito sui «risarcimenti punitivi»*,

interesante sentencia italiana[272] que ha reavivado recientemente el asunto. La complejidad del tema no permite que haga aquí un desarrollo adecuado y solo consiente unas consideraciones generales y aproximativas.

No cabe duda de que la regulación de la responsabilidad sirve para reparar los daños y perjuicios, de modo que la indemnización está fuertemente relacionada con la existencia misma del daño. Pero tampoco cabe duda de que la responsabilidad, como se ha dicho muchas veces, tiene un valor multifuncional. Si, por tanto, puede admitirse un espacio para la indemnización de los daños punitivos dentro de un sistema jurídico, como parece sugerir la experiencia jurisprudencial más reciente, creo que puede plantearse cuando la conducta ilícita del autor es en sí misma poli-ofensiva, porque no solo lesiona el interés de una sola persona, sino el de un colectivo y del mismo sistema de mercado conformado por el derecho[273].

Si es cierto que el principio de no discriminación tiene, en primer lugar, una función de conformar el mercado, ya que el ordenamiento jurídico rechaza una economía en la que se produzcan discriminaciones, y una función de protección de la dignidad de las personas, ya que pretende evitar no solo la discriminación de

Edizioni scientifiche italiane, Napoli, 2017, p. 105 ss.; CICERO, Cristiano (coord.), *I danni puntivi*, Edizioni scientifiche italiane, Napoli, p. 3 ss.; BENATTI, Francesca, *Correggere e punire. Dalla* law of torts *all'inadempimento del contratto*, Milano, 2008.

272 Cass., SS. UU., 5 de julio de 2017, n.° 16601, *Giurisprudenza italiana*, 2017, p. 1787, con nota de DI MAJO, Adolfo, *Principio di legalità e di proporzionalità nel risarcimento con funzione puntiva*; y *Corriere giuridico*, 2017, p. 1042, con nota de CONSOLO, Claudio, *Riconoscimento di sentenze, specie USA e di giurie popolari, aggiudicanti risarcimenti compensativi o comunque sovracompensativi, se in regola con il nostro principio di legalità (che postula tipicità e financo prevedibilità e non coincide pertanto con il, di norma presente,* due process of law; y *Danno e responsabilità*, 2017, p. 419, con nota de PONZANELLI, Giulio, *Polifunzionalità tra diritto internazionale privato e diritto privato*.

273 SALVADOR CODERCH, Pablo, «Punitive Damages», cit., p. 10, «Los Punitive damages se imponen para prevenir, pero también para castigar y enseñar (Prosser); para prevenir tanto como para retribuir y expresar indignación –dicho positivamente: reafirmar la confianza en el derecho violado y hacer justicia- (Fleming). Sin embargo, algunas resoluciones judiciales o tesis doctrinales recientes sobre Punitive damages se han centrado en solo alguna de las funciones anteriores y han prescindido de las demás».

la persona específica, sino también la protección de todos aquellos que potencialmente se identifican con ese factor de riesgo, entonces me parece que puede caber una responsabilidad de carácter punitivo[274].

Además, no puede pasarse por alto que las propias directivas europeas en materia de discriminación hacen una referencia explicita a las indemnizaciones disuasorias, con lo que, por un lado, confirman que en esta materia la responsabilidad civil no puede tener solo una función reparadora, sino también preventiva y, por otro, pueden constituir un complemento normativo preciso en este sentido.

El concepto de indemnización disuasoria alude claramente a una función preventiva de la responsabilidad civil, demostrando, por un lado, que la responsabilidad en esta materia es esencialmente multifuncional y, por otro, que existe un espacio concreto para dar entrada a una reparación del daño con función punitiva.

Más allá de esta difícil cuestión, que es controvertida, no cabe duda de que, en caso de vulneración del principio de no discriminación, la parte perjudicada debe obtener una indemnización efectiva, completa y proporcionada. Aunque excluyéramos por tanto la posibilidad de dar entrada en este asunto a la debatida figura de los daños punitivos, la necesidad de una reparación efectiva impondrá a la valoración discrecional de la autoridad judicial un análisis cuidadoso de la ofensividad de la conducta, de su posible intencionalidad, de la influencia que determina en la persona perjudicada y en el posible colectivo que, por razón del factor de riesgo, se ve indirectamente perjudicado, y, finalmente, de la idoneidad de la conducta para alterar el sistema de mercado.

---

274 En el derecho español se orienta hacia una solución negativa, MESA MARRERO, Carolina, «Consecuencias jurídicas de las conductas discriminatorias: ¿un resquicio para los punitive damages?», cit., p. 1217, «en primer lugar, porque la sanciones no cumplen una función indemnizatoria [...] en segundo lugar porque aun cuando admitiéramos una eventual función indemnizatoria, en nuestro Derecho de daños el importe de la indemnización no puede superar el alcance económico del daño efectivamente producido, pues este es el que determina su contenido con independencia de la valoración que merezca la conducta del infractor; por el contrario, el *quantum* indemnizatorio en concepto de *punitive damages* viene dado por la gravedad de la conducta y no por el alcance del daño, el cual será objeto de una indemnización compensatoria».

En la cuantificación del daño moral, la consideración de estos elementos, atendiendo también a la función disuasoria que las directivas europeas asignan a la indemnización de daños y perjuicios por vulneración del principio de no discriminación, conducirá por tanto a resultados que deberían aproximarse a los que se alcanzarían, dentro de los límites de la admisibilidad constitucional, aplicando la teoría de los llamados daños punitivos.

7. Protección inhibitoria y colectiva

7.1. Función y relevancia de las medidas inhibitorias

Por último, no se puede pasar por alto la necesidad de medidas inhibitorias[275], especialmente en el caso de que la conducta discriminatoria sea, por su propia naturaleza, potencialmente capaz de generar un perjuicio que vaya más allá de la discriminación en el caso individual[276].

Si se toma como punto de referencia a la parte que ha sufrido la discriminación concreta, es evidente que el remedio de carácter cautelar parece tener poca relevancia, pues la parte que ya ha sufrido la discriminación aspira a un remedio que sea capaz de corregir esa discriminación, bien sea a través de la celebración del contrato denegado, bien sea a través de la corrección del contenido del contrato discriminatorio, o finalmente, a través de la indemnización por daños y perjuicios.

Pero si, como hemos tenido ocasión de aclarar, el principio-valor de no discriminación se sitúa también en la protec-

275 García Rubio, María Paz, «Discriminación por razón de sexo y derecho contractual en la Ley Orgánica 3/2007, de 22 de marzo, para la igualdad efectiva de mujeres y hombres», cit., p. 153, «ante una situación de discriminación efectivamente producida, lo primero que debería poder exigir la víctima es el cese de la discriminación [...] creo que existen suficientes razones para entender que tal acción pueda darse también en el ámbito que nos ocupa». García Rubio, María Paz, «La discriminación por razón de sexo en la contratación privada», cit., p. 1102 s.

276 Véase el artículo 28, párrafo 5, del Decreto Legislativo n.° 150 de 1 de septiembre de 2011. Carapezza Figlia, Gabriele, «El principio de no discriminación en el derecho contractual ítalo-europeo», cit., p. 306 s.

ción de un interés general y tiene una función conformadora del mercado, ya que el ordenamiento jurídico rechaza una economía que, para obtener beneficios, también está dispuesta a discriminar y, por tanto, una economía de mercado marcada por la desigualdad, entonces se ve claramente que la medida inhibitoria asume una importancia especialmente relevante[277].

Si se prescinde de una visión que tenga en cuenta el solo interés de la persona que ha sido discriminada, es evidente que se plantea un problema más general, siendo necesario no solo corregir la discriminación efectivamente realizada, sino también eliminar de raíz el hecho de discriminación, para evitar que pueda repetirse[278].

Así, por poner un ejemplo banal, si una persona es discriminada por determinadas condiciones generales de un contrato, es indudable que le interesa que se corrija el contenido concreto del contrato celebrado, de modo que se elimine sustancialmente la discriminación y reciba un trato equivalente al de los demás; pero también, desde una perspectiva más general, es indudable que la protección del interés del individuo no es eficaz por sí sola, ya que también es necesario impedir que permanezca esa conducta discriminatoria.

En este sentido, por un lado, es muy importante que los ordenamientos jurídicos reconozcan la legitimación activa

277 GIMÉNEZ COSTA, Ana, «La negativa a contratar por razón de género en el derecho privado», cit., p. 143, «Existen dos vías para obtener el cese de la conducta discriminatoria, solicitarlo como medida cautelar y, por tanto, con carácter provisional, condicionado y susceptible de modificación; o bien el cese definitivo mediante el ejercicio de una acción de cesación» (p. 143). La prima con base en el art. 726 LEC y, según la autora, también con base en el principio de la atipicidad de las medidas cautelares.

278 CIANCIMINO, Michele, *«La discriminazione contrattuale: profili rilevanti per la tutela della persona. Note a margine di un recente dibattito dottrinale»*, cit., p. 705 s., «l'inibitoria potrà soccorrere anche per evitare reiterazioni del comportamento discriminatorio, specie nell'àmbito di contrattazioni seriali (es. condizioni generali di contratto, contratti per adesione, ecc.). L'ordine di *non facere* si atteggia qui come inibitoria negativa. Il giudice ha, infatti, anche la facoltà di adottare un piano di rimozione delle discriminazioni accertate (art. 28, comma 5), proprio al fine di evitare la reiterazione delle condotte illecite, soprattutto nel caso di discrimina- zioni collettive (per cui è previsto il parere, obbligatorio non vincolante, dell'ente collettivo ricorrente, specie nel caso di *class action*)».

para interponer una demanda inhibitoria a las asociaciones o entidades representativas de un colectivo potencialmente vulnerable, incluso mediante la posibilidad de una intervención adhesiva en el juicio, y, por otro lado, es importante que exista una sensibilidad por parte de los jueces que, respetando el principio de correspondencia entre lo pedido y lo otorgado y el principio dispositivo, propio del proceso civil, deben adoptar decisiones potencialmente adecuadas para evitar la repetición de conductas discriminatorias, incluso cuando no existe una demanda por parte de una asociación u organismo que tenga la legitimación activa.

Por lo tanto, en un caso como el que se acaba de plantear, es deseable que la autoridad judicial no solo corrija el contenido del contrato individual, sino que declare la nulidad de las condiciones generales discriminatorias del mismo, para impedir la celebración de otros contratos que incorporen ese contenido.

A esto hay que añadir que, ante la discriminación, la parte perjudicada, especialmente cuando puede satisfacer su propio interés de otra manera, es muy posible que no pida ninguna protección, con la consecuencia de que el hecho discriminatorio quede sustancialmente sin consecuencias.

Así, si imaginamos un pequeño comerciante que se niega sistemáticamente a negociar con las personas de color por razones xenófobas e imaginamos que estas pueden, sin embargo, acceder a los bienes o servicios ofrecidos por ese comerciante en otro lugar, aunque menos fácilmente, es probable —y esto pertenece a la experiencia común— que, en lugar de actuar para poner fin al hecho discriminatorio contra ellos, prefieran conseguir el bien o el servicio de otro comerciante. Esto significa que el sujeto podría persistir con la conducta discriminatoria. En un caso como este, es evidente que la conducta discriminatoria continúa, con todas las consecuencias negativas que determina desde el punto de vista jurídico y, sobre todo, social.

7.2. Legitimación activa de las asociaciones

Las consideraciones anteriores ponen de manifiesto la necesidad de que el ordenamiento jurídico conceda a las personas que no han sido objeto de discriminación concreta la capacidad de solicitar un requerimiento judicial contra la discriminación.

Este reconocimiento es indispensable para la aplicación plena y efectiva del principio de no discriminación en materia contractual.

Para ello, la solución más razonable, que siguen la mayoría de los ordenamientos jurídicos contemporáneos, es reconocer la capacidad y legitimación para actuar contra el hecho de discriminación contractual (independientemente de que se refiera a la fase de negociación, al contenido del contrato o a su ejecución), a las asociaciones y entidades que representan los intereses de un determinado colectivo potencialmente discriminado por un factor de riesgo.

En este sentido, muchas de las directivas europeas que han tratado de concretar el principio de no discriminación en materia contractual, han establecido también que los Estados miembros, de acuerdo con sus propios ordenamientos jurídicos, velaran porque las asociaciones, organizaciones u otras personas jurídicas que tengan un interés legítimo puedan iniciar, en nombre del demandante o en su apoyo, y con su autorización, cualquier procedimiento judicial o administrativo previsto para exigir el cumplimiento de las obligaciones establecidas en ellas.

A este respecto, son importantes tanto el artículo 7.2 de la Directiva 2000/43[279], relativa a la aplicación del principio de igualdad de trato de las personas independientemente de su origen racial o étnico, como el artículo 8.3 de la Directiva 2004/113[280], por la que se aplica el principio de igualdad de

279 «Los Estados miembros velarán por que las asociaciones, organizaciones u otras personas jurídicas que, de conformidad con los criterios establecidos en el Derecho nacional, tengan un interés legítimo en velar por el cumplimiento de lo dispuesto en la presente Directiva, puedan iniciar, en nombre del demandante o en su apoyo, y con su autorización, cualquier procedimiento judicial o administrativo previsto para exigir el cumplimiento de las obligaciones de la presente Directiva».

280 «Los Estados miembros velarán por que las asociaciones, organizaciones o entidades jurídicas que, de conformidad con los criterios establecidos en su Derecho nacional, tengan un interés legítimo en velar por el cumplimiento de lo dispuesto en la presente Directiva, puedan iniciar, en nombre del demandante o en su apoyo, y con su autorización, cualquier procedimiento judicial o administrativo previsto para hacer cumplir las obligaciones que se derivan de la presente Directiva».

trato entre hombres y mujeres al acceso a bienes y servicios y su suministro.

La aplicación de estas dos directivas en el ordenamiento jurídico italiano, así como en el español, ha supuesto un reconocimiento explícito de la capacidad y legitimación activa de determinadas asociaciones y entidades para actuar, tanto en apoyo del interesado como de forma autónoma, también para iniciar procedimientos de obtención de medidas cautelares y de requerimiento.

En la legislación italiana, con respecto a la discriminación racial es importante el art. 5 del Decreto Legislativo 215/2003[281], y con respecto a la igualdad de género el art. 55 *septies* del Decreto Legislativo 198/2006[282], sin olvidar el artículo 28 del Decreto Legislativo 150/2011, que ha establecido

281 El texto del art. 5 establece: «1. Sono legittimati ad agire ai sensi degli articoli 4 e 4-bis, in forza di delega, rilasciata, a pena di nullità, per atto pubblico o scrittura privata autenticata, in nome e per conto o a sostegno del soggetto passivo della discriminazione, le associazioni e gli enti inseriti in un apposito elenco approvato con decreto del Ministro del lavoro e delle politiche sociali e del Ministro per le pari opportunità ed individuati sulla base delle finalità programmatiche e della continuità dell'azione. 2. Nell'elenco di cui al comma 1 possono essere inseriti le associazioni e gli enti iscritti nel registro di cui all'articolo 52, comma 1, lettera a), del decreto del Presidente della Repubblica 31 agosto 1999, n. 394, nonché le associazioni e gli enti iscritti nel registro di cui all'articolo 6. 3. Le associazioni e gli enti inseriti nell'elenco di cui al comma 1 sono, altresì, legittimati ad agire ai sensi degli articoli 4 e 4-bis nei casi di discriminazione collettiva qualora non siano individuabili in modo diretto e immediato le persone lese dalla discriminazione».

282 El texto del art. 55 *septies* establece: «1. Sono legittimati ad agire ai sensi dell'articolo 55-quinquies in forza di delega rilasciata, a pena di nullità, per atto pubblico o scrittura privata autenticata, in nome e per conto o a sostegno del soggetto passivo della discriminazione, le associazioni e gli enti inseriti in apposito elenco approvato con decreto del Presidente del Consiglio dei Ministri, o per sua delega del Ministro per i diritti e le pari opportunità, di concerto con il Ministro per lo sviluppo economico, ed individuati sulla base delle finalità programmatiche e della continuità dell'azione. 2. Qualora il soggetto pubblico o privato ponga in essere un atto o un comportamento discriminatorio di carattere collettivo e non siano individuabili in modo immediato e diretto i soggetti lesi dalle discriminazioni, il ricorso può essere presentato dalle associazioni o gli enti rappresentativi dell'interesse leso di cui al comma 1».

el procedimiento para los pleitos de discriminación y que, además de establecer a nivel general, el principio de inversión de la carga de la prueba, es importante en la parte en la que establece que la autoridad judicial para evitar que se repita la discriminación, puede ordenar la adopción, dentro del plazo fijado en la orden, de un plan para la eliminación de la discriminación detectada.

En la legislación española, con respecto a la discriminación racial es importante el art. 31 de la Ley 62/2003, que establece que las personas jurídicas podrán actuar en los procesos judiciales en nombre del demandante que así lo autorice, mientras que no permite explícitamente una acción autónoma cuando las personas perjudicadas por la discriminación no pueden ser identificadas directa e inmediatamente. Con respecto a la igualdad de género el art. 12 de la ley 3/2007, que, al igual que el anterior, afirma la capacidad y legitimación para intervenir en los procesos civiles, sociales y contencioso-administrativos de las personas físicas y jurídicas con interés legítimo, determinadas en las Leyes reguladoras de estos procesos. Hay que mencionar ahora la previsión del artículo 29 de la Ley 15/2022, que establece, con carácter general, una legitimación para la defensa del derecho a la igualdad de trato y a la no discriminación a todas las entidades, asociaciones y organizaciones representativas de los derechos de un determinado colectivo discriminado. En particular, sin perjuicio de la legitimación individual, se establece que dichas entidades pueden defender los derechos e intereses de las personas «afiliadas o asociadas o usuarias de sus servicios en procesos judiciales civiles, contencioso-administrativos y sociales, siempre que cuenten con su autorización expresa».

No cabe duda de que en todos los casos en que existen normas especiales para una determinada relación contractual y con respecto a un determinado factor de riesgo, esta legitimación activa de las personas jurídicas no puede cuestionarse. El problema, que en España ha sido sustancialmente resuelto por el art. 29 de la Ley 15/2022, se plantea, sobre todo en Italia, en relación con los casos que, hasta la fecha, no están aún contemplados por una regulación específica.

En este sentido, no creo que sea necesaria e imprescindible una previsión normativa expresa, ya que, a través de una interpretación extensiva y/o analógica, me parece que puede reconocerse en todo caso esta capacidad y legitimación a favor de asociaciones y entidades.

En primer lugar, creo que puede decirse que la norma que establece la capacidad y legitimación activa de las personas jurídicas no puede considerarse excepcional, sino meramente especial, pues no constituye una alteración de los principios del proceso civil, sino que constituye una especificación de este, admitiendo la protección de un interés por parte de un sujeto titular del mismo.

La negación del carácter excepcional de estas normas, postula tanto una interpretación extensiva como una interpretación analógica, con la consecuencia de que en los supuestos de hecho que presenten similitudes, es decir, en los supuestos en los que se produzca una discriminación en el acceso a los bienes y servicios por razones distintas al origen étnico o al género, estoy convencido de que debe, de todas formas, aplicarse el principio del que las normas mencionadas son una explicación.

Razonar de otro modo llevaría a una grave irracionalidad del sistema jurídico, ya que implicaría una protección diferente según la discriminación se produjera por motivos raciales o de género o por cualquier otro motivo. Es decir, resultaría paradójico que, en el supuesto de discriminación por razón de sexo en el acceso a un bien, el ordenamiento jurídico reconociera la capacidad y legitimación activa de las personas jurídicas, mientras que en el supuesto de discriminación por razón de discapacidad o por razón de religión u orientación sexual, no se admitiera dicha capacidad y legitimación.

Por lo tanto, hay que afirmar que, al igual que el principio de no discriminación no puede limitarse al caso de la etnia o del género, sino que debe abarcar cualquier característica que pueda constituir un factor de riesgo, del mismo modo el sistema de protección no puede ser diferente y, por lo tanto, debe afirmarse la capacidad y la legitimación activa de las personas jurídicas con un interés legítimo para intervenir en los procedimientos civiles, sociales y administrativos que se relacionan con la defensa del principio de no discriminación.

No puede obviarse que la no discriminación, que incontestablemente constituye un interés generalizado, ya que, antes de su vulneración, debe considerarse desprovisto de un titular, pero latente en la comunidad, en tanto que es común a todos los individuos de una formación social no organizada y no identificable autónomamente, se convierte en un interés colectivo cuando los órganos colectivos, que actúan institucional y estatutariamente para su protección, se convierten en portadores de una posición subjetiva jurídicamente relevante que les legitima para actuar.

En este sentido, creo que debe compartirse la posición adoptada por el Consejo de Estado italiano[283], que ha afirmado que las entidades asociativas exponenciales están legitimadas para ejercitar acciones de protección de los legítimos intereses colectivos de determinadas comunidades o categorías con independencia de una disposición legal expresa al efecto.

Aclarados estos aspectos, es necesario comprobar si realmente es necesaria siempre la autorización expresa de la persona efectivamente discriminada para que los partidos políticos, sindicatos, entidades, asociaciones y organizaciones actúen en defensa de sus representados.

Creo que la referencia al consentimiento expreso de la persona afectada solo concierne el caso en que la persona discriminada actúa ante una autoridad judicial o administrativa y la entidad o la asociación actúa en juicio en su lugar o participa en el pleito en su apoyo. En este caso, al tratarse de una acción judicial para la protección del derecho subjetivo de una persona concreta, no cabe duda de que se requiere siempre su consentimiento expreso.

Más allá de este caso y, por tanto, dejando a un lado la norma del derecho español recogida en el artículo 29 de la Ley 15/2022, considero que el consentimiento no es necesario en los casos en los que, con independencia de la discriminación de una persona concreta, la entidad o asociación actúa en defensa del colectivo que pretende proteger.

---

283 Cons. Stato, Ad. Plenaria, 20 de febrero de 2020, n. 6, *Leggi d'Italia*, ha afirmado ese principio de derecho: «gli enti associativi esponenziali, iscritti nello speciale elenco delle associazioni rappresentative di utenti o consumatori oppure in possesso dei requisiti individuati dalla giurisprudenza, sono legittimati ad esperire azioni a tutela degli interessi legittimi collettivi di determinate comunità o categorie, e in particolare l'azione generale di annullamento in sede di giurisdizione amministrativa di legittimità, indipendentemente da un'espressa previsione di legge in tal senso».

En el caso de que una empresa ofrezca condiciones contractuales que discriminen a una persona con discapacidad o se niegue a negociar con personas homosexuales, no cabe duda de que, independientemente de la existencia de una persona concretamente discriminada, la entidad o la asociación que defiende a esa categoría de personas potencialmente discriminadas podría emprender acciones legales contra la empresa para solicitar el cese de la discriminación. En este caso, pensar que la capacidad y la legitimación jurídica de la organización deben estar sujetas al «consentimiento expreso de la persona discriminada» no tendría sentido, tanto porque podría no existir todavía una persona concretamente discriminada, como porque este consentimiento carecería de significado.

En definitiva, el consentimiento expreso de la persona discriminada solo es necesario cuando la organización actúa en sustitución del afectado o cuando propone una intervención adhesiva en un litigio ya planteado por la persona discriminada, mientras que no es necesario cuando la organización actúa en defensa del grupo vulnerable que sería potencialmente discriminado, independientemente de la discriminación concreta (que puede o no haberse producido) de una persona concreta.

Desde este punto de vista, aunque no cabe duda de que el artículo 29 de la Ley 15/2022 es muy importante, creo que las consideraciones que he hecho a nivel general sobre la capacidad y legitimación de las entidades y asociaciones pueden ser también de interés en el derecho español, ya que la susodicha norma parece referirse solo al supuesto de sustitución o intervención adhesiva, pero no tiene en cuenta el caso en que la entidad o asociación actúa de forma autónoma en defensa de intereses colectivos legítimos de determinadas categorías o comunidades.

Por último, hay que determinar si estas asociaciones también pueden tener derecho a reclamar daños y perjuicios. Debe quedar claro desde el principio que el daño efectivamente sufrido por la persona discriminada solo puede ser reclamado por la persona afectada o por una asociación a la que la persona haya pedido que actúe en su defensa.

En cambio, la cuestión de la indemnización por daños y perjuicios a favor de la asociación cuando esta actúa para proteger intereses colectivos legítimos es diferente. Aunque la cuestión es espinosa, creo que merece una respuesta afirmativa, pues no podemos excluir que la asociación o entidad que representa a un colectivo vulnerable deba considerarse perjudicada por la conducta discriminatoria.

Este reconocimiento no puede limitarse únicamente a los casos en los que una directiva prevea expresamente tal posibilidad (por ejemplo, el artículo 8 de la Directiva 2000/78), sino que debe extenderse a todos los casos en los que exista una legitimación autónoma del organismo o asociación para actuar en defensa de la posible discriminación que afecta al colectivo protegido. No solo se tratará del derecho a la indemnización del daño patrimonial, que también podría ser relevante, sino también del daño no patrimonial, ya que es conocido de sobra que la indemnización de dicho daño también puede darse a favor de las organizaciones, o, mejor dicho, de las personas jurídicas.

7.3. La sentencia del TJUE y de la Casación italiana sobre una discriminación contra personas con orientación homosexual

El tema de la capacidad y legitimación activa de las asociaciones que representan intereses legítimos ha sido objeto de una interesante sentencia del Tribunal de Justicia de la Unión Europea, a petición de la Corte de Casación italiana.

El caso merece una gran atención, tanto porque afirma la capacidad y legitimación de una asociación para actuar en el caso de la discriminación basada en la orientación sexual y, por lo tanto, en un hecho diferente al tomado en consideración por las dos directivas europeas (raza y género), como porque propone una interpretación muy interesante del propio concepto de discriminación, que amplía su alcance, demostrando cómo el principio de no discriminación no es solo un derecho subjetivo, sino un instrumento de conformación del sistema jurídico y de la economía de mercado.

El caso que dio origen al asunto judicial, al que ya hemos aludido anteriormente es sencillo de relatar.

Un conocido profesor universitario, C. T., titular de un importante bufete de abogados italiano especializado en derecho penal, declaró expresamente en una entrevista radiofónica que nunca contrataría a colaboradores y abogados con orientación homosexual[284].

Una asociación de abogados que defiende los derechos de las personas LGBTIQ+, inició una demanda contra el declarante por discriminación.

El Tribunal de primera Instancia[285] consideró que la conducta del demandado era ilícita, dado su carácter discriminatorio, y le condenó a pagar una indemnización por daños y perjuicios, ordenando también la publicación de un extracto de la sentencia en un periódico nacional italiano.

El conocido profesor y abogado recurrió esa decisión, planteando una serie de objeciones de procedimiento y de mérito. En particular, el recurrente denunció la falta de legitimación, tanto procesal como sustantiva, de la Asociación, ya que no podía considerarse titular de derechos y/o intereses difusos y, en cuanto al fondo, alegó la inexistencia de una conducta discriminatoria directa.

El Tribunal de Apelación de Brescia, con la sentencia n. 529 de 23 de enero de 2015[286], desestimó la apelación, confirmando en su totalidad la sentencia de primera instancia.

Contra esta sentencia, el profesor recurrió a la Corte de Casación. Durante el procedimiento ante la Corte de Casación, mediante auto interlocutorio n. 19443, de 20 de julio de 2018[287], el Alto Tribunal solicitó, con carácter prejudicial, en virtud del artículo 267 TFUE, la interpretación del Tribunal de Justicia de la Unión Europea, en relación con las dos cuestiones siguientes relativas al motivo del recurso.

¿Debe interpretarse el artículo 9 de la Directiva 2000/78/CE en el sentido de que una asociación, compuesta por abogados especializados en la protección jurídica de una categoría de personas con una orientación sexual diferente,

---

284 La entrevista puede escucharse en la siguiente página: https://www.zanzaraskit.it/podcast/single-podcast.php?anno=2013&data=131016 (consultada el 20/03/2021).

285 Para leer la sentencia: http://www.portalenazionalelgbt.it/bancadeidati/schede/corte-dappello-di-brescia-sez-lavoro-sentenza-n-529-del-23-gennaio-2015/file/2015%20ITA (consultada 12/04/2020).

286 Para leer la sentencia: http://briguglio.asgi.it/immigrazione-e-asilo/2015/febbraio/corte-app-bs-taormina.pdf (consultada: 12/04/2020).

287 Cass., 20 de julio de 2018, n. 19443, *Leggi d'Italia*.

que declara en sus estatutos que su objetivo es promover la cultura y el respeto de los derechos de dicha categoría, se presenta automáticamente como portadora de un interés colectivo y como asociación sin ánimo de lucro de carácter tendencial, facultada para entablar acciones judiciales, incluida la reclamación de daños y perjuicios, cuando se constaten hechos discriminatorios para dicha categoría?¿-Cubre el ámbito de aplicación de la protección contra la discriminación prevista por la Directiva 2000/78/CE, según una interpretación correcta de sus artículos 2 y 3, una declaración de pensamiento contraria a los homosexuales, en la que, en una entrevista concedida durante un programa de entretenimiento radiofónico, el entrevistado declara que nunca emplearía ni desearía emplear a dichas personas en su despacho de abogados, aunque no tenga ninguna solicitud de empleo en curso ni prevista?

El Tribunal de Justicia de la Unión Europea ofreció una respuesta a ambas cuestiones en una sentencia de 2020[288].

En respuesta a la primera cuestión reconoce la legitimación de la asociación de abogados para ejercitar la acción. Al respecto, establece este principio de derecho:

> «la Directiva 2000/78 debe interpretarse en el sentido de que no se opone a una normativa nacional en virtud de la cual una asociación de abogados cuyo objeto social consiste en defender ante los tribunales a las personas que tienen, en particular, cierta orientación sexual y en promover la cultura y el respeto de los derechos de esa categoría de personas tiene automáticamente, por ese objeto y con independencia de su eventual ánimo de lucro, legitimación activa para entablar un procedimiento judicial destinado a exigir el cumplimiento de las obligaciones derivadas de dicha Directiva y, en su caso, obtener reparación cuando se producen hechos que pueden ser constitutivos de discriminación, en el sentido de la citada Directiva, contra esa categoría de personas y no haya una persona perjudicada identificable»[289].

Aún más importante es la respuesta a la segunda pregunta, que, como ya he mencionado, amplía considerablemente el

288 Tribunal de Justicia, 20 de abril de 2020, C-507/18, *Leggi d'Italia*.

289 Fallo de la sentencia, n. 2.

alcance del principio de no discriminación, pues, se afirma que el hecho de discriminación contractual puede producirse incluso en ausencia de negociaciones concretas[290].

En este segundo aspecto, que merece la máxima atención, el Tribunal de Justicia ha precisado que el hecho de que no hubiera negociaciones para la contratación en el momento en que se realizaron las declaraciones discriminatorias no excluye su carácter discriminatorio si existe, como en el presente caso, un vínculo entre dichas declaraciones y las condiciones de acceso al empleo y al trabajo. El Tribunal

290 Cabe mencionar que una decisión parcialmente similar se tomó por primera vez en un caso de 1984 (STJUE, de 10 de abril de 1984, Asunto 14/83, Sabine Von Colson y Elisabeth Kamann y Land Nordrhein-Westfalen,, consutada en: https://eur-lex.europa.eu/LexUriServ/LexUriServ.do?uri=CELEX:61983CJ0014:ES:PDF). El director de una empresa ubicada en Bélgica había hecho declaraciones públicas de las que se desprendía que era necesario emplear única y exclusivamente a nacionales belgas para evitar el riesgo de que los clientes no quisieran utilizar sus servicios para ser prestados en sus domicilios por extranjeros. Aunque no se presentó ningún extranjero, el Tribunal de Justicia consideró que existía una discriminación directa, aunque potencial, incluso en ausencia de una víctima concreta. También vale la pena considerar el STJUE, STJUE, de 10 de julio de 2008, Asunto C-54/07, Centrum voor gelijkheid van kansen en voor racismebestrijding y Firma Feryn NV (Consultada en: https://curia.europa.eu/juris/document/document.jsf?docid=67586&doclang=ES) pronunciada a raíz de las manifestaciones de uno de sus administradores, quien afirmó públicamente que su sociedad no deseaba contratar a personas «extranjeras». Otro caso interesante y similar se decidió en 2008. STJUE, de 25 de abril de 2013, Asunto C-81/12, Asociaţia Accept y Consiliul Naţional pentru Combaterea Discriminării (Consultada en: https://curia.europa.eu/juris/document/document.jsf?text=&docid=136785&pageIndex=0&doclang=ES&mode=lst&dir=&occ=first&part=1&cid=272648). El accionista mayoritario de un club de fútbol hizo declaraciones homófobas a raíz de la no contratación de un futbolista profesional, probablemente por su orientación sexual. El TJUE afirma que «hechos como aquellos de los que trae causa el litigio principal pueden calificarse de "hechos que permiten presumir la existencia de discriminación" respecto de un club de fútbol profesional, cuando las declaraciones de que se trate emanen de quien, sin disponer necesariamente desde el punto de vista jurídico de la capacidad para vincularlo o representarlo en materia de contratación de personal, se presenta a sí mismo y es percibido en los medios de comunicación y en la sociedad como el principal directivo de dicho club».

de Justicia afirma que tales declaraciones discriminatorias, independientemente de la existencia de una negociación concreta en curso, son contrarias al principio de no discriminación en materia contractual, entre otras cosas, porque pueden tener un efecto disuasorio.

> «El concepto de "condiciones de acceso al empleo [...] y al ejercicio profesional" contenido en el artículo 3, apartado 1, letra a), de la Directiva 2000/78/CE del Consejo, de 27 de noviembre de 2000, relativa al establecimiento de un marco general para la igualdad de trato en el empleo y la ocupación, debe interpretarse en el sentido de que están comprendidas en ese concepto declaraciones efectuadas por una persona durante una emisión audiovisual según las cuales en su empresa nunca contrataría ni recurriría a los servicios de personas con una determinada orientación sexual, y ello aun cuando no estuviera en marcha o programado ningún proceso de selección de personal, siempre que el vínculo entre tales declaraciones y las condiciones de acceso al empleo y al ejercicio profesional dentro de esa empresa no sea hipotético»[291].

La Corte de Casación italiana, aplicando los principios de derecho afirmados por el TJUE, confirma la decisión de la audiencia provincial y, por tanto, por un lado, reconoce la capacidad y la legitimación activa de la asociación para interponer el recurso y, por otro lado, reconoce que puede existir una discriminación comprendida en el ámbito de aplicación de la Directiva europea 78/2000, incluso cuando no había negociaciones para contratar a nuevos empleados[292].

La sentencia del Tribunal de Justicia y del Tribunal de Casación italiano son del máximo interés y me parece que marcan un camino que merece ser recorrido. Ponen de manifiesto que el principio-valor de no discriminación en materia contractual no solo sirve para proteger el interés del individuo, cuando este se ve concretamente perjudicado, sino que tiene carácter general y configura la misma actividad negocial, de manera que el sistema rechaza, proporcionando

291 Fallo de la sentencia n. 1.

292 MALOMO, Anna, *Principio di eguaglianza e rapporti civili. Aspetti problematici e attuativi*, cit., p. 90 ss.

siempre remedios adecuados de protección y salvaguarda, todos aquellos hechos que son —incluso solo potencialmente— susceptibles de generar desigualdad.

El interés protegido es, por tanto, no solo el del individuo discriminado, sino también el del potencial *discriminando*, es decir, el interés en una economía de mercado que rechace toda forma de discriminación y desigualdad.

8. La Ley 15/2022, de 12 de julio, integral para la igualdad de trato y la no discriminación

El 13 de julio de 2022 en el BOE se publicó la «Ley 15/2022, de 12 de julio, integral para la igualdad de trato y la no discriminación»[293], que, como especifica en la justificación, tiene «la vocación de convertirse en el mínimo común normativo que contenga las definiciones fundamentales del derecho antidiscriminatorio español y, al mismo tiempo, albergue sus garantías básicas» y persigue un doble objetivo: «revenir y erradicar cualquier forma de discriminación y proteger a las víctimas, intentando combinar el enfoque preventivo con el enfoque reparador, el cual tiene también un sentido formativo y de prevención general. Para ello, el texto articulado se caracteriza por tres notas: es una ley de garantías, una ley general y una ley integral».

Se trata de una Ley muy interesante con la que el legislador ofrece una adecuada protección del principio de no discriminación tanto en el ámbito más estrictamente público, como en el privado.

En las siguientes consideraciones describiré principalmente las medidas que se refieren a las relaciones jurídicas entre particulares y, especialmente, las repercusiones en el ámbito de los contratos.

El primer hecho que hay que destacar es que el legislador ofrece una definición muy amplia de discriminación, tanto en lo que respecta al tipo, como al factor de riesgo.

293 Cabe mencionar que el 29 de enero de 2021 el BOE publicó la «Proposición de Ley integral para la igualdad de trato y la no discriminación», que es el antecedente de la ley aprobada el 12 de julio de 2022.

Con respecto a esto último, a diferencia de las directivas europeas, se toman en consideración todos los posibles factores de riesgo, pues el art. 2, párrafo 1, establece que: «nadie podrá ser discriminado por razón de nacimiento, origen racial o étnico, sexo, religión, convicción u opinión, edad, discapacidad, orientación o identidad sexual, expresión de género, enfermedad o condición de salud, estado serológico y/o predisposición genética a sufrir patologías y trastornos, lengua, situación socioeconómica, o cualquier otra condición o circunstancia personal o social».

Aparte de que se propone una lista muy completa de los que, hoy en día, pueden considerarse los aspectos potencialmente capaces de generar una discriminación, la última formulación lingüística es de gran interés al mencionar «cualquier otra condición o circunstancia personal o social».

Se trata de una verdadera cláusula general cuya función es considerar los factores de riesgo no de forma exhaustiva y como un número cerrado, sino como un verdadero número abierto, capaz de adaptarse a todas las necesidades que puedan surgir.

Teniendo en cuenta la complejidad de la identificación de los factores de riesgo y, sobre todo, la experiencia de las directivas europeas, que tienen un ámbito de aplicación limitado a ciertos factores de riesgo, creo que en la legislación contemporánea esta debería ser la forma de abordar la cuestión de la igualdad y no discriminación. En este sentido, sería deseable que el propio legislador europeo diera pasos en esta dirección, superando así el marco normativo creado con las dos directivas relativas a la aplicación del principio de igualdad de trato de las personas independientemente de su origen racial y de su género.

En otro orden de cosas, la Ley es también muy apreciable en lo que se refiere al propio concepto de discriminación, ya que superando incluso la experiencia de las directivas europeas y teniendo en cuenta las solicitaciones y reflexiones procedentes de la doctrina, no solo contempla la discriminación directa[294] y la indirecta[295], ofreciendo una definición muy amplia, sino que también tiene en cuenta la discriminación por asociación[296] y la discriminación por error[297], la discriminación múltiple e interseccional[298], el

---

294 Art. 6, párrafo n. 1.a «La discriminación directa es la situación en que se encuentra una persona o grupo en que se integra que sea, haya sido o pudiera ser tratada de manera menos favorable que otras en situación análoga o comparable por razón de las causas previstas en el apartado 1 del artículo 2.
Se considerará discriminación directa la denegación de ajustes razonables a las personas con discapacidad. A tal efecto, se entiende por ajustes razonables las modificaciones y adaptaciones necesarias y adecuadas del ambiente físico, social y actitudinal que no impongan una carga desproporcionada o indebida, cuando se requieran en un caso particular de manera eficaz y práctica, para facilitar la accesibilidad y la participación y garantizar a las personas con discapacidad el goce o ejercicio, en igualdad de condiciones con las demás, de todos los derechos».

295 Art. 6, párrafo n. 1.b «La discriminación indirecta se produce cuando una disposición, criterio o práctica aparentemente neutros ocasiona o puede ocasionar a una o varias personas una desventaja particular con respecto a otras por razón de las causas previstas en el apartado 1 del artículo 2».

296 Art. 6, párrafo n. 2.a «Existe discriminación por asociación cuando una persona o grupo en que se integra, debido a su relación con otra sobre la que concurra alguna de las causas previstas en el apartado primero del artículo 2 de esta ley, es objeto de un trato discriminatorio».

297 Art. 6, párrafo n. 2.b «La discriminación por error es aquella que se funda en una apreciación incorrecta acerca de las características de la persona o personas discriminadas».

298 Art. 6, párrafo n. 3 «a) Se produce discriminación múltiple cuando una persona es discriminada de manera simultánea o consecutiva por dos o más causas de las previstas en esta Ley.
b) Se produce discriminación interseccional cuando concurren o interactúan diversas causas de las previstas en esta Ley, generando una forma específica de discriminación.
c) En supuestos de discriminación múltiple e interseccional la motivación de la diferencia de trato, en los términos del apartado segundo del artículo 4, debe darse en relación con cada uno de los motivos de discriminación.
d) Igualmente, en supuestos de discriminación múltiple e interseccional las medidas de acción positiva contempladas en el apartado 7 de este artículo deberán atender a la concurrencia de las diferentes causas de discriminación».

acoso discriminatorio[299], la inducción, orden o instrucción de discriminar[300], y, finalmente, las represalias[301].

También a este respecto, la Ley me parece merecedora de un amplio reconocimiento, ya que ofrece una visión muy extensa del fenómeno de la discriminación y merece ser valorada tanto en el contexto del derecho europeo, con vistas a una directiva de reforma orgánica, como en la interpretación y aplicación del derecho vigente, ya que, puede ofrecer líneas hermenéuticas muy útiles a fin de aplicar la legislación preexistente.

La Ley excluye obviamente la discriminación cuando está objetivamente justificada por un objetivo legítimo. Así, el apartado 2 del artículo 4 establece: «No se considera discriminación la diferencia de trato basada en alguna de las causas previstas en el apartado 1 del artículo 2 de esta Ley derivada de una disposición, conducta, acto, criterio o práctica que pueda justificarse objetivamente por una finalidad legítima y como medio adecuado, necesario y proporcionado para alcanzarla».

El ámbito de aplicación de esta Ley a la materia contractual, recogido en el artículo 3, de forma similar a las dos directivas europeas en materia de raza y género, parece estar

299 Art. 6, párrafo n. 4 «Constituye acoso, a los efectos de esta Ley, cualquier conducta realizada por razón de alguna de las causas de discriminación previstas en la misma, con el objetivo o la consecuencia de atentar contra la dignidad de una persona o grupo en que se integra y de crear un entorno intimidatorio, hostil, degradante, humillante u ofensivo».

300 Art. 6, párrafo n. 5 «Es discriminatoria toda inducción, orden o instrucción de discriminar por cualquiera de las causas establecidas en esta Ley.
La inducción ha de ser concreta directa y eficaz para hacer surgir en otra persona una actuación discriminatoria».

301 Art. 6, párrafo n. 6 «A los efectos de esta Ley se entiende por represalia cualquier trato adverso o consecuencia negativa que pueda sufrir una persona o grupo en que se integra por intervenir, participar o colaborar en un procedimiento administrativo o proceso judicial destinado a impedir o hacer cesar una situación discriminatoria, o por haber presentado una queja, reclamación, denuncia, demanda o recurso de cualquier tipo con el mismo objeto.
Quedan excluidos de lo dispuesto en el párrafo anterior los supuestos que pudieran ser constitutivos de ilícito penal».

sustancialmente limitado al supuesto de «acceso, oferta y suministro de bienes y servicios *a disposición del público*, incluida la vivienda, que se ofrezcan fuera del ámbito de la vida privada y familiar»[302].

Lo que parece cuestionable, también a la luz de la experiencia adquirida en la última década y teniendo en cuenta la jurisprudencia de los últimos años, es vincular la referencia al acceso y suministro de bienes y servicios al supuesto de hecho de que están «*a disposición del público*». Esta aclaración, al igual que en la interpretación y aplicación de las directivas europeas y de las leyes nacionales de transposición de ellas, sugiere que el principio de no discriminación solo puede operar en la contratación de masa, en la que el bien o servicio se ofrece al público.

Sin embargo, a lo largo de este estudio, he intentado aclarar que, si bien el principal supuesto en el que puede surgir una discriminación en materia contractual se refiere a estos casos, eso no permite excluir la posibilidad de una discriminación también en el supuesto de contratación privada. En este sentido, habría sido preferible eliminar la expresión *disponible para el público*, especialmente para evitar una interpretación restrictiva.

La omisión de esta formulación, pues, no habría obstaculizado la aplicación de esta regulación a los casos de contratación de masa, pero hubiera facilitado su aplicación, aunque dentro de los límites que he tratado de aclarar, al caso de la

302 Art. 3, párrafo 1, letra *i*. Se tome en consideración, también, el art. 15, que establece lo siguiente: «Las administraciones públicas, las entidades, empresas o particulares que ofrezcan al público bienes y servicios, en el marco de una actividad comercial o profesional, tales como servicios financieros, de transporte, formación, ocio o similares, no podrán discriminar en el acceso a los mismos por las causas mencionadas en el artículo 2 de la presente Ley. Lo previsto en el párrafo anterior no impedirá la existencia de organizaciones, actividades o servicios destinados exclusivamente a la promoción de grupos identificados por algunas de las causas mencionadas en el artículo 2. No podrá denegarse el acceso a la contratación de seguros o servicios financieros afines ni establecerse diferencias de trato en las condiciones de los mismos por razón de alguna de las causas mencionadas en el artículo 2 salvo las que resulten proporcionadas a la finalidad del seguro o servicio y a las condiciones objetivas de las personas solicitantes en los términos previstos en la normativa en materia de seguros».

negociación individual o al caso de contrato celebrado sin recurrir a la oferta pública.

En todo caso, cabe considerar que, más allá de este supuesto de hecho concreto, no cabe duda de que todas las hipótesis de discriminación que puedan darse en materia contractual, ya sea en relación con la negativa a contratar, con el contenido del contrato o con su ejecución, quedan amparadas por una norma de alcance general que prohíbe «toda disposición, conducta, acto, criterio o práctica que atente contra el derecho a la igualdad» (art. 4.1)[303]. La importancia de esta disposición legal es fundamental, ya que constituye una verdadera norma de principio a través de la cual, más allá de los supuestos de hecho concretos, se da cobertura legal a cualquier hecho constitutivo de discriminación.

En cuanto a los remedios, que pueden aplicarse, la Ley, por un lado, se refiere a la nulidad de pleno derecho (art. 26) y, por otro, a la responsabilidad por daños y perjuicios (art. 27), previendo también la posibilidad de medidas cautelares para el cese de las prácticas o conductas discriminatorias inminentes o ulteriores (art. 28).

En cuanto a la nulidad, cabe suponer que la norma abarca tanto el caso de nulidad total como el de nulidad parcial, ya que se refiere a la nulidad de «disposiciones, actos o cláusulas de los negocios jurídicos».

Es de esperar que en el caso de la nulidad parcial se apliquen los principios básicos y, por tanto, que la nulidad de una cláusula no determina la nulidad del contrato si dicha cláusula no fuera determinante. Además, también hay que considerar que en el supuesto de que la cláusula es determinante, no se produce la nulidad del contrato si es posible una sustitución automática mediante un mecanismo de inserción automática, cuando exista una norma jurídica que fija imperativamente las condiciones o los precios de los bienes o servicios.

303 La norma prosigue de esta forma: «Se consideran vulneraciones de este derecho la discriminación, directa o indirecta, por asociación y por error, la discriminación múltiple o interseccional, la denegación de ajustes razonables, el acoso, la inducción, orden o instrucción de discriminar o de cometer una acción de intolerancia, las represalias o el incumplimiento de las medidas de acción positiva derivadas de obligaciones normativas o convencionales, la inacción, dejación de funciones, o incumplimiento de deberes».

Dada la disposición normativa del art. 26, el problema podría surgir cuando la nulidad se refiera a un elemento esencial del contrato, pero no exista una norma jurídica imperativa capaz de realizar una sustitución de este. En tal caso, habría que considerar que la nulidad de la cláusula conlleva la nulidad de todo el contrato. Sin embargo, esto podría perjudicar el interés de la parte discriminada, que podría tener interés no en la nulidad del contrato y, por tanto, en la eliminación de la relación contractual, sino en su mantenimiento.

En este sentido, y para ofrecer una adecuada protección del interés de la parte perjudicada, se podría proponer, cuando sea posible, que, en lugar de hablar de nulidad de la cláusula en sí, se hable, como se ha dicho en la literatura italiana[304], de nulidad de la parte del contrato.

Si, por ejemplo, la nulidad se refiere a la cláusula que fija el precio, que es por razones discriminatorias más alto, en lugar de afirmar la nulidad de la cláusula, se afirmaría la nulidad de la parte de la cláusula en la medida en que fija el precio más alto que el precio de mercado o el precio practicado en otros contratos equivalentes. En este caso, incluso en ausencia de una norma imperativa que fije un precio, se podría preservar la relación negocial.

Además, teniendo en cuenta que se trata de una nulidad decretada en interés de la parte discriminada, sería preferible que fuera una nulidad relativa[305], es decir, una nulidad a petición de la sola parte perjudicada. En efecto, podría darse el caso de que la parte discriminada, si no hubiera otro remedio posible, prefiriera, de todas formas, conservar el contrato, aunque sea perjudicial y solicitar una indemnización por daños y perjuicios.

---

304 Tamponi, Michele, «Contributo all'esegesi dell'art. 1419 c.c.», cit. pp. 105 ss., 483 ss.

305 Siempre sería preferible que fuera la nulidad, aunque relativa, y no mera anulabilidad, ya que el interés protegido sigue siendo general y la obligatoriedad de la prohibición de discriminación no justificaría la mera anulabilidad. El hecho de que sea una nulidad, aunque relativa, no permite confundir la nulidad con la anulabilidad que, independientemente del perfil inherente a la legitimación de la acción, siguen siendo dos remedios que protegen intereses diferentes y que tienen una diferente regulación.

En cualquier caso, teniendo en cuenta el avance actual de la doctrina sobre la materia, hubiera sido conveniente prever la posibilidad de una facultad correctora por parte de la autoridad judicial, en la medida en que fuera posible reconstruir el contenido del contrato por referencia a contratos equivalentes o usuales en el tráfico jurídico.

En este sentido se hubiera podido añadir el siguiente párrafo: «la nulidad de una cláusula no implica la nulidad del contrato, cuando la nulidad de la cláusula es sustituida de pleno derecho por normas imperativas o cuando puede ser sustituida por la autoridad judicial, teniendo en cuenta contratos equivalentes y según equidad».

La norma sobre la atribución de responsabilidad (art. 27) establece que la persona que causa la discriminación es responsable de los daños causados, precisando que en este supuesto se presume el daño moral[306], que debe ser

306 Expresa sus dudas sobre la elección del legislador de presumir la existencia del daño moral PEÑA LÓPEZ, Fernando, «¿Qué daño moral se presume que se deriva de los actos de discriminación y qué tipo de presunción establece la ley 15/2022?,» *CESCO, Centro de Estudios de Consumo*, http://centrodeestudiosdeconsumo.com/images/Que_dano_moral_se_presumeFPena.pdf (consultado el 19/09/2022). La existencia de una presunción absoluta, es decir, una presunción que no admite prueba en contrario corre el riesgo de transformar los daños y perjuicios en una verdadera pena privada. «Pues bien, a mi modo de ver, calificar a la del art. 9.3 LO 1/1982 o del 27 de la Ley 15/2022 como una presunción iuris et de iure de daños morales puros no es coherente ni con la esencial finalidad reparadora del derecho de daños, ni con el principio de reparación integral. En efecto, esta interpretación implica la concesión de indemnizaciones de daños y perjuicios en casos en los que esos daños no existen. Los daños morales puros en ocasiones —si se quiere, en la mayoría de las ocasiones— sí se derivarán del acto de discriminación, pero es evidente que esto no sucederá siempre. Siendo así, el establecimiento de una regla de este tipo supone una derogación puntual del principio de reparación integral del daño, que, igual que impide que se indemnice más allá de los daños probados, también prohíbe reparar daños que no existen. Además, la norma así interpretada constituye una desviación de la —unánimemente afirmada— finalidad reparadora de la responsabilidad civil extracontractual» (p. 5). Por ello, el autor afirma que sería preferible considerar esta presunción como simple, de manera que se ofrezca la posibilidad de probar que la persona discriminada no sufrió ningún daño. La postura del autor puede aceptarse, siempre que se indique que se presume un daño no patrimonial y que corresponde a

determinado por la autoridad judicial, en función de las circunstancias.

Lo que llama la atención y me parece de gran interés es que la disposición, aunque se refiera a la responsabilidad, no especifica si pretende referirse a la responsabilidad civil contractual, extracontractual o precontractual. Por lo tanto, debe asumirse que se trata de una regla general, que se aplica independientemente de la naturaleza de la responsabilidad. Más allá de esto, hay que tener en cuenta que la ley construye la prohibición de no discriminar como contenido de una obligación, con la consecuencia de que su lesión, independientemente de la relación concreta que pueda existir entre las personas afectadas, debería dar lugar a una responsabilidad contractual, es decir, a una responsabilidad por vulneración de la obligación.

En cuanto a los daños morales, hubiera sido preferible referirse a los daños no patrimoniales y, además, prever una indemnización punitiva que sería concedida por la autoridad judicial de acuerdo con las circunstancias del caso y a la gravedad de la lesión efectivamente producida. Sin embargo, es importante precisar que la reparación debe ser efectiva y plena, y esto se especifica no solo en el artículo 27, donde se dice que la reparación debe restituir a la víctima «a la situación anterior al incidente discriminatorio, cuando sea posible», sino también en el artículo 25 donde, con carácter general, se dice que la reparación de los daños y perjuicios debe ser «plena y efectiva».

Desde el punto de vista de la protección jurídica, es muy significativa la disposición generalizada de la inversión de la carga de la prueba (art. 30). Es suficiente, independientemente del tipo y de la naturaleza de la discriminación sufrida, que la parte actora o el interesado alegue la discriminación y aporte indicios fundados sobre su existencia. Corresponde, en cambio, a la parte demandada o a quien se impute la situación discriminatoria la aportación de una justificación objetiva y razonable, suficientemente probada, de las medidas adoptadas y de su proporcionalidad.

la parte discriminante ofrecer pruebas ciertas de que la parte discriminada no ha sufrido ningún daño. Esto implica que, en ausencia de pruebas adecuadas o en caso de pruebas con resultados inciertos, se debe presumir que se ha sufrido el daño no partidista.

Resulta especialmente interesante la disposición relativa a la adopción de medidas cautelares destinadas a lograr el cese de la discriminación o la prevención de una discriminación inminente. La importancia de la disposición radica en que prevé genéricamente el uso de medidas preventivas o de cese, sin tipificación escrupulosa. Esta elección debe considerarse especialmente apreciable, ya que no sería posible tipificar un instrumento concreto de reacción en vista de las posibilidades polifacéticas en las que puede tener lugar la discriminación.

Este hecho, además de ser muy importante, de cara a una reforma legislativa europea, creo que es muy útil para la interpretación del derecho vigente.

Muy importante, además, la disposición sobre la capacidad procesal, que, sin perjuicio de la de cada uno de los interesados, prevé la legitimación activa en favor de «los partidos políticos, los sindicatos, las asociaciones profesionales de trabajadores autónomos, las organizaciones de personas consumidoras y usuarias y las asociaciones y organizaciones legalmente constituidas que tengan entre sus fines la defensa y promoción de los derechos humanos» (art. 29).

Lo que considero que falta en esta Ley es la previsión de una posibilidad de ejecución forzosa en una forma específica de la obligación de contratar y, por lo tanto, la previsión de una obligación de contratar en el caso de una negativa.

Más allá de este aspecto y de los otros sobre los que he hecho estas breves reflexiones, me parece que se trata de una Ley de hondo calado, que merecería una mayor atención no solo a nivel nacional, sino también europeo.

Me parece que, con ciertas adaptaciones, algunas de las cuales he intentado mencionar, esta Ley, mejor que las dos conocidas directivas sobre raza y género en el suministro de bienes y servicios y mejor que las leyes nacionales que las transponen, ofrece una protección efectiva del principio de no discriminación. No solo por el concepto de discriminación que propone, que es un avance fundamental, sino también por el entramado de medidas correctoras que construye. Por un lado, previendo la inversión de la carga de la prueba, por otro lado, reconociendo la capacidad y legitimación activa de los entes y asociaciones titulares de intereses legítimos y, por otra parte, previendo tanto remedios de carácter cautelar, como de carácter sustantivo.

Finalmente es muy importante la disposición del artículo 25, según la cual «la protección frente a la discriminación obliga a la aplicación de métodos o instrumentos suficientes para su detección, la adopción de medidas preventivas, y la articulación de medidas adecuadas para el cese de las situaciones discriminatorias».

Se trata de una verdadera norma de cierre del sistema, que obliga a todas las personas y a todas las entidades privadas y públicas a no discriminar y a tomar las medidas adecuadas para evitarlo. Asimismo, establece que en caso de incumplimiento de las citadas «obligaciones», recaerá sobre quienes las hayan incumplido «responsabilidades administrativas, así como, en su caso, penales y civiles por los daños y perjuicios que puedan derivarse, y que podrán incluir tanto la restitución como la indemnización, hasta lograr la reparación plena y efectiva para las víctimas».

Esta disposición establece, por un lado, que la no discriminación constituye un principio básico del ordenamiento jurídico, que tiene no solo un contenido negativo (obligación de no discriminar) sino también un contenido positivo (adopción de todas las medidas encaminadas a realizar la igualdad sustantiva) y, por otro lado, se afirma que, además de la protección concreta del discriminado, la protección del principio-valor es de carácter general, dando lugar, más allá de los remedios puntuales para proteger al individuo, a la responsabilidad en todas sus posibles declinaciones.

IV. CONTRATO Y PRINCIPIO DE IGUALDAD

1. Autonomía privada y principio de no discriminación

El principio de no discriminación atraviesa todo el derecho de contratos, ya que cobra protagonismo tanto en la fase de formación, como en lo que se refiere a su contenido, como en su ejecución, hasta el punto de que podría decirse que asume una importancia no menor que la que históricamente asumió el deber de buena fe[307]. No se trata, por tanto, de un principio que toca el contrato en un aspecto singular, sino de un principio que lo capta en su complejidad, hasta el punto de que acaba dándonos una imagen diferente de la que nos hubiera podido dar la tradición más clásica.

El contrato sigue siendo, ineludiblemente, el lugar de la autonomía privada, entendida como el poder de autorregularse, el poder de crear una norma para uno mismo[308]. Es, por lo tanto, el reino de la libertad: la libertad de celebrar o no el propio contrato, la libertad de elegir al propio contra-

307 García Rubio, María Paz, «La discriminación por razón de sexo en la contratación privada», cit., p. 1116.

308 Betti, Emilio, *Teoria generale del negozio giuridico*, 3a reimpresión corregida de la 2.ª edición, Utet, Torino, 1960, p. 44; de Castro y Bravo, Federico, *El negocio jurídico*, Tuto, Madrid, 1971, p. 11, «En un sentido muy general, se entiende por autonomía privada, el poder de autodeterminación de la persona. El sentido inmediato del término se amplía así hasta comprender todo el ámbito de la autarquía personal. Se piensa entonces en la esfera de libertad de la persona, para ejercitar facultades y derechos, y también para conformar las diversas relaciones jurídicas que le atañen».

tante, la libertad de determinar el contenido del contrato, la libertad de elegir el tipo de contrato, la libertad de celebrar un contrato atípico, la libertad de adoptar una determinada forma[309].

Autonomía no es, sin embargo, sinónimo de ordenamiento originario y, por lo tanto, de libertad absoluta e incondicional, sino ejercicio controlado de un poder que debe ejercerse dentro de los límites del sistema jurídico del que la misma autonomía emana.

Nunca se ha dudado de que la autonomía privada debe tener lugar dentro de los límites establecidos por el ordenamiento jurídico ni de que la libertad contractual tiene limitaciones.

Libertad de elección de la parte contratante, con limitaciones para el monopolista y el operador del servicio público, más allá de los casos en los que la limitación se pone convencionalmente (en el caso del contrato preliminar o legado de contrato o mandato a vender). Libertad para determinar el contenido del contrato, pero con la limitación del respeto de los requisitos de posibilidad, determinación y licitud. Libertad para celebrar incluso contratos atípicos, con el límite de que sean merecedores de protección jurídica.

Por lo tanto, si la palabra «autonomía» siempre quiso indicar un orden derivado y no originario y sin límites, y la libertad siempre ha excluido la arbitrariedad, debemos preguntarnos qué puede cambiar —si es que algo cambia— con la afirmación del principio-valor de no discriminación[310].

---

309 Afirma Aguilera Rull, Ariadna, *«Prohibición de discriminación y libertad de contratación»*, cit., p. 26, «el punto de partida no es, por tanto, confrontar el derecho a decidir con total libertad si y en su caso con quien contratar y con que contenido. Partimos de una libertad de contratación compatible con la existencia de una obligación de contratación en casos de monopolio o de bienes socialmente relevantes, y compatible también, con una revisión del contenido del contrato en casos de desequilibrio negocial. Pero que sigue garantizando la posibilidad de negarse a contratar con alguien por razón de su sexo o raza si la negativa no tenía lugar de forma vejatoria y no existía una dependencia de la víctima de la discriminación respecto del discriminador».

310 Afirma García Rubio, María Paz, «La discriminación por razón de sexo en la contratación privada», cit., p. 1086, «el juicio de ponderación supone que el conflicto generado por la colisión o contraposición de principios que establecen derechos, como los dos que nos que no

Poco o nada cambia desde el punto de vista técnico, porque no cabe duda de que los conceptos de autonomía y libertad no difieren de lo que siempre han sido históricamente; siguen expresando un poder derivado que debe ejercerse dentro de los límites establecidos por el ordenamiento jurídico, el contrato sigue siendo un acto de autonomía y un ejercicio de esa libertad y el principio de no discriminación, desde un punto de vista estructural, acaba convirtiéndose en un «límite» más al ejercicio de la autonomía privada[311].

Lo que cambia, sin embargo, es su contenido sustancial y, por tanto, la función del contrato, porque la autonomía privada y la libertad no encuentran en el principio de no discriminación una norma imperativa como tantas otras, una norma de orden público pura y dura, sino una norma identificativa del ordenamiento jurídico que impone una funcionalización del propio contrato[312].

2. Principio de no discriminación y neo-funcionalización del contrato

La palabra «funcionalización» no debe asustar, ya que se limita a expresar la necesidad técnica de que todas las

vienen ocupando, se ha de resolver según la dimensione de su diferente "peso" y no en términos de validez, siendo precisamente esta dimensión del peso la que configura el núcleo de la ponderación».

311 INFANTE RUIZ, Francisco J., «El desarrollo de la prohibición de no discriminación en el derecho de contratos y su consideración en la jurisprudencia», cit., p. 193, «si bien el estado actual de desarrollo de la prohibición de discriminar en el derecho europeo no parece requerir una reformulación legal, salvo puntuales modificaciones técnicas sin embargo, sí es importante que los juristas y profesionales de los diverso Estados miembros, todavía anclados en la consideración libera del principio de la autonomía de la voluntad, adquieran esta sensibilidad y contemplen las múltiples posibilidades de este derecho».

312 AGUILERA RULL, Ariadna, *Contratación y diferencia. La prohibición de discriminación por sexo y origen étnico en el acceso a bienes y servicios*, cit., p. 352, «en este trabajo se ha llevado a cabo un examen de proporcionalidad de la prohibición de discriminación en el acceso a bienes y servicios, que permite resolver el conflicto entre el derecho a no ser discriminado y la libertad de contratación. El resultado de dicho examen es que esta prohibición respeta el principio de proporcionalidad».

instituciones de un ordenamiento jurídico se desarrollen de acuerdo con dicho sistema jurídico. Desde este punto de vista, podría decirse que la funcionalización es el concepto que confiere al sistema jurídico la característica de ordenamiento y, por tanto, le permite ser coherente consigo mismo.

La palabra funcionalización es neutra, ya que se limita a indicar el uso de algo de forma coherente con su oficio. Lo que, en cambio, no es neutral es el contexto de referencia. Funcionalización del contrato implica, pues, la necesidad de su coherencia con el marco de principios y valores que identifican el ordenamiento jurídico, es decir, con aquellos principios que constituyen su fundamento.

La funcionalización indica, al mismo tiempo, no solo la necesidad de que el contrato se pliegue a la realización de los valores fundamentales del ordenamiento jurídico, sino también la descripción de un estatuto normativo coherente con este nuevo conjunto de límites.

En un ordenamiento jurídico que sitúa en su centro y en su cumbre a la persona humana y al respeto de su dignidad inherente, el contrato nunca puede convertirse en un instrumento para la frustración de esa libertad; por el contrario, debe tender siempre a la máxima realización de esta, reprobando toda aplicación que pueda menoscabar o invalidar su alcance e importancia.

Desde esta perspectiva es incuestionable que en todos aquellos ordenamientos jurídicos que sitúan en su cúspide el valor de la persona humana, el contexto de referencia de la funcionalización es el respeto al valor de la persona y la prevalencia de los intereses existenciales sobre los puramente patrimoniales, como se ha puesto de manifiesto a lo largo de este trabajo.

El principio-valor de la igualdad y de no discriminación se convierte en cardinal en la funcionalización del contrato, porque caracteriza de manera decisiva el sistema jurídico, hasta el punto de que su presencia o ausencia es capaz de caracterizar el ordenamiento jurídico en sus rasgos esenciales. No se trata de un principio análogo al de la prohibición de los pactos sucesorios o al de la prohibición de los pactos leoninos o al de la prohibición de establecer cargas y condiciones sobre la legítima; todos ellos son, sin duda, principios importantes de un sistema jurídico y relevantes para determinar las opciones y tendencias del sistema al que pertenecen. Sin embargo, no son principios que identifican al propio sistema jurídico y cuya modificación no determinaría un cambio en su propia identidad.

En cambio, el principio de igualdad es un principio-valor que connota la esencia misma del ordenamiento jurídico, hasta el punto de que su existencia cambia radicalmente su fisonomía.

No hay institución jurídica que no esté funcionalizada, ya que un sistema jurídico elige siempre valores fundamentales y todas sus instituciones, precisamente por un principio de coherencia y sistematicidad, deben ser no solo coherentes a esos principios y valores, sino también capaces de realizarlos y aplicarlos[313].

La funcionalización no indica otra cosa que esto; no indica otra cosa que la capacidad de cada institución de un determinado ordenamiento jurídico de ser coherente y ajustarse a sus principios. La funcionalización es la capacidad de realizar la función que el ordenamiento jurídico asigna a una institución jurídica en coherencia con sus principios. Claramente, la funcionalización cambia radicalmente en relación con los principios que identifican el sistema, es decir, aquellos que son capaces de connotar su esencia.

El principio de igualdad y no discriminación es, sin duda, un principio identificativo del ordenamiento jurídico. Partiendo de ello, la funcionalización del contrato es inevitable, entendiendo que detrás de esta formulación lingüística, que muchas veces despierta preocupación, sobre todo por parte de los más formalistas, preocupados por una crisis de la certeza del derecho

313 En este sentido, aunque con matices, MALOMO, Anna, *Principio di eguaglianza e rapporti civili. Aspetti problematici e attuativi*, cit., p. 227 ss., «l'esercizio di qualsivoglia autonomia risulta meritevole di tutela allorché si conformi ai principi fondamentali dell'ordinamento: tra questi, il principio di eguaglianza, l'applicazione del quale —lungi dall'avere un carattere di eccezionalità in àmbito negoziale o far paventare il rischio di surclassamento delle libertà dei privati— è insita, in quanto connota, al pari degli altri principi, l'ordine pubblico costituzionale cui non può non parametrarsi ogni atto di autonomia negoziale. Il controllo di meritevolezza su tali atti non ne compromette il loro libero esplicarsi, poiché ciò che si impone è che siano appunto conformi al sistema ordinamentale nel quale costituiscono fonte normativa (*i.e.*: "ordinamento del caso concreto") al pari di qualsiasi altra fonte bisognosa di superamento dell'analogo vaglio di legittimità».

y la afirmación de un poder abrumador por parte del poder judicial, no hay otra cosa que la conciencia de que el contrato, que es también un instrumento de autonomía y libertad, no puede transformarse en un instrumento de prevaricación, mercantilización o mortificación de la persona humana.

El contrato, al menos debe rechazarla categóricamente y proporcionar la adecuada protección del interés lesionado. El contrato «sirve» para que los particulares puedan ejercer su autonomía y, por tanto, puedan autorregularse sus intereses, pero el ordenamiento jurídico no puede permitir ninguna discriminación.

3. Certeza del derecho y funcionalización del contrato

Al hablar de funcionalización, no se pierde la certeza del derecho, ni se corre el riesgo de que el contrato se convierta en un instrumento inútil para las necesidades de una economía de mercado contemporánea y carente de fuerza vinculante.

En las legislaciones contemporáneas, basadas en constituciones largas, en las que se fija el cuadro de valores y principios que deben inspirar todo ordenamiento jurídico, la certeza del derecho no puede entenderse como se entendía a principios del siglo XX[314], cuando el derecho solo coincidía con la ley y las normas eran esencialmente reglas[315].

314 López de Oñate, Flavio, *La certeza del derecho*, Traducción de Santiago Sentís Melendo y Marino Ayerra Redin, Ediciones Olejnik, Santiago de Chile, 2017.

315 Sobre la certeza del derecho como mito de la sociedad moderna, Grossi, Paolo, *Ritorno al diritto*, Laterza, Bari, 2015, pp. 56, 59, 66, 71, 81. El autor muestra que la certeza del derecho o, más precisamente, de la ley, que encuentra su formulación moderna en el volumen de 1942 de López De Oñate, constituye un mito de nuestra modernidad, es decir, de esa época marcada, al menos, por estos tres elementos. El Estado es el único productor de derecho; la producción de derecho coincide con la promulgación de la ley; el intérprete debe limitarse al silogismo. Lo primordial es la certeza del derecho, porque solo se puede esperar que se obedezcan los mandatos que se identifican fácilmente. La modernidad solo admite la legalidad jurídica, es decir, una legalidad que corresponde a la voluntad del titular del poder político supremo. La posmodernidad, en cambio, admite la legalidad constitu-

cional, es decir, la que corresponde a las constituciones del momento constitucionalista del siglo XX, es decir, post-Weimar. En la página 66, el autor aclara que «la cosiddetta incertezza del diritto, che non si può non cogliere quale fattore negativo se si assume un angolo di osservazione prettamente legalistico, merita un capovolgimento valutativo, se la si vede come il prezzo naturale da pagare per il recupero di una dimensione giuridica che sia veramente diritto, cioè realtà ben piú complessa e variegata di un mero specchio della legalità legale, più ravvicinata a un insopprimibile modello di giustizia». PERLINGIERI, Pietro, *I principi giuridici tra pregiudizi, diffidenza e conservatorismo*, *Annali Sisdic*, 2017, y *Politica Criminale e cultura giuspenalistica. Scritti in onore di Sergio Moccia*, Edizioni scientifiche italiane, Napoli, 2017, p. 209 s., «certezza giuridica ed efficienza, intese oggettivamente, non sono garantite neppure da regole puntuali e articolate —che, tra l'altro, potrebbero essere in rotta di collisione con i princípi—, sí che ha senso relativo discorrere di "certezza per grandi linee o per approssimazione successiva" e, ad un tempo, affinché la decisione del giudice sia adeguatamente motivata, riconoscergli di ricorrere al "canone fondamentale della ragionevolezza" [...] la certezza del diritto, intesa come dogma, è inconciliabile con l'accertata pluralità di significati attribuibili alle disposizioni [...] e si traduce in un mito che non tine in conto che i fondamenti teorici del diritto sono fortemente cambiati». RODOTÀ, Stefano, «Ideologie e tecniche della riforma del diritto civile», *Rivista di diritto commerciale*, 1967, I, p. 83 ss. y, ahora, *Le prolusioni dei civilisti*, vol. I, (1940-1979), Edizioni scientifiche italiane, Napoli, 2012, p. 3091 ss., señala que quien afirma que es la ley la que vela por la certeza, no entiende el fenómeno. Un discurso sobre la certeza es siempre un cuestionamiento de la opción política que se ajusta a los tiempos en que se vive. En consecuencia, se entiende «la progressiva perdita di ragionevolezza di quelle impostazioni che prescindono da una compiuta riflessione sulla concreta realtà della legge, E la progressiva riduzione della legge da valore a mito, che da tutto ciò discende. Da strumento di difesa contro l'irrazionale, quell'affermazione della certezza, ormai mitica, si fa essa stessa veicolo di irrazionalismo».

También hay que tener en cuenta las agudas reflexiones de PUNZI, Antonio, «Il realismo storico di Paolo Grossi e i filosofi del diritto», *Rivista internazionale di filosofia del diritto*, 2016, p. 81 s., quien, al reiterar la profunda interrelación entre derecho, ideología e interpretación, se pregunta si la defensa del valor de la ley y de la certeza del derecho en la Italia fascista no sirvió para frenar la importación de modas ius-liberales muy en boga en los sistemas totalitarios de la época. El autor piensa en el derecho penal de los sistemas totalitarios nazis (art. 2 del código penal nazi) o de los sistemas totalitarios comunistas (art. 6 del código penal soviético, en su versión de 1922), que permitían a los jueces calificar de delictiva la conducta de los ciu-

en los ordenamientos jurídicos contemporáneos y al que no es posible jamás renunciar, ya no puede entenderse, como lo fue durante mucho tiempo, en el sentido de repetición mecánica de una solución idéntica, es decir, como la repetición constante de una solución única, sino en la controlabilidad de la decisión.

El automatismo de la decisión, que a menudo se quiere confiar al silogismo aristotélico, es una pura ficción, ya que toda decisión puede, *a posteriori*, ser considerada como un silogismo, mientras que esto, en sí mismo, no ayuda ni a la

dadanos cuando, incluso en ausencia de un delito concreto, se consideraba contraria a los intereses de la nación alemana, encarnada espiritualmente en el Führer, o del proletariado y del partido que le daba voz. «Viene da chiedersi se, al cospetto di simili abusi del libero diritto in funzione politica, perpetrati oltralpe, l'italica difesa del valore della legge non esprimesse qualcosa di piú di un supino positivismo legalistico (tanto piú colpevole in un'epoca in cui il diritto vigente, per dirla con Radbruch, assumeva talora le forme del non-diritto)». Una reflexión no distinta podría hacerse hoy respecto a los principios fundamentales, que se convierten en el instrumento técnico que permite la evolución del derecho y su comunicación sistémica con las expectativas de la justicia. Por ello, el autor concluye que todo método jurídico encuentra sus razones en el contexto histórico y social. Leemos en la p. 82: «negli anni Quaranta del XX secolo, ad esempio, l'estrema difesa contro la progrediente fascistizzazione dell'ordinamento civile indusse molti a rifiutare il primato dei princípi rispetto alle norme». A pesar de las presiones políticas, la promulgación de una carta con los principios generales del derecho, que debería haber constituido las fuentes fascistas del derecho privado, no se completó, hasta el punto de que el régimen tuvo que recurrir a la precipitada Carta del Trabajo. «Non si può escludere, dunque, che la diffidenza di parte della cultura giuridica dell'epoca nei confronti dei princìpi del diritto [...] fosse il segno non di una concezione statualista e legalista del diritto o di un'insufficiente avvertenza del ruolo creativo dell'interpretazione, bensí dello scetticismo verso un regime ormai determinato a mettere in atto un vero e proprio uso politico della giurisprudenza. È proprio il senso storico, ch'è autentica virtú del giurista [...] a suggerirci che, in determinati contesti, anche i princìpi del diritto possano costituire lo strumento di uno Stato autoritario che voglia sacrificare la complessità e la pluralità dell'esperienza giuridica ed uniformare forzosamente le pronunce delle Corti [...] Ecco perché la critica di Grossi alla moderna mitologia della certezza del diritto trova la sua chiave nella riabilitazione della ragione pratica della giurisprudenza. Il punto non è se si debba interpretare la legge, ma se e come si possano addurre buone ragioni a sostegno dell'accettabilità della soluzione prospettata in relazione al caso pratico».

interpretación, ni a la ponderación de los principios, ni a la aplicación de las normas en los llamados contextos atípicos, es decir, en los supuestos de hecho para los que la norma no está expresamente prevista y para los que, sin embargo, debe postularse su aplicación.

Lo que garantiza hoy en día a la certeza del derecho es la controlabilidad de la decisión, es decir, la posibilidad de poder verificar siempre cuáles fueron las razones que llevaron en el caso concreto a una determinada solución, identificando el camino interpretativo seguido y las reglas y los principios implicados, a la luz de los valores del sistema[316]. El automatismo de la decisión basado en el mero silogismo, propio del legalismo del siglo decimonónico, se ha convertido en una herramienta inadecuada en los ordenamientos jurídicos contemporáneos, que requieren una nueva hermenéutica.

La controlabilidad de la decisión, entendida como la comprobación del razonamiento lógico-jurídico que subyace en la interpretación y aplicación de las normas y principios aplicados al caso concreto, es el instrumento que permite verificar la corrección jurídica de la decisión, es decir, su conformidad con la ley y, por tanto, el cumplimiento de la legalidad o, mejor dicho, de la legalidad constitucional. La certeza del derecho no está garantizada por la repetitividad mecánica de una solución, que puede dar lugar a soluciones inadecuadas e incoherentes con los intereses en juego, sino por la lógica de la decisión, a través de la cual se puede comprobar siempre el cumplimiento de la legalidad.

La funcionalización es una expresión de esta nueva hermenéutica, pero es sobre todo una toma de conciencia de que el

316 Perlingieri, Giovanni, «Ragionevolezza e bilanciamento nell'interpretazione recente della Corte costituzionale», *Rivista di diritto civile*, 2018, 751 s., «la certezza, intesa come prevedibilità, controllabilità e verificabilità delle decisioni, dipende dal costante controllo di compatibilità della soluzione con le regole e i principi fondamentali. La soluzione non può essere, come si vorrebbe, ripetitiva e perpetua, perché le combinazioni tra principi (e regole) e le specificità di ogni singolo caso sono a priori inimmaginabili e il legislatore, come affermava Portalis, non può prevedere tutto e, anche là dove sia tutto previsto, non è possibile trascurare le peculiarità del fatto e la pluralità delle combinazioni tra regole e principi».

contrato es un instrumento de la economía de mercado que, sin embargo, no puede transformarse en un arma de discriminación.

A través de la funcionalización del contrato, como de las demás instituciones jurídicas, el ordenamiento jurídico proporciona una autodefensa a sus principios rectores, pues impone que esos principios constituyen un límite insuperable, excluyendo que puedan existir intereses superiores, incluso patrimoniales, e imponiendo al jurista contemporáneo el deber de proporcionar un sistema de remedios adecuados.

El jurista debe saber apreciar el sentido de la autonomía y la libertad del contrato respecto de los principios que identifican el ordenamiento jurídico, y debe ser capaz de identificar un sistema de remedios que no se limite a las técnicas de nulidad, sino que las supere, experimentando también el recurso a acciones cautelares de cese y colectivas, para identificar, respecto de cada caso, un remedio adecuado.

La funcionalización del contrato, así entendida, constituye el reto del jurista contemporáneo[317].

---

317 Si tuviera que proponer la inserción de una norma concisa sobre la discriminación contractual, creo que debería tener el siguiente contenido: «se prohíbe cualquier discriminación, de cualquier forma, basada en el género, la orientación o identidad sexual, la expresión de género, la raza, la lengua, la religión, la discapacidad, las opiniones políticas, la enfermedad o condición de salud, el estado serológico y/o predisposición genética a sufrir patologías y trastornos, la situación socioeconómica o cualquier otra condición o circunstancia personal o social. No se considerará discriminación una diferencia de trato que pueda justificarse objetivamente con una finalidad legítima y cuando los medios sean adecuados, necesarios y proporcionados a los intereses en juego. Una cláusula o contrato discriminatorio será nulo a petición de la parte discriminada. La nulidad de una cláusula o parte de una cláusula no afectará a la nulidad del contrato, cuando la cláusula o parte inválida sea sustituida por normas imperativas, o pueda ser sustituida por el juez, según la equidad. Cuando sea posible y a petición de la parte, se podrá dictar una sentencia que tenga por celebrado el contrato que no se celebró por motivos discriminatorios. En cualquier caso, la parte discriminada tiene derecho a una indemnización por daños patrimoniales y no patrimoniales, cuya medida se determinará teniendo en cuenta la gravedad de la conducta y de la infracción. La indemnización deberá ser plena, efectiva y proporcionada, pudiendo adquirir también, según las circunstancias, un carácter disuasorio y sancionador. En cualquier caso, se podrán adoptar todas las medidas necesarias para el cese inmediato de la discriminación y para evitar que se repita. La parte discriminada debe probar únicamente los

BIBLIOGRAFÍA

Addis, Fabio, *Lettera di conferma e silenzio*, Giuffré, Milano, 1999

Aguilera Rull, Ariadna, «Daño moral por discriminación», Gómez Pomar, Fernando; Marín García, Ignacio (coords.), *El daño moral y su cuantificación*, 2 ed., Bosch, Barcelona, 2017, pp. 559-586.

Aguilera Rull, Ariadna, «Discriminación directa e indirecta. Comparación y crítica del concepto de discriminación en el Allgemeines Gleichbehandlungsgesetz y en el Proyecto español de Ley Orgánica para la igualdad efectiva de hombres y mujeres», *Indret*, n. 396, enero, 2007, pp. 1-17.

Aguilera Rull, Ariadna, «Prohibición de discriminación y libertad de contratación», *Indret*, febrero, 2007, pp. 1-30.

Aguilera Rull, Ariadna, *Contratación y diferencia. La prohibición de discriminación por sexo y origen étnico en el acceso a bienes y servicios*, Tirant Lo Blanch, Valencia, 2013.

Alexy, Robert, *Teoría de los derechos fundamentales*, Traducción y estudio introductorio de C. Bernard Pullido, 2.ª ed., Madrid, 2008.

Alfaro Aguila-Real, Jesús, «Autonomía privada y derechos fundamentales», *Anuario de Derecho Civil*, 1993, pp. 57-122.

---

hechos de los que se presume la desigualdad de trato, mientras que a la otra parte le corresponde probar que no ha habido discriminación».

Argelich Comelles, Cristina, «Gobernanza de las plataformas en línea ante la DSA y las Propuestas de Reglamento de Mercados Digitales e Inteligencia Artificial (DMA y AIA)», *Anuario de Derecho Civil* , tomo LXXV, 2022, fasc. II (abril-junio), pp. 501-530.

Asua González, Clara I., «Art. 6», *Código Civil comentado*, Cañizares Laso, Ana; de Pablo Contreras, Pedro; Orduña Moreno, Javier; Valpuesta Fernández, Rosario (dirs.), Civitas, Cizur Menor (Navarra), 2011, vol. 1, pp. 76-90.

Barat i Rubio, Roger, «La nulidad por discriminación en el contrato», *Actualidad Jurídica Iberoamericana*, n. 16 febrero 2022, pp. 510-527.

Barba, Vincenzo, «El daño no patrimonial en el derecho italiano. Evolución a través de la jurisprudencia del Tribunal Constitucional y del Tribunal Supremo», Santos, M. J.; Mercader, J. R.; del Olmo, P. (dirs.), Arysmendi, L. y Oyarzun, F. (cords.), *Nuevos retos del derecho de daños en Iberoamérica*, Valencia, Tirant lo Blanch, 2020, pp. 117-144.

Barbera, Mirzia, «Discriminazioni algoritmiche e forme di discriminazione», *Labour & Law Issues*, 2021, 7 (1), I.1-I.17.

Benatti, Francesca, *Correggere e punire. Dalla law of torts all'inadempimento del contratto*, Milano, 2008.

Bercovitz Rodriguez-Cano, Rodrigo, «Principio de igualdad y Derecho privado», *Anuario de Derecho Civil*, 1990, pp. 369-428.

Betti, Emilio, «Interesse (teoria gen.)», *Novissimo digesto italiano*, vol. VIII, Torino, 1962, pp. 838-840.

Betti, Emilio, *Teoria generale del negozio giuridico*, 3.ª reimpresión corregida de la 2.ª edición, Utet, Torino, 1960.

Bilbao Ubillos, Juan María, «Prohibición de discriminación y relaciones entre particulares», *Teoría y Realidad constitucional*, 2006, pp. 147-189.

Bobbio, Norberto, *Lacune del diritto*, Bobbio, Norberto, *Contributi ad un dizionario giuridico*, Torino 1994, p. 89 ss. (ya en *Novissimo digesto italiano*, Vol. IX, Torino 1963, pp. 419-424.

Carapezza Figlia, Gabriele, «El principio de no discriminación en el derecho contractual ítalo-europeo», *Actualidad jurídica iberoamericana*, 2019, n. 10, pp. 282-315.

Carapezza Figlia, Gabriele, «Il divieto di discriminazione quale limite all'autonomia contrattuale», *Rivista di diritto civile*, 2015, pp. 1387-1418.

Carapezza Figlia, Gabriele, *Divieto di discriminazione e autonomia contrattuale*, Edizioni scientifiche italiane, Napoli, 2013.

Carcaterra, Gaetano, *Analogia*, *I) Teoria generale*, *Enciclopedia giuridica*. Treccani, II, Roma, 1988, p. 1 ss.

Gianformaggio, Letizia, *Analogia*, *Digesto delle discipline privatistiche*, Sezione civile, Vol. I, Torino, 1987, p. 327 ss.

Carrascosa González, Javier, «Daños Punitivos. Aspectos de Derecho Internacional Privado Europeo y Español», Herrador Guardia, M. J. (dir.), *Derecho de Daños*, Thomson Reuters Aranzadi, 2013, p. 3. (disponible en: http://www.accursio.com/private/uploads/111_UMU___Punitive_Damages_by_J_Carrascosa.pdf; última consulta 22/07/2022).

Carusi, Donato, «Principio di uguaglianza, immunità e privilegio: il punto di vista del privatista», *Studi in onore di Pietro Rescigno*, Giuffré, Milano 1988, pp. 223-269.

Casanueva Sánchez, Isidoro, *La nulidad parcial del testamento*, Centro de Estudios Registrales, Madrid, 2002.

Castro Argüelles, María Antonia, «El principio de igualdad de trato en materia de Seguridad Social y el cálculo de prestaciones en función del sexo», *La Ley Unión Europea*, 2014, 21, pp. 57-67.

Cataudella, Antonino, *Sul contenuto del contratto*, Giuffré, Milano, 1966.

CERDEIRA BRAVO DE MASILLA, Guillermo; **GARCÍA MAYO, MANUEL**, *Un nuevo derecho civil para los animales. Comentario a la ley 17/2021 de 15 de diciembre*, Reus, Madrid, 2022.

CHECCHINI, Bianca, «Divieto di discriminazione e libertà contrattuale», SALVI, Cesare (coord.), *Diritto civile e princípi costituzionali europei e italiani*, Giappichelli, Torino, 2012, pp. 259-268.

CHECCHINI, Bianca, «Eguaglianza, non discriminazione e limiti dell'autonomia privata: spunti per una riflessione», *Nuova giurisprudenza civile commentata*, 2012, II, pp. 186-198.

CHECCHINI, Bianca, *Discriminazione contrattuale e dignità della persona*, Giappichelli, Torino, 2019.

CIANCIMINO, Michele, «La discriminazione contrattuale: profili rilevanti per la tutela della persona. Note a margine di un recente dibattito dottrinale», *Diritto della famiglia e delle persone*, 2018, pp. 667-715.

CIARONI, Lorenzo, «Autonomia privata e principio di non discriminazione», *Giurisprudenza italiana*, 2006, pp. 1816-1822.

CICERO, Cristiano, (coord.), *I danni puntivi*, Edizioni scientifiche italiane, Napoli, 2019.

CODERCH, Pablo Salvador; **AZAGRA MALO**, Albert, «Juan Ramón Romo v. Ford Motor Co.: Indemnización sancionatoria a la baja. Comentario a la Sentencia de la Court of Appeal of the State of California, Fifth Appellate District de 25.11.2003», *InDret 1/2004*, p. 1 ss.

DE ÁNGEL YÁGÜEZ, Ricardo, *Daños punitivos*, Civitas, Madrid, 2012.

DE CASTRO Y BRAVO, Federico, *El negocio jurídico*, Tuto, Madrid, 1971.

DE LOS REYES SÁNCHEZ LERÍA, María, «La fase precontractual», LÓPEZ Y LÓPEZ Ángel; VALPUESTA FERNÁNDEZ, Rosario, *Manual de derecho civil patrimonial I*, 2.ª ed., Tirant lo Blach, Valencia, 2016, pp. 83-94.

Del Campo Álvarez, Borja, «La nulidad parcial de los contratos», *Derechos y obligaciones en el estado de derecho*, Acta del III Coloquio binacional México-España, 2017, pp. 539-546.

Del Campo Álvarez, Borja, *Nulidad parcial en los contratos*, Aranzadi Thomson Reuters, Pamplona, 2021.

Di Majo, Adolfo, «Il linguaggio dei rimedi», *Europa e diritto privato*, 2005, pp. 341-363.

Di Majo, Adolfo, *La tutela civile dei diritti*, Giuffré, Milano, 2003

Díez-Picazo, Luis, *Derecho de daños*, Civitas, Madrid, 1999.

Díez-Picazo, Luis, *El escándalo del daño moral*, Civitas, Madrid, 2008.

Díez-Picazo, Luis, *Fundamentos del derecho civil patrimonial. I Introducción. Teoría del contrato*, 6.ª ed., Thomas-Civitas, Cizur Menor, 2007.

Fassina, Lorenzo, «L'algoritmo Franck, cieco ma non troppo», *Lavoro Diritti Europa*, 2021, 1, p. 1-4, (https://www.lavorodirittieuropa.it/images/LDE_Fassina_sentenza_Deliveroo_Bologna.pdf; consultado el 18/06/2022).

Fava, Gabriele, «L'ordinanza del Tribunale di Bologna in merito alla possibile discriminatorietà dell'algoritmo utilizzato da Deliveroo», *Lavoro Diritti Europa*, 2021, 1, p. 1-4, (https://www.lavorodirittieuropa.it/images/gabriele_fava_LDE_-_Sent._Trib._BO_riders.pdf; consultado el 18/06/2022).

Femia, Pasquale, (coord.), *Drittwirkung: princípi costituzionali e rapporti privati. Un percorso nella dottrina tedesca*, Edizioni scientifiche italiane, Napoli, 2018.

Fenoy Picón, Nieves, «La modernización del régimen del incumplimiento del contrato: propuestas de la Comisión general de Codificación. Parte segunda: los remedios del incumplimiento», *Anuario de Derecho Civil*, LXIV, 2011, pp. 1481-1684.

FERRAJOLI, Luigi, «Uguaglianza e non discriminazione nella Costituzione europea», A. GALASSO (coord.), *Il principio di eguaglianza nella Costituzione europea. Diritti fondamentali e rispetto della diversità*, Milano, Franco Angeli, 2007, pp. 15-29.

GARCÍA LÓPEZ, Rafael, *Responsabilidad civil por daño moral. Doctrina y jurisprudencia*, Bosch, Barcelona, 1990.

GARCÍA MUÑOZ, Oliver, «Responsabilidad en el contrato de obra y daños morales», *InDret*, 2/2003, pp. 1-5.

GARCÍA RUBIO, María Paz, «Comprender y trasmitir el derecho de las mujeres», MESA MARRERO, Carolina; GRAU PINEDA, María del Carmen (coords.), *Mujeres, contratos y empresa desde la igualdad de género*, Tirant lo Blanch, Valencia, 2014, pp. 77-91.

GARCÍA RUBIO, María Paz, «Contratación privada en la propuesta de Directiva del Consejo por la que se aplica el principio de igualdad de trato entre las personas independientemente de su religión o convicciones, discapacidad, edad u orientación sexual», NAVAS NAVARRO, Susana (dir.), *Iguales y diferentes en el Derecho privado*, Tirant lo Blanch, Valencia, 2012, pp. 733-761.

GARCÍA RUBIO, María Paz, «Discriminación por razón de sexo y derecho contractual en la Ley Orgánica 3/2007, de 22 de marzo, para la igualdad efectiva de mujeres y hombres», *Derecho privado y Constitución*, núm. 21, 2007, pp. 131-166.

GARCÍA RUBIO, María Paz, «La discriminación por razón de sexo en la contratación privada», GARCÍA RUBIO, María Paz; VALPUESTA FERNÁNDEZ, Rosario (dirs.); LÓPEZ DE LA CRUZ, Laura; OTERO CRESPO, Marta. (coords.) , *El levantamiento del velo: las mujeres en el Derecho privado*, Tirant lo Blanch, Valencia, 2011, pp. 1073-119.

GARCÍA RUBIO, María Paz, «La eficacia inter privados (Drittwirkung) de los derechos fundamentales», *Libro Homenaje a Ildefonso Sánchez Mera*, vol. I, Consejo General del Notariado, Madrid, 2002, pp. 297-314.

García Rubio, María Paz, *La responsabilidad precontractual en el Derecho español*, Tecnos, Madrid, 1991.

García Rubio, María Paz, «La responsabilidad precontractual», Blanco Martínez, Emilio; Manuel Morales Moreno, Antonio (dir.), *Estudios de derecho de contratos*, Vol. I, 2022, BOE, Madrid, pp. 359-392.

García Rubio, María Paz; **Otero Crespo**, Marta/ (2010), «La responsabilidad precontractual en el Derecho Contractual europeo», *InDret*, 2010, 2, pp. 1-62.

García Torres, Jesús, y **Jiménes-Blanco y Carrillo de Albornoz**, Antonio, *Derechos fundamentales y relaciones entre particulares*, Madrid, 1986.

Gentili, Aurelio, «Il principio di non discriminazione nei rapporti civili», *Rivista critica del diritto privato*, 2009, pp. 207-231.

Giménez Costa, Ana, «II.-1:108: Invalidez parcial o inefectividad» Vaquer Aloy, Antoni; Bosch Capdevila, Esteve; Sánchez González, María Paz (coords.) Derecho europeo de contratos. Libro II y IV del Marco Común de Referencia, tomo I, Atelier, Barcelona, 2012, pp. 110-116.

Giménez Costa, Ana, «La negativa a contratar por razón de género en el derecho privado», Mesa Marrero, Carolina; Grau Pineda, María del Carmen (coords.), *Mujeres, contratos y empresa desde la igualdad de género*, Tirant lo Blanch, Valencia, 2014, pp. 127-153.

Giménez Costa, Ana, «La no discriminación», Vaquer Aloy, Antoni; Bosch Capdevila, Esteve; Sánchez González, María Paz (coords.), *Derecho europeo de los contratos. Libros II y IV del marco común de referencia*, tomo. 1, Atelier, Barcelona, 2012, pp. 137-183.

Giorgini Pignatiello, Giacomo, «Il contrasto alle discriminazioni algoritmiche: dall'anarchia giuridica alle Digital Authorities», *Federalismi.it*, 30 de junio de 2021, https://www.federalismi.it/ApplOpenFilePDF.cfm?artid=45605&dpath=document&dfile=30062021185328.pdf&content=I-

l%2Bcontrasto%2Balle%2Bdiscriminazioni%2Balgoritmiche%2B%2D%2Bstato%2B%2D%2Bdottrina%2B%2D%2B (consultado: 16/05/2022).

Gómez Calle, Esther, «Los remedios ante el incumplimiento del contrato: Análisis de la Propuesta de Modernización del Código civil en materia de obligaciones y contratos y comparación con el Borrador del Marco Común de Referencia», *Anuario de Derecho Civil*, LXV, 2012, pp. 29-102.

Gómez de la Escalera, Carlos, *La nulidad parcial del contrato*, Alcobendas, Madrid, 1995.

Gómez Ligüerre, Carlos Ignacio, «Concepto de daño moral», Gómez Pomar, Fernando; Marín García, Ignacio (coords.), *El daño moral y su cuantificación*, 2 ed., Bosch, Barcelona, 2017, pp. 29-72.

Gómez Pomar, Fernando, «Daño Moral», *InDret*, 2000, 1, pp. 1-14.

Gómez Pomar, Fernando; **Marín García, Ignacio** (coords.), *El daño moral y su cuantificación*, 2 ed., Bosch, Barcelona, 2017.

Gómez Pomar, Fernando; **Penalva Zuasti, José**, «Problemas de concepto, valoración y cuantificación del daño moral (Análisis económico del Derecho)», Gómez Pomar, Fernando; Marín García, Ignacio (coords.), *El daño moral y su cuantificación*, 2 ed., Bosch, Barcelona, 2017, pp. 73-106.

Gómez-Martinho Faerna, Augusto, «La nulidad parcial de los negocios jurídicos» *Estudios de Derecho Privado*, tomo I, 1962.

Gordillo Cañas, Antonio, «La nulidad parcial del negocio con precio ilegal» *Anuario de Derecho Civil*, tomo XXVIII, fascículo I, 1975, pp. 101-204.

Grondona, Mauro, *La responsabilità civile tra libertà individuale e responsabilità sociale. Contributo al dibattito sui «risarcimenti punitivi»*, Edizioni scientifiche italiane, Napoli, 2017.

GROSSI, Paolo, *La formazione del giurista e l'esigenza di un odierno ripensamento metodologico*, *Quad. fiorentini*, 2003, p. 52 ss.

GROSSI, Paolo, *Ritorno al diritto*, Laterza, Bari, 2015.

GULLÓN BALLESTEROS, Antonio, «Art. 6», *Comentario del Código Civil*, Ministerio Justicia, dir. por PAZ-ARES RODRIGUEZ, Cándido; DIEZ-PICAZO PONCE DE LEON, Luis; BERCOVITZ, Rodrigo, SALVADOR CODERCH, Pablo; tomo I, Madrid, 1991, pp. 33-37.

HERBOSA MARTÍNEZ, Inmaculada, «La buena fe como criterio de integración y de corrección del contenido del contrato: protección de las expectativas legítimas en los contratos celebrados mediante condiciones generales», *Revista Crítica de Derecho Inmobiliario*, Año n. 96, N. 782, 2020, pp. 3303-3357.

HERBOSA MARTÍNEZ, Inmaculada, «Los criterios objetivos de integración del contrato: supuestos en los que se admiten y alcance de su función», *Revista Crítica de Derecho Inmobiliario*, Año n. 95, N. 773, 2019, pp. 1215-1246.

INFANTE RUIZ, Francisco J. y **OLIVA BLÁZQUEZ**, Francisco, «Los contratos ilegales en el derecho privado europeo», *Indret*, julio 2009, pp. 2-58.

INFANTE RUIZ, Francisco J., «El desarrollo de la prohibición de no discriminación en el derecho de contratos y su consideración en la jurisprudencia», *Revista Aranzadi de Derecho patrimonial*, n. 30, 2013, pp. 169-197.

KAUFMANN, Arthur, *Antologie und «Natur der Sache». Zugleich ein Beitrag zur Lehre vom Typus*, en *Vortrag gehalten vor der Juristischen Studiengesellschaft in Karlsruhe am 22 April 1964*.

LA ROCCA, Delia, «Le discriminazioni nei contratti di scambio di beni e servizi», M. BARBERA, (coord.), *Il nuovo diritto antidiscriminatorio. Il quadro comunitario e nazionale*, Giuffré, Milano, 2007, pp. 289-346.

LAMANNIS, Mariagrazia, «Frank è un falso cieco: l'algoritmo discrimina i riders», *Lavoro nella Giurisprudenza*, 2021, 5, p. 526 ss.

LAWSON, Frederick Henry, *Remedies of English Law*, 2 ed., Butterworths, London, 1980.

LEHMANN, Matthias, «La prohibición de la discriminación en los ordenamientos nacionales», FERRER VANRELL, M. P., MARTÍNEZ CAÑELLAS, A. (coords.), *Principios de derecho contractual europeo y principios de unidroit sobre contratos comerciales internacionales*, Dykinson, Madrid, 2009, pp. 202-206.

LETE DEL RÍO, José Manuel, *Reflexiones sobre la analogía, Estudios jurídicos en homenaje al profesor Luis Díez-Picazo*, Vol. 1, Semblanzas. Derecho civil. Parte general, Civitas, Madrid, 2002 p. 650 ss.

LLAMAS POMBO, Eugenio, «Daño moral», *Practica de derecho de daños*, n. 133, octubre-diciembre 2017, pp. 1 ss.

LLOBET I AGUADO, Josep, *El deber de información en la formación de los contratos*, Marcial Pons, Madrid, 1996.

LÓPEZ DE OÑATE, Flavio, *La certeza del derecho*, Traducción de SENTÍS MELENDO, Santiago y AYERRA REDIN, Marino, Ediciones Olejnik, Santiago de Chile, 2017.

MAFFEIS, Daniele, «Discriminazione (diritto privato)», *Enciclopedia giuridica*, *Annali*, IV, Milano, pp. 490-510.

MAFFEIS, Daniele, «Il contraente e la disparità di trattamento delle controparti», *Rivista di diritto privato*, 2006, pp. 281-312.

MAFFEIS, Daniele, «Il diritto contrattuale antidiscriminatorio nelle indagini dottrinali recenti», *Le nuove leggi civili commentate*, 2012, pp. 161

MAFFEIS, Daniele, «Libertà contrattuale e divieto di discriminazione», *Rivista trimestrale di diritto e procedura civile*, 2008, pp. 401-435.

Malomo, Anna, *Principio di eguaglianza e rapporti civili. Aspetti problematici e attuativi*, Edizioni scientifiche italiane, Napoli, 2022.

Marín García, Ignacio; **Milà Rafel**, Rosa, «Daño moral contractual», Gómez Pomar, Fernando; Marín García, Ignacio (coords.), *El daño moral y su cuantificación*, 2 ed., Bosch, Barcelona, 2017, pp. 201-254.

Martín Casals, Martin; **Solé Feliú**, Josep, «Comentario a la STS 31.10.2002», *Cuadernos Civitas de Jurisprudencia Civil*, 2003, núm. 61, pp. 245-269.

Mazzamuto, Salvatore, «La nozione di rimedio nel diritto continentale», *Europa e diritto privato*, 2007, pp. 585-598.

Mazzamuto, Salvatore, «La prospettiva dei rimedi in un sistema di civil law: il caso italiano», *Jus civile*, 2019, 6, pp. 720-734.

Mesa Marrero, Carolina, «Consecuencias jurídicas de las conductas discriminatorias: ¿un resquicio para los punitive damages?», García Rubio, María Paz; Valpuesta Fernández, Rosario (dirs.); López de la Cruz, Laura; Otero Crespo, Marta. (coords.), *El levantamiento del velo: las mujeres en el Derecho privado*, Tirant lo Blanch, Valencia, 2011, pp. 1195-1217.

Mesa Marrero, Carolina, «El error en el moderno derecho contractual europeo», *Revista de derecho civil*, 2015, 4, pp. 29-63.

Montés Rodríguez, María Pilar, «El art. 1258 CC y las fuentes de la integración objetiva del contrato», de Paula Blasco Gascó, Francisco; Clemente Meoro, Mario Enrique; Orduña Moreno, Francisco Javier; Prats Albentosa, Lorenzo; Verdera Server, Rafael (coords.) *Estudios jurídicos en homenaje a Vicente L. Montés Penadés*, Vol. 2, Tirant lo Blanch, Valencia, 2011, pp. 1735-1772.

Navarretta, Emanuela, «Principio de igualdad, principio de no discriminación y contrato», *Revista de Derecho Privado*, 2014, n. 27, pp. 129-154.

NAVAS NAVARRO, Susana, «Negativa a contratar y prohibición de discriminar (Derecho comunitario y derecho español)», *Anuario de Derecho Civil*, tomo LV, 2007, fascículo IV, pp. 1619-1639.

NAVAS NAVARRO, Susana, «Negativa a contratar y prohibición de discriminar (Derecho comunitario y derecho español)», FERRER VANRELL, M. P., MARTÍNEZ CAÑELLAS, A. (coords.) *Principios de derecho contractual europeo y principios de unidroit sobre contratos comerciales internacionales*, Dykinson, Madrid, 2009, pp. 207-225.

NAVAS NAVARRO, Susana, «No discriminación por razón de sexo y Derecho europeo de contratos», *Revista critica de derecho privado*, 2015, 2, pp. 315-402.

NUZZO, Mario, *Utilità sociale e autonomia privata*, Giuffré, Milano, 1975.

PEÑA LÓPEZ, Fernando, «¿Qué daño moral se presume que se deriva de los actos de discriminación y qué tipo de presunción establece la ley 15/2022?,» *CESCO, Centro de Estudios de Consumo*, http://centrodeestudiosdeconsumo.com/images/Que_dano_moral_se_presumeFPena.pdf (consultado el 19/09/2022).

PERELMAN, Chaïm (coord.), *Le problème des lacunes en droit*, Bruxelles 1968.

PERLINGIERI, Giovanni, «Alla ricerca del "giusto rimedio" in tema di certificazione energetica. A margine di un libro di Karl Salomo Zachariae», *Rassegna di diritto civile*, 2011, p. 665 ss.

PERLINGIERI, Giovanni, *L'inesistenza della distinzione tra regole di comportamento e di validità nel diritto italo-europeo*, Edizioni scientifiche italiane, Napoli, 2013.

PERLINGIERI, Giovanni, *Profili applicativi della ragionevolezza nel diritto civile*, Edizioni scientifiche italiane, Napoli, 2015.

PERLINGIERI, Giovanni, «Ragionevolezza e bilanciamento nell'interpretazione recente della Corte costituzionale», *Rivista di diritto civile*, 2018, p. 717ss.

PERLINGIERI, Pietro, «Il "giusto rimedio" nel diritto civile», *Giusto processo civile*, 2011, pp. 1-23;

PERLINGIERI, Pietro, *I principi giuridici tra pregiudizi, diffidenza e conservatorismo*, *Annali Sisdic*, 2017, y *Politica Criminale e cultura giuspenalistica. Scritti in onore di Sergio Moccia*, Edizioni scientifiche italiane, Napoli, 2017.

PERLINGIERI, Pietro, *Il diritto civile nella legalità costituzionale secondo il sistema italo-europeo delle fonti*, Vol. II, *Fonti e interpretazione*, 4.ª ed., Edizioni Scientifiche Italiane, Napoli.

PERLINGIERI, Pietro, *Il diritto civile nella legalità costituzionale secondo il sistema italo-europeo delle fonti,* Vol. V, *Tutela e giurisdizione*, 4.ª ed., Edizioni Scientifiche Italiane, Napoli, 2020.

PERULLI, Adalberto, «La discriminazione algoritmica: brevi note introduttive a margine dell'Ordinanza del Tribunale di Bologna», *Lavoro Diritti Europa*, 2021, 1, p. 1-7, (https://www.lavorodirittieuropa.it/images/T._Bologna_rider_perulli_1.pdf; consultado el 18/06/2022).

PUNZI, Antonio, «Il realismo storico di Paolo Grossi e i filosofi del diritto», *Rivista internazionale di filosofia del diritto*, 2016, p. 81 ss.

RAMOS GONZÁLEZ, Sonia, «Pautas de valoración del daño moral (Sistema legal de valoración de daños personales y el falso baremo del daño moral por prisión indebida)», GÓMEZ POMAR, Fernando; MARÍN GARCÍA, Ignacio (coords.), *El daño moral y su cuantificación*, 2 ed., Bosch, Barcelona, 2017, pp. 107-156.

RESCIGNO, Pietro, «Ancora sul principio di uguaglianza nel diritto privato», RESCIGNO, Pietro., *Persona e comunità. Saggi di diritto privato*, Bologna, 1966, pp. 362-378.

RESCIGNO, Pietro, «Il principio di uguaglianza nel diritto privato», RESCIGNO, Pietro, *Persona e comunità. Saggi di diritto privato*, Bologna, 1966, pp. 335-361.

RESCIGNO, Pietro, «Sul cosiddetto principio d'uguaglianza nel diritto privato», *Foro italiano*, 1960, I, c. 664 ss.

RESTA, Giorgio, «Governare l'innovazione tecnologica: decisioni algoritmiche, diritti digitali e principio di uguaglianza», *Politica del diritto*, 2019, pp. 199- 236.

RICOY CASAS, Rosa María, ¿Qué igualdad? El principio de igualdad formal y no discriminación por razón de sexo en el ordenamiento español, Dykinson, Madrid, s.d., pero (2010).

RODOTÀ, Stefano, *Le fonti di integrazione del contratto*, Giuffré, Milano, 1969.

RODOTÀ, Stefano, «Ideologie e tecniche della riforma del diritto civile», *Rivista di diritto commerciale*, 1967, I, p. 83 ss. y, ahora, en *Le prolusioni dei civilisti*, vol. I, (1940-1979), Edizioni Scientifiche Italiane, Napoli, 2012, p. 3091 ss.

RODRÍGUEZ ÁLVAREZ, Ana, *La carga de la prueba en supuestos de discriminación. Su regulación en el proceso civil*, Tirant Lo Blanch, Valencia, 2020.

RODRÍGUEZ GUITIÁN, Alma María, «Indemnización del daño moral derivado del incumplimiento contractual (a propósito de la STS 31.10.2002)», *Anuario de Derecho Civil*, 2003, fascículo II, pp. 829-848.

RODRÍGUEZ GUITIÁN, Alma María, «La reparación del daño moral en la contratación inmobiliaria», *Revista de Derecho*, N. 30, Barranquilla, 2008, pp. 141-163.

ROMANO, Santi, «Autonomia», ROMANO, Santi, *Frammenti di un dizionario giuridico*, Giuffré, Milano, 1983, pp. 14-30.

RUIZ GARCÍA, Juan Antonio, «Otra vuelta de tuerca a los daños punitivos. Philip Morris v. Williams, tras la estela de State Farm v. Campbell y BMW v. Gore», *InDret* 2/2007, p. 1 ss.

SAAVEDRA VELAZCO, Renzo E., «¿Dónde existe un remedio, existe un derecho? Apuntes sobre el aforismo "ubi remedium, ibi ius"», *Forseti*, Núm. 2, 2014, pp. 110-131.

Salvador Coderch, Pablo, «Punitive Damages», *InDret*, n. 1, 2000.

Scalisi, Vincenzo, «Lineamenti di una teoria assiologica dei rimedi», *Rivista di diritto civile*, 2018, 4, p. 1045-1060.

Schelesinger, Piero, «L'autonomia privata e i suoi limiti», *Giurisprudenza italiana*, 1999, pp. 229-232.

Smorto, Guido, «Sul significato di "rimedi"», *Europa e diritto privato*, 2014, pp. 159-200.

Torres García, Teodora F.; **García Rubio**, María Paz, *La libertad de testar: el principio de igualdad, la dignidad de la persona y el libre desarrollo de la personalidad en el derecho de sucesiones*, Fundación Coloquio Jurídico Europeo, Madrid, 2014.

Troisi, Bruno, «Profili civilistici del divieto di discriminazione», *Il diritto civile oggi. Compiti scientifici e didattici del civilista*, Edizioni scientifiche italiane, Napoli, 2005, pp. 295-306.

Tullio, Loredana, «Analogia: tra uguaglianza, ragione d'essere e meritevolezza di estensione», Perlingieri Giovanni; D'Ambrosio, Marcello (coords.), *Fonti, metodo e interpretazione*, Edizioni scientifiche italiane, Napoli, 2017, p. 120 ss.

Vallet de Goytisolo, Juan B., *La analogía en el Derecho, Anuario de Derecho Civil*, 1995, pp. 1039-1088.

Valpuesta Fernández, Rosario, «Art. 1262», *Código Civil comentado*, Cañizares Laso, Ana; de Pablo Contreras, Pedro; Orduña Moreno, Javier; Valpuesta Fernández, Rosario (dirs.), Civitas, Cizur Menor (Navarra), 2011, vol. 3, pp. 632-638.

Vázquez-Pastor Jiménez, Lucía, «La fase de formación del contrato», López y López, Ángel; Valpuesta Fernández, Rosario, *Manual de derecho civil patrimonial I*, 2.ª ed., Tirant lo Blach, Valencia, 2016, pp. 83-118.

Veiga Copo, Abel B., & **Sánchez Graells**, Albert, «Discriminación por razón de sexo y prima del contrato de seguro: Apuntes críticos a la sentencia del tribunal de

Justicia de la Unión Europea (Gran Sala), de 1 de marzo de 2011, en el asunto C-236/09», *Revista Ibero-Latinoamericana de Seguros*, 2011, 20 (34), pp. 77-116.

Vettori, Giuseppe, «Contratto giusto e rimedi effettivi», *Persona e Mercato*, 2015, pp. 5-18.

Vidal Olivares, Álvaro, «El incumplimiento y los remedios del acreedor en la propuesta de modernización del derecho de las obligaciones y contratos español», *Revista Chilena de Derecho Privado*, N. 16, julio 2011, pp. 243-302.

Vivas Tesón, Inmaculada, «El derecho contractual antidiscriminatorio: drittwirkung y libertad negocial», *Cuadernos de Derecho Transnacional*, (marzo 2021), Vol. 13, n. 1, pp. 672-692.

Zaccaria, Giuseppe, «L'analogia come ragionamento giuridico. Sul fondamento ermeneutico del procedimento analogico», *Rivista Italiana di Diritto e Procedura Penale*, 1989, p. 1544 ss.

Made in the USA
Monee, IL
04 November 2026

67384351R00125